Liebe Benutzerinnen und Benutzer,

Berliner Platz NEU ist ein Lehrwerk für Erwachsene und Jugendliche ab etwa 16 Jahren. Es ist für alle geeignet, die Deutsch lernen und sich schnell im **Alltag** der deutschsprachigen Länder zurechtfinden wollen. Deshalb konzentriert sich *Berliner Platz NEU* auf Themen, Situationen und sprachliche Handlungen, die im Alltag wichtig sind.

Berliner Platz NEU bietet einen einfachen, motivierenden Einstieg in das Deutschlernen. Wir haben dabei großen Wert auf das Training aller Fertigkeiten gelegt: **Hören** und **Sprechen** ebenso wie **Lesen** und **Schreiben**.

Für eine erfolgreiche Verständigung im Alltag ist eine verständliche **Aussprache** mindestens so wichtig wie Kenntnisse von Wortschatz und Grammatik. Deshalb spielt das Aussprachetraining eine große Rolle.

Berliner Platz NEU orientiert sich am Rahmencurriculum für Integrationskurse Deutsch als Zweitsprache. Der Kurs endet mit der Niveaustufe B1 des Gemeinsamen europäischen Referenzrahmens (GER).

Das Angebot

Ein Lehrwerk ist viel mehr als nur ein Buch. Zu *Berliner Platz NEU* gehören diese Materialien:

- die **Lehr- und Arbeitsbücher**
- die **Hörmaterialien** zum Lehr- und Arbeitsbuch
- die **Intensivtrainer** mit mehr Übungen zu Wortschatz und Grammatik
- die **Testhefte** zur Prüfungsvorbereitung
- die **DVD** mit motivierenden Film-Szenen zu den Themen des Lehrbuchs
- die **Lehrerhandreichungen** mit zusätzlichen Tipps für einen abwechslungsreichen Unterricht
- die Zusatzangebote für Lerner/innen und Lehrer/innen im **Internet** unter: www.langenscheidt.de/berliner-platz
- **Glossare**

Der Aufbau

Berliner Platz NEU ist einfach und übersichtlich strukturiert, sodass man auch ohne lange Vorbereitung damit arbeiten kann. Jede Niveaustufe (A1, A2, B1) ist in **zwölf Kapitel** aufgeteilt.

Im Lehrbuchteil hat jedes Kapitel zehn Seiten, die man nacheinander durcharbeiten kann.

- **Einführung** in das Kapitel (Seite 1 und 2)
- **Übung** der neuen Situationen und sprachlichen Elemente (Seite 3 bis 6)
- **Deutsch verstehen** dient dem Training von Lese- und Hörverstehen (Seite 7 und 8)
- **Zusammenfassung** der wichtigsten sprachlichen Elemente des Kapitels: *Im Alltag*, *Grammatik* und *Aussprache* (Seite 9 und 10).
- Auf jeder Stufe gibt es vier **Raststätten** mit
  - spielerischer **Wiederholung**
  - Aufgaben zur **DVD**
  - Aufgaben zur **Selbsteinschätzung**: *Was kann ich schon? / Ich über mich.*

Der Arbeitsbuchteil folgt dem Lehrbuchteil. Zu jeder Aufgabe im Lehrbuchteil (1, 2, 3 ...) gibt es eine Übung im Arbeitsbuchteil (1, 2, 3 ...):

- **Vertiefende Übungen** zum Lehrbuchangebot
- Zusätzliche Übungen zur **Aussprache**
- **Tipps zum Lernen**
- **Testtraining**

In den Abschnitten **Im Alltag EXTRA** finden Sie zu jedem Kapitel ein breites Angebot zusätzlicher Aufgaben zum deutschen Alltag.

Prüfungsvorbereitung

Berliner Platz 2 NEU setzt den Grundkurs fort und führt zu den Prüfungen **Deutsch Test für Zuwanderer** (DTZ) und **Start Deutsch 2**. Als Vorbereitung dazu dienen vor allem die Abschnitte **Testtraining**. Aber auch einige Aufgaben in den Arbeitsbuchkapiteln sind so angelegt, dass sie zugleich die Prüfungsformate trainieren.

Wir wünschen Ihnen weiterhin viel Spaß und Erfolg beim Deutschlernen mit *Berliner Platz NEU*.

Die Autoren und der Verlag

Das steht dir gut!

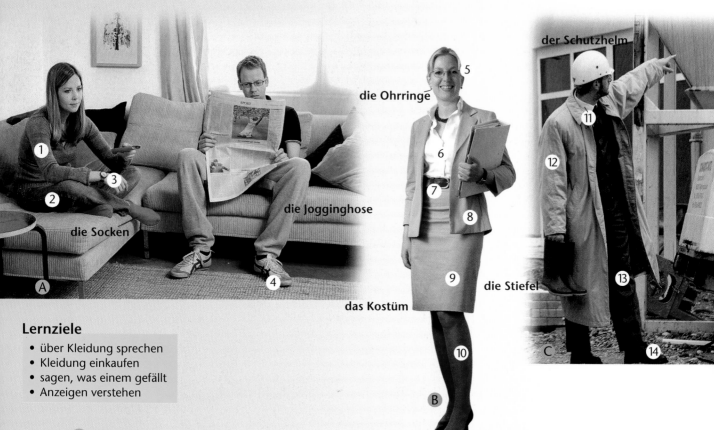

der Schutzhelm
die Ohrringe
die Jogginghose
die Socken
die Stiefel
das Kostüm

Lernziele
- über Kleidung sprechen
- Kleidung einkaufen
- sagen, was einem gefällt
- Anzeigen verstehen

1 Kleidung

a Sehen Sie die Bilder an. Welche Wörter fallen Ihnen ein? Sammeln Sie an der Tafel.

> der Mann   die Frau   das Hemd   die Schuhe

⊙ 1.2 **b** Schreiben Sie die Zahlen aus den Bildern zu den Wörtern. Hören Sie zur Kontrolle.

_16_ der Anzug, "-e	___ das Kleid, -er	___ der Sportschuh, -e
___ die Bluse, -n	___ die Krawatte, -n	___ die Strumpfhose, -n
___ die Brille, -n	___ der Mantel, "–	___ das T-Shirt, -s
___ der Gürtel, –	___ der Pullover, –	___ die Uhr, -en
___ das Hemd, -en	___ der Rock, "-e	___ die Unterhose, -n
___ die Hose, -n	___ der Schal, -s	___ das Unterhemd, -en
___ die Jacke, -n	___ der Schuh, -e	___ die Winterjacke, -n
___ die Jeans, –	___ der Slip, -s	

⊙ 1.3 **c** Hören Sie zu. Zu welchen Bildern passen die Texte?

2 Was tragen Sie …? – Was trägst du …?

a Notieren Sie in drei Minuten je drei Kleidungsstücke zu 1–5.

1. am Wochenende?
2. im Sommer?
3. im Winter?
4. bei der Arbeit?
5. in der Freizeit?

> 1. einen Rock, eine Bluse, Strümpfe

1.4 **b Hören Sie die Beispiele und sprechen Sie im Kurs.**

100% immer – oft – meistens – manchmal – selten – nie 0%			
Trägst du	oft	Hosen/…?	Nein, meistens Röcke oder Kleider.
Tragen Sie	manchmal	einen Rock / …?	Ja, fast immer.
	nie	eine Krawatte / …?	Doch, im Büro, aber in der Freizeit nie.
Was trägst du	im Sommer/Winter/…?		Im Sommer trage ich …
Was tragen Sie	bei der Arbeit / in der Freizeit /…?		Bei der Arbeit muss ich …

> *Bei der Arbeit muss ich immer einen Schutzhelm tragen.*

3 Orientierung im Kaufhaus
a Was möchten Sie gerne kaufen? Sammeln Sie Vorschläge im Kurs.

3. Stock
Fernsehen
Computer, Software
Spielzeug

2. Stock
Damenmode
Accessoires, Schmuck

1. Stock
Herrenmode
Kindermode
Freizeit, Sport

Erdgeschoss
Parfüm, Kosmetik
Zeitschriften, Bücher
Büroartikel

Untergeschoss
Lebensmittel

b Fragen und antworten Sie.

Wo ist / finde ich ...?	Vorne/Hinten rechts/links.
Ich suche ...	Hinten bei den ...
Haben Sie ...?	Gleich hier neben der/dem ...
Ist/Sind ...?	Im Erdgeschoss hinten links.
	Im ersten/zweiten/dritten Stock.

Wo finde ich Röcke?

Im zweiten Stock, bei der Damenmode.

Haben Sie Herrenmäntel?

Ja, im ersten Stock.

4 Kleidung kaufen

⊙ 1.5-7   **a Hören Sie. Was passt zu welchem Dialog? Notieren Sie A, B oder C.**

1. ☐   Ein Mann möchte etwas für die Arbeit.

2. ☐   Ein Ehepaar kauft ein.

3. ☐   Mutter und Sohn gehen einkaufen.

4. ☐   Jemand sucht etwas für den Winter.

5. ☐   Eine Frau möchte eine Bluse kaufen.

b Hören Sie nun die drei Dialoge einzeln. Ordnen Sie die Wörter zu.

anprobieren • die Jacke • der Anzug • der Spiegel • der Winter • die Bluse • die Umkleidekabine •
eine Nummer größer • fürs Büro • Größe 52 • warm • zu teuer

Frau	Mutter/Sohn	Mann/Frau
anprobieren		

c Lesen Sie die Dialoge laut.

Dialog B

● Entschuldigung, können Sie mir helfen?↗
○ Ja, natürlich.↘ Was kann ich für Sie tun?↗
● Mein Sohn braucht eine Jacke.↘
○ Für den Winter?↗
● Ja, schon warm, aber nicht zu warm.↘
○ Welche Größe?↗
● Das weiß ich nicht.↘
○ Wie groß bist du denn?↗
▲ Einen Meter 43.↘
○ Das ist Kindergröße 140 oder 152.
   Schauen Sie mal dahinten.↘

Dialog C

● Guten Tag, kann ich Ihnen helfen?↗
○ Guten Tag, ich suche einen Anzug.↘
● Etwas Festliches oder fürs Büro?↘
○ Eher fürs Büro.↘ Ich bin Buchhalter, wissen
   Sie, und ...→
● Welche Größe? ↗
○ Oh, das weiß ich leider nicht.↘
▲ Du brauchst Größe 52 oder 54, denke ich.↘
● Dann können wir erst mal hier vorne
   schauen.↘

5 Wie gefällt Ihnen der Anzug?

⊙ 1.8   **a Hören Sie und ergänzen Sie die Personalpronomen.**

> **Personalpronomen: Dativ**
>
> | ich | mir |
> |---|---|
> | du | dir |
> | er/es | ihm |
> | sie | ihr |
> | wir | uns |
> | ihr | euch |
> | sie/Sie | ihnen/Ihnen |

● Wie gefällt _____ der Anzug?

○ Er gefällt _____ schon, aber er passt _____ nicht. Er ist etwas zu eng.

▲ Er steht _____ aber gut, Georg.

● Das finde ich auch. Er steht _____ sehr gut.

▲ Du siehst sehr gut mit _____ aus.

● Der ist _____ bestimmt nicht zu eng. Das sehe ich.

○ Hm, ich weiß nicht ...

b Spielen Sie Dialoge.

Wie gefällt dir/euch ...?	Der gefällt mir gut / nicht so gut / gar nicht.
Passt die Bluse / das Hemd ...?	Sehr gut. Vielleicht ein bisschen zu eng/weit.
Wie steht mir der Pullover / das T-Shirt ...?	Ich finde, der/das/die steht dir super / ganz gut / nicht.
Steht mir das?	Ja, sehr gut. / Nein, nicht wirklich. / Überhaupt nicht!

6 Die Anprobe

a Sehen Sie die Bilder an. Beschreiben Sie die Situation: wer, wo, wann, was?

⊙ 1.9 **b Hören Sie. Was möchte Linda kaufen?**

○ Suchst du etwas Be<u>stimm</u>tes, Linda?↗
● <u>Ja</u>, ich brauche einen <u>Rock</u>.↘
○ <u>Kurz</u> oder <u>lang</u>?↘
● Etwas <u>läng</u>er als der Jeansrock hier.↘
○ Dann probier doch mal <u>den</u> hier.↘
   Der sieht <u>klasse</u> aus.↘
● Der ist doch zu <u>eng</u>, Sabine.↘
   Gibt es den nicht etwas <u>wei</u>ter?↗
○ In Größe 38 gibt es nur <u>den</u>.↘
● <u>Gut</u>, ich probier ihn mal <u>an</u>.↘
○ Der steht dir <u>super</u>.↘

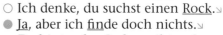

● Aber er ist mir zu <u>eng</u>.↘
   Ich schau mal bei den <u>Hosen</u>.↘
○ Ich denke, du suchst einen <u>Rock</u>.↘
● <u>Ja</u>, aber ich <u>find</u>e doch nichts.↘
   <u>Da</u> hinter den Jacken gibt es <u>Sommer</u>hosen.↘
○ Was für eine <u>Farbe</u> suchst du?↗
● Vielleicht etwas in <u>Gelb</u> oder in <u>Grün</u>.↘
○ Hier ist eine in <u>Blau</u>, die sieht <u>super</u>gut aus.↘
● O. k., ich probiere sie mal <u>an</u>.↘
   Die <u>passt</u> mir.↘ Was <u>kost</u>et sie?↗
○ Die steht dir aber <u>klasse</u> und sie kostet nicht <u>mehr</u>
   als die anderen.↘ Nur 8<u>9</u> Euro.↘

● 8<u>9</u> Euro!↘ Das ist mir <u>viel</u> zu teuer.↘
○ Der Rock war <u>bill</u>iger als die Hose.↘
● Aber zu <u>eng</u>.↘ Ich schau mal bei den <u>Kleidern</u>.↘
   Am liebsten hätte ich etwas in <u>Blau</u>.↘
○ Das ist nicht dein <u>Ernst</u>, oder?↗
● Wie<u>so</u>, hast du einen Ter<u>min</u>?↗
...

**c Lesen Sie die Szene laut und spielen Sie sie. Ändern Sie die Situation:
   andere Kleidungsstücke, Mutter und Sohn, Vater und Tochter ...**

d Ergänzen Sie 1–4 mit *der, das, die* ... Lesen Sie die Dialoge laut.

1. ○ __*Die*__ Hose ist aber teuer.

   ● _____ hier kostet nicht so viel.

2. ○ _____ Hemd ist mir zu eng.

   ● Probier doch mal _____ hier.

3. ○ Probier doch mal _____ Pullover.

   ● Nein, _____ finde ich schrecklich.

4. ○ _____ Anzug kostet 200 Euro.

   ● Aber _____ hier kostet nur die Hälfte.

7 Aussprache: Satzakzente

1.10 **a Hören Sie und sprechen Sie nach.**

Dialog A
○ Die <u>Ho</u>se gefällt mir gar nicht.↘
● Dann probier doch mal <u>die</u> hier.↘
○ Ja, <u>die</u> ist super, <u>die</u> nehme ich.↘

Dialog B
▲ Probier doch mal den <u>Rock</u> an.↘
△ Der ist zu <u>eng</u>. Gibt es den nicht etwas <u>wei</u>ter?↗
▲ <u>Doch</u>, aber nicht in <u>Blau</u>, sondern nur in <u>Schwarz</u>.↘

b Variieren Sie zu zweit die Dialoge. Experimentieren Sie mit Ihrer Stimme, Gestik und Mimik. Sprechen Sie leise, laut, ärgerlich, begeistert …

Variationen: das Kleid, der Pullover, die Schuhe – groß/klein, kurz/lang, teuer/billig

8 Vergleichen

a *Größer/kleiner* … – Markieren Sie die Komparativ-Formen in Aufgabe 6. Ergänzen Sie 1–4.

1. ○ Die Bluse ist zu groß. ● Nimm die hier, die ist k*leiner*____.
2. ○ Die Hose ist zu eng. ● Nimm die hier, die ist w_____.
3. ○ Die Jacke ist zu kurz. ● Nimm die hier, die ist l_____.
4. ○ Der Pullover ist zu teuer. ● Nimm den hier, der ist b_____.

Komparativ	
weit	weiter
groß	größer
kurz	kürzer
lang	länger

b *Genauso schön wie / schöner als* … – Lesen Sie und schreiben Sie die Sätze 1–6.

> Das Hemd ist **genauso** schön wie die Hose.
> Ich trage Röcke **genauso** gern wie Hosen.
> Das Hemd kostet **genauso** viel wie die Hose.
> … gefällt mir **genauso** gut wie …
>
> Das Hemd ist **schöner** als die Hose.
> Ich trage **lieber** Jeans als Röcke.
> Das Hemd kostet **mehr** als die Hose.
> … gefällt mir **besser** als …

1. Hemd (25 €) / Pullover (25 €), teuer / sein
2. Schuhe (80 €) / Stiefel (120 €), billig / sein
3. Hemd / Krawatte, schön / sein
4. Hose (50 €) / Rock (40 €), viel / kosten
5. Bikini (30 €) / Badeanzug (30 €), viel / kosten
6. Peter, Jeans / Anzug, gern tragen

c Über Kleidung sprechen – Was tragen Sie? Was gefällt Ihnen? Vergleichen Sie.

Röcke gefallen mir besser als Kleider.

Bunte Röcke finde ich am schönsten.

Am liebsten trage ich Jeans.

Ich trage lieber T-Shirts als Hemden.

Am besten gefallen mir Sportschuhe.

Designeranzüge kosten am meisten.

Superlativ	
schön	am schönsten
gut	am besten
gern	am liebsten
viel	am meisten

d Was sind Sie für ein Einkaufstyp: Kaufhaus/Geschäft, Kleider/Elektronik, allein / zu zweit …?

Projekt
Wo kann man günstig Kleidung kaufen?
Sommerschlussverkauf • Fabrikverkauf • Secondhand-Läden • Flohmärkte …
www Suchwörter: günstige Kleidung, Sonderangebot Kleidung, Schnäppchenführer

9 Kleidung billig kaufen

Lesen Sie 1–5 und dann die Anzeigen. In welchen Anzeigen finden Sie etwas?

1. Frau Haas bekommt ein Baby und braucht Kindersachen: ein Bett usw. _____

2. Herr Bloom möchte einen Anzug verkaufen. _____

3. Boris (10 J.) und Anja (8 J.) brauchen Winterkleidung. _____

4. Sylvia schenkt ihrem Freund eine Lederjacke. Wo hat sie angerufen? _____

5. Kathrin (34 J.) heiratet in zwei Monaten. _____

„Secondhand" – Billig einkaufen aus zweiter Hand

(A)

Wo macht das Einkaufen am meisten Spaß?
Wo ist die Auswahl am größten?

Kirstins Kleiderkiste

An- und Verkauf
Sommer-Sonderangebote bis zu 70 % reduziert.
Am besten kommen Sie heute noch vorbei!
Wir kaufen auch gebrauchte Kleidung.

Erfurter Str. 74, 10532 Berlin, Tel. 9238824
Mo–Fr 11–18 Uhr, Sa 10–13 Uhr

(B)

Pumuckl
Kinder-Secondhand

Diese Woche:
Hosen ab 3 Euro! • Anoraks ab 7 Euro!
Mützen, Handschuhe, Schals schon ab 1 Euro!
Breite Straße 12

Öffnungszeiten:
Mo–Fr 14–20 Uhr, Sa 13–19 Uhr

(C) Jungenbekleidung Gr. 128–160, supergünstig ab 2 Euro, Tel. 363601

(D) Komplette Küche (mit Markengeräten), Schnäppchenpreis, Tel. 883446, ab Sa

(E) Kinderwagen, Buggy, Kinderbett, Hochstr. 92, Fr ab 16 Uhr, p.seilheimer@zdaf.de

(F) Viele Möbel für wenig Geld! Wohnungsauflösung! Berliner Str. 42, 4. Stock, Sa 10–14 Uhr

(G) Babysachen, fast geschenkt! Tel. 501432 ab 18 Uhr

(H) Schlafzimmer mit Kleiderschrank (Breite 3 m), Doppelbett, 2 Kommoden, zus. nur 250,– € Tel. 36045, abends

(I) Preiswerte Herrenkleidung: 2 Anzüge, Sakkos, Hosen, Lederjacke (fast neu!), Tel. 249085, Noweck

(J) Brautkleid, Größe 42, 1x getragen, günstig zu verkaufen! s.lemcke@glx.de

10 Kirstins Kleiderkiste

⊙ 1.11 **a Sehen Sie sich die Bilder an. Hören und lesen Sie dann den Dialog.**
   Was möchte die Kundin? Was ist das Problem?

der Knopf

der Reißverschluss

die Naht

frisch gereinigt

der Fleck

○ Guten Tag.
● Guten Tag. Ich habe das Schild gesehen. Kaufen Sie auch Kleidung?
○ Natürlich! Am liebsten Markenkleidung. Was möchten Sie denn
   verkaufen?
● Ich habe diesen Mantel und drei Kleider.
○ Ah, schön. Größe 40. Darf ich mal?
● Was suchen Sie?
○ Ich muss die Stücke kontrollieren: die Nähte, die Knöpfe und
   den Reißverschluss. Die Sachen müssen in Ordnung sein.
   Sind die Kleider gereinigt?
● Ja, natürlich!
○ Hm, das gelbe Kleid hat leider Flecken.
● Ja, ich weiß, aber es ist frisch gereinigt und es ist am …
○ Wissen Sie, ein Kleid mit Flecken kauft leider niemand.
   Am besten gefällt mir der Mantel. Und das schwarze Kleid ist eleganter als das rote. Ich kann den
   Mantel und das schwarze Kleid nehmen.
● Gut, und wie viel bekomme ich dafür?
○ Also, den Mantel kann ich am besten verkaufen, für 60 Euro und das Kleid für 40. Das sind für Sie
   dann 50 Euro.
● Wieso nur 50 Euro? Der Mantel hat vor zwei Jahren fast 300 Euro gekostet.
○ Das ist überall so, der Laden bekommt 50 Prozent. Die Kleidung muss gereinigt und in gutem
   Zustand sein. Nach dem Verkauf bekommen Sie Ihr Geld. Ich rufe Sie dann an.
● Ach, so ist das.
○ Möchten Sie die Sachen hierlassen?

b Kreuzen Sie an: richtig oder falsch?

	R	F
1. Der Secondhand-Laden kauft und verkauft Kleidung.	☐	☐
2. Die Kundin hat vier Kleider dabei.	☐	☐
3. Die Kleidung ist nicht ganz sauber? Kein Problem!	☐	☐
4. Der Secondhand-Laden nimmt den Mantel und ein Kleid.	☐	☐
5. Die Kundin bekommt 50 Euro.	☐	☐
6. Sie bekommt das Geld sofort.	☐	☐

c Welche grünen Wörter im Text passen in die Sätze 1–4?

1. So ein Mist, an meinem Hemd fehlen zwei _____! So kann ich es nicht anziehen.

2. Der Laden bekommt die Hälfte und Sie die anderen _____ vom Verkaufspreis.

3. Meine Bluse hat _____. Dabei ist sie erst _____ .

4. Deine Hose ist nicht _____. Sie hat Flecken.

Auf einen Blick

1 Orientierung im Kaufhaus

Entschuldigung, ich suche die Herrenabteilung.
Wo finde ich Kinderkleidung?
Haben Sie auch Büroartikel?
Sind die Herrenanzüge auch im dritten Stock?

3. OG	dritter Stock / drittes Obergeschoss
2. OG	zweiter Stock / zweites Obergeschoss
1. OG	erster Stock / erstes Obergeschoss
EG	Erdgeschoss / Parterre
UG	Untergeschoss

2 Kleidung einkaufen

Ich suche einen Rock / ein Kleid / eine Hose …
Wo kann ich den Rock / die Hose / das Hemd anprobieren?
Wo sind die Umkleidekabinen?
Ich suche einen Spiegel.

Die Bluse ist mir zu groß/klein.
Haben Sie die eine Nummer größer/kleiner?

Ist diese Hose im Sonderangebot?
Haben Sie zurzeit Büroartikel im Sonderangebot?
Kann ich den Anzug umtauschen?

Steht mir das?   Das steht dir/Ihnen …
Wie steht mir das?   ☺☺   sehr gut.
                        ☺   gut.
                        😐   ganz gut. / nicht schlecht.
                        ☹   nicht so gut.
                        ☹☹   überhaupt nicht.

Rot steht dir (nicht).

Passt dir der Rock?   Er ist mir etwas zu eng/weit/lang/kurz.
                        Ja, ich glaube, der passt mir.

3 Vergleiche

Kaufhäuser sind oft **billiger als** kleine Geschäfte.
Aber kleine Läden sind **interessanter als** Kaufhäuser.

Der Mantel gefällt mir **besser als** die Jacke.
Jeans trage ich **lieber als** Röcke.

Die Hose ist **genauso billig wie** der Rock.
Hemden trage ich **genauso gern wie** T-Shirts.

Im Alltag
EXTRA
▶ S. 244

16 *sechzehn*

Grammatik

1 Adjektive: Komparativ und Superlativ

Regelmäßige Formen

		ä	ö	ü	⚠
	eng	lang	groß	kurz	teuer
Komparativ	enger	länger	größer	kürzer	teurer
Superlativ	am engsten	am längsten	am größten	am kürzesten	am teuersten

> **TIPP** Einsilbige Adjektive haben im Komparativ oft einen Umlaut: *a → ä, o → ö, u → ü*

Unregelmäßige Formen

	gut	gern	viel
Komparativ	besser	lieber	mehr
Superlativ	am besten	am liebsten	am meisten

2 Verben mit Dativ

Nach einigen Verben, z. B.: *stehen* (Kleidung), *passen, gefallen, danken* steht immer der Dativ.

Das Kleid steht **mir**, aber es passt **mir** nicht.
Der Anzug gefällt **ihm**.
Ich danke **dir** – **Ihnen** – **euch** – **dem** Team – **den** Kollegen.

3 Personalpronomen: Nominativ, Akkusativ, Dativ (Zusammenfassung)

Nominativ	Akkusativ	Dativ	Nominativ	Akkusativ	Dativ
ich	mich	mir	sie	sie	ihr
du	dich	dir	wir	uns	uns
er	ihn	ihm	ihr	euch	euch
es	es	ihm	sie/Sie	sie/Sie	ihnen/Ihnen

4 Artikel als Demonstrativpronomen

Der Rock ist super.	**Der** gefällt mir auch.	Nominativ
	Aber **den** finde ich viel zu teuer.	Akkusativ
	Ja, mit **dem** siehst du toll aus.	Dativ
Das Hemd ist zu lang.	**Das** hier ist eine Nummer kleiner.	Nominativ
	Probier **das** mal an.	Akkusativ
	Bei **dem** gefällt mir aber die Farbe so gut.	Dativ
Die Bluse ist gut.	Ja, **die** ist echt super.	Nominativ
	Ja, aber **die** finde ich zu teuer.	Akkusativ
	Mit **der** siehst du auch fünf Jahre jünger aus.	Dativ

Aussprache

Satzakzente

Sie betonen im Satz immer die wichtigste Information.

wichtigste Information:	Ich kaufe meine Strümpfe immer im <u>Su</u>permarkt.↘	(nicht im Kaufhaus)
Hinweisend:	**Die** Hose ist super!↘ **Die** nehme ich!↘	
Gegensatz:	Der Rock ist zu <u>klein</u>.↘ Gibt es den nicht <u>größer</u>?↗	

Feste, Freunde, Familie

(2)

(1)

(3)

(4)

(5)

Lernziele

- über Feste sprechen
- jemanden einladen
- auf Einladungen reagieren
- über Geschenke sprechen
- über Familie und Freunde sprechen
- eine Grafik verstehen

1 **Erinnerungen an Feste**

a **Was meinen Sie? Welche Feste zeigen die Bilder?**

Ich glaube, Bild 1 ist …

b **Lesen Sie A–D. Ordnen Sie Bilder und Listen zu.**

Bild 2 zeigt vielleicht …

Bilder	1	7	2		3		4	
Wortliste								

A Wir bemalen Eier.
Die Kinder suchen Ostereier.
der Schokoladenhase
das Osternest
viele Süßigkeiten
der Ostersonntag/Ostermontag
Frohe Ostern!

C Die Lichter leuchten.
Weihnachtsbaum schmücken
mit der Familie feiern
in die Kirche gehen
Geschenke kaufen
etwas schenken
die Überraschung
etwas Schönes anziehen
gut essen
Heiligabend
Frohe Weihnachten!

B die Neujahrsparty
Wir feiern mit Freunden.
das Feuerwerk
der Sekt
Glücksbringer
das Schwein
der Schornsteinfeger
Silvester/Neujahr
Frohes neues Jahr!
Prost Neujahr!

D das Brautkleid
das Standesamt / die Kirche
die Trauung
Die Kinder streuen Blumen.
Reis werfen bringt Glück.
viele Geschenke
etwas Besonderes essen
ein Fest mit Verwandten und Freunden
heiraten / die Hochzeit
die Flitterwochen / die Hochzeitsreise
Viel Glück für euch beide!
Alles Gute für eure Zukunft!

1.12–14 **c Hören Sie zu. Wie heißen die Feste?**

d Hören Sie noch einmal. Was hören Sie in den Aussagen? Markieren Sie.

1. Wunsch • Geschenke • Schokolade • schöne Kleidung • suchen • Lieder
2. Salate • Feuerwerk • Musik • Party • Sekt • feiern • einladen • kochen
3. essen • tanzen • Braut • Geschenke • Hochzeit • Standesamt • Reise

2 Feste bei Ihnen
a Sammeln Sie Fragen im Kurs.

Was ist bei euch das wichtigste Fest?
Feiert man bei euch den Muttertag/Valentinstag / Tag des Lehrers ...?

Welche Feste ...? Mit wem ...? Wie viele Personen ...? Wie lange ...?
Wer ...? Wo ...? Was ...? Wann ...?

essen • trinken • Kleidung • Jahreszeit • Aktivitäten • Musik • tanzen • Familie • Freunde ...

b Machen Sie Interviews im Kurs und berichten Sie.

3 **Wir heiraten.**

a Wer, was, wann, wo? Lesen Sie die Einladung und markieren Sie die passenden Stellen.

Wir sagen ja!

Unsere Hochzeit feiern wir am
5. Mai
mit unseren Familien und Freunden.
Kirchliche Trauung:
11 Uhr in der Waldkirche
Danach essen und tanzen wir
im Restaurant Bergfried.
Zu unserem Fest laden wir euch herzlich ein.
Ihr kommt doch?

Bitte sagt bis zum 31. März Bescheid.

Alexandra und Stefan
Standesamt: 4. Mai, 10 Uhr

b Schreiben Sie eine Antwort. Schreiben Sie über alle vier Punkte.

– Gratulieren Sie. Sie freuen sich.
– Bedanken Sie sich für die Einladung und nehmen Sie die Einladung an.
– Fragen Sie nach einer Übernachtungsmöglichkeit.
– Fragen Sie nach Wünschen für Geschenke.

> *Liebe Alexandra, lieber ...*
> *vielen Dank für ... kommen gern ... wo ... übernachten? ... euch schenken?*

🔊 1.15–18 **c Stefans Anrufbeantworter – Sie hören vier Mitteilungen.**
Kreuzen Sie die richtigen Informationen an.

1. Beate ...	2. Tina ...	3. Lukas und Anne ...	4. Barbara und Heiko ...
a kommt.	a kommt.	a kommen.	a kommen.
b kommt nicht.	b kommt nicht.	b kommen nicht.	b kommen nicht.
c hat ein Geschenk.	c hat ein Geschenk.	c bringen ihre Tochter mit.	c Heiko muss um Mitternacht weg.
d fragt nach der Geschenkliste.	d sagt nichts über Geschenke.	d bringen ihren Sohn mit.	d Heiko kommt erst zum Mittagessen.

d Hochzeiten in Ihrem Land – Sprechen Sie im Kurs.

Wer kommt? Wie viele Leute kommen? Was schenkt man? ...

4 Ich schenke dir eine Rose.

a Sehen Sie die Bilder an. Welche Wörter passen dazu? Arbeiten Sie mit dem Wörterbuch.

Wie sagt man das auf Deutsch?

10 **GUTSCHEIN**
Ich will dir
in den nächsten Wochen
3 Mal ein super Essen kochen

11 Liebe Mama,
das ist ein Gutschein für 5 Mal
Spülmaschine ausräumen.
Dein Marco

12 *Parfümerie Sensual*
Geschenkgutschein
50 Euro

die Rose • das Goldarmband • die Bluse • das Hemd • die Pralinen • das Geld • die DVD • das Buch •
die Digitalkamera • der Kochtopf • das Handy • das Computerspiel • die Blumen • die Lampe •
die Armbanduhr • das Parfüm • die Halskette • der Kuchen • der Computer • die Schokolade •
der Gutschein • der Ring • der MP3-Player • die Flasche Wein • Rasen mähen • Fenster putzen • …

b Lesen Sie die Beispiele und schreiben Sie die Sätze 1–5.

	schenken		
Wer?		**Wem?** Person: Dativ	**Was?** Sache: Akkusativ
Wir	schenken	ihnen	einen Gutschein.
Ich	schenke	meiner Schwester	eine Sonnenbrille.

meinem Bruder
meinem Kind
meiner Schwester
meinen Eltern

1. uns / eine Waschmaschine / schenken / Meine Eltern /.
2. eine Kaffeemaschine / schenke / Stefan und Alexandra / Ich /.
3. seine Espressomaschine / Ralf / gegeben / hat / uns /.
4. Er / seiner Schwester / schreibt / einen Brief /.
5. kaufen / einen Computer / Wir / unseren Großeltern /.

c Wem schenken Sie wann was? Sprechen Sie im Kurs.

Was schenkst du deinem/deiner … zum Geburtstag/Valentinstag/ Muttertag / zu Weihnachten / zu Ostern / zur Hochzeit? Schenkt man bei euch …?	Ich schenke meiner Mutter Blumen zum Muttertag. Ich habe meinem Bruder einen Kochtopf geschenkt. Klaus schenke ich Geld. Meiner Freundin schenke ich … Bei uns schenkt man oft Geld zur Hochzeit – und bei euch?

*Ein Kochtopf?
Das ist doch kein Geschenk!*

Was schenke ich nur meinem Vater?

*Das finde ich nicht.
Ich koche gern.*

*Ich empfehle dir einen Gutschein
fürs Kino oder fürs Theater.*

5 Familie und Freunde

a Sammeln Sie Fragen im Kurs.

Mit wem ...?	allein sein/leben
Wann ...?	Cousins und Cousinen
Wer ...?	Freund/in
Wem ...?	deine Eltern
Wen ...?	Familienfeste
Wie alt ist/sind ...?	Geschwister
Wie lange ...?	kennen
Wie oft ...?	kennenlernen
Wie viele ...?	Kinder
Wie viele Gäste ...?	leben
Wo ...?	Freunde/Verwandte treffen
Ist/Sind ...?	über Probleme sprechen
Bist ...?	verheiratet sein
Hast ...?	wichtig sein
...?	wohnen
	zur Familie gehören

Wie oft triffst du deine Verwandten?

Mit wem kannst du über Probleme sprechen?

b Interviews – Wählen Sie 4–6 Fragen aus und fragen Sie im Kurs.

Wer gehört zu deiner/Ihrer Familie?

Lebst du allein?

Darüber möchte ich nicht sprechen.

Meine Familie, das sind ungefähr 30 bis 40 Personen.

Das fragt man bei uns nicht.

6 Aussprache: Satzmelodie und Satzakzent 1

⊙ 1.19   **Hören Sie und sprechen Sie nach.**

1. Zu meiner Familie gehören meine <u>El</u>tern, → mein <u>Bru</u>der, → meine <u>Groß</u>mutter, → meine <u>Cou</u>sinen und unser <u>Hund</u>! ↘
2. Zu meiner Familie gehören meine <u>Frau</u> und unsere <u>Kin</u>der, → zwei <u>Groß</u>mütter, → ein <u>Groß</u>vater, → sieben Ge<u>schwis</u>ter, → fünf <u>Tan</u>ten und drei <u>On</u>kel. ↘

7 **Die Zeiten ändern sich.**
Lesen Sie. Was war bei Ihrer Urgroßmutter, Großmutter oder Mutter auch so?
Was war anders?

Meine Urgroßmutter ...
... konnte nur 6 Jahre zur Schule gehen.
... wollte einen Beruf lernen, aber sie durfte nicht.
... hat mit 18 geheiratet.
... durfte nie allein weggehen.
... durfte nie ins Schwimmbad gehen.
... konnte nicht schwimmen.
... durfte keinen Sport machen.
... musste im Haushalt alles allein machen.
... wollte gern reisen, aber sie durfte nicht.
... durfte nur selten mit Freunden feiern.
... durfte erst mit 21 wählen gehen.
... durfte mit ihrem Freund nie allein sein.
... konnte nicht Auto/Fahrrad fahren.

Meine Urgroßmutter ist acht Jahre zur Schule gegangen. Sie konnte nicht Auto fahren.

8 **Früher und heute**
a Modalverben im Präteritum – Die Endungen sind wie bei *haben* im Präteritum.
Machen Sie eine Tabelle.

	können	müssen	dürfen	wollen
ich	konnte	musste	durfte	wollte
du	konntest	...	...	...
er/es/sie	...			
...				

b Notieren Sie Fragen. Fragen Sie im Kurs. Berichten Sie.

Musstest du mit 14 mit deinen Eltern spazieren gehen?

Durftest du mit 12/14/16 ...
Konntest du mit 12/14/16 ...
Musstest du zu Hause ...
Bis wie viel Uhr konntest du ...

am Wochenende wegbleiben?
mit deinen Eltern spazieren gehen?
mit deiner Freundin verreisen?
deiner Mutter helfen?
Fahrrad/Auto fahren?
jeden Sonntag in die Kirche / Freitag in die Moschee gehen?
mit Freunden in die Ferien fahren?
Partys feiern?
samstags in die Disco gehen?
mit dem Computer arbeiten?
...

Kasimir durfte mit 14 mit Freunden in die Ferien fahren.

Carlos musste mit seinen Eltern spazieren gehen.

Der Vater von Yong-Min konnte nur vier Jahre in die Schule gehen.

9 Familien und andere Lebensformen

a Lesen Sie die Grafiken und die Texte. Welche Grafik passt zu welchem Text?

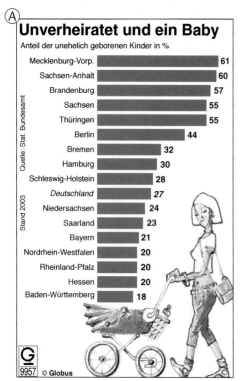

Ⓐ
Unverheiratet und ein Baby
Anteil der unehelich geborenen Kinder in %

Mecklenburg-Vorp.	61
Sachsen-Anhalt	60
Brandenburg	57
Sachsen	55
Thüringen	55
Berlin	44
Bremen	32
Hamburg	30
Schleswig-Holstein	28
Deutschland	*27*
Niedersachsen	24
Saarland	23
Bayern	21
Nordrhein-Westfalen	20
Rheinland-Pfalz	20
Hessen	20
Baden-Württemberg	18

Quelle: Stat. Bundesamt
Stand 2003

Ⓖ 9957 © Globus

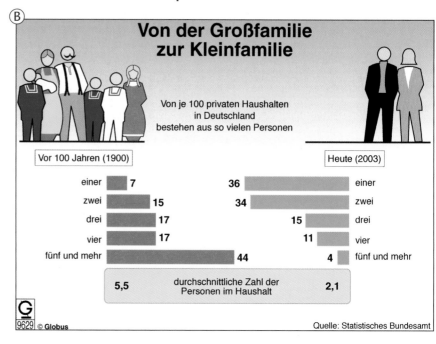

Ⓑ
Von der Großfamilie zur Kleinfamilie

Von je 100 privaten Haushalten
in Deutschland
bestehen aus so vielen Personen

Vor 100 Jahren (1900)			Heute (2003)
einer	7	36	einer
zwei	15	34	zwei
drei	17	15	drei
vier	17	11	vier
fünf und mehr	44	4	fünf und mehr
5,5	durchschnittliche Zahl der Personen im Haushalt		2,1

Ⓖ 9629 © Globus   Quelle: Statistisches Bundesamt

Text 1

Vor 100 Jahren gehörten in Deutschland zu
einer Familie fünf Personen oder mehr. Heute
sind fast 40 % der Bevölkerung Singles. Über
30 % leben zu zweit in einem Haushalt. Nur
noch in 5 % der Haushalte leben fünf
Personen. Was ist heute eine Familie? Ist eine
alleinerziehende Mutter mit Kind eine Familie
– oder gehört der Vater dazu? Viele Menschen
glauben heute, die Ehe passt nicht mehr in
unsere Zeit. Sie leben unverheiratet
zusammen. Die Zahl der Geburten sinkt, die
Zahl der Scheidungen steigt.

Text 2

Früher war das ein Problem, aber heute ist
es normal: Viele Kinder kommen auf die
Welt und die Eltern sind nicht verheiratet.
Die Eltern von 27 % aller Kinder in Deutschland sind heute nicht verheiratet. In einigen
Bundesländern gibt es sogar mehr nichtehelich geborene Kinder als eheliche. Auch
in den anderen Bundesländern ist der Anteil
dieser Kinder sehr hoch und wird jedes Jahr
größer. In den westdeutschen Bundesländern
ist die Zahl von Kindern mit unverheirateten
Eltern kleiner als in den ostdeutschen.

b Lesen Sie die Texte noch einmal und ordnen Sie dann 1–8 und a–h zu.

1. „Nichtehelich" heißt: ___   a) allein in einer Wohnung.

2. Die meisten nichtehelichen Kinder   *1*   b) Die Eltern sind nicht verheiratet.

3. Im Westen haben mehr Kinder   ___   c) immer weniger Kinder.

4. In Deutschland waren die Familien   ___   d) gibt es in Mecklenburg-Vorpommern.

5. Heute leben viele Menschen   ___   e) mit fünf Personen oder mehr in einer Wohnung.

6. Nur noch wenige Familien leben   ___   f) verheiratete Eltern als im Osten.

7. Die Deutschen haben   ___   g) sind nach einigen Jahren kaputt.

8. Immer mehr Ehen   ___   h) vor hundert Jahren größer.

10 Drei „Familien"

20–22   a Hören Sie die drei Aussagen. Zu welchen Grafiken passen die Aussagen? Kreuzen Sie an.

Florian, 29, Ingenieur
Christina, 33, Krankenschwester
Grafik ⬜A ⬜B

Else, 74, Rentnerin
Beate, 26, Journalistin
Grafik ⬜A ⬜B

Ines, Miriam, Nina und Sven

Grafik ⬜A ⬜B

🔊 1.21   b Hören Sie Aussage 2 noch einmal. Kreuzen Sie an und korrigieren Sie die falschen Sätze.

	R	F
1. Beate Gutschmid wohnt mit ihrem Freund zusammen.	⬜	☒
2. Beate Gutschmid ist Journalistin von Beruf.	⬜	⬜
3. Durch ihren Beruf hat Beate Gutschmid wenig Zeit für ihre Familie.	⬜	⬜
4. Beate Gutschmid ist die Tochter von Else Gutschmid.	⬜	⬜
5. Else Gutschmid wohnt mit vielen Menschen zusammen.	⬜	⬜
6. Als Kind hatte Else Gutschmid eine große Familie.	⬜	⬜
7. Elses Kinder wohnen alle in Eppelheim oder in Heidelberg.	⬜	⬜
8. Der Mann von Else Gutschmid lebt nicht mehr.	⬜	⬜
9. Beate Gutschmid ist nicht oft bei ihrer Familie.	⬜	⬜
10. Beate sagt: Ich brauche meine eigene Familie.	⬜	⬜

🔊 1.22   c Hören Sie Aussage 3 noch einmal und ergänzen Sie die Sätze.

3̶6̶ • 33 • 10 • 8 • Sven • Miriam • Mutter • Mutter • Tochter • Sohn

1. Ines ist ____36____ Jahre alt.

2. Sie ist die _____ von _____.

3. Ihr _____ ist _____ Jahre alt.

4. Nina ist _____ Jahre alt.

5. Sie ist die _____ von _____.

6. Ihre _____ ist _____ Jahre alt.

d Welche Ausdrücke und Erklärungen passen zusammen?

1. meine vier Wände
2. Wir gehören zusammen.
3. geschieden sein
4. Patchwork-Familie
5. ledig sein

a) Man war verheiratet, aber man ist es nicht mehr.
b) Die Eltern haben Kinder aus früheren Ehen/Beziehungen.
c) Man weiß: Man will zusammen leben.
d) Man war noch nie verheiratet.
e) Das ist meine eigene Wohnung.

1 Über Feste und Feiern sprechen

Weihnachten	Frohe Weihnachten!
	Danke, dir/Ihnen auch schöne Festtage!
Silvester/Neujahr	Alles Gute im neuen Jahr! Viel Glück und Erfolg.
	Einen guten Rutsch!
	Dir/Ihnen auch.
Ostern	Frohe Ostern!
Hochzeit	Alles Gute zur Hochzeit.
	Viel Glück für euch/Sie beide!
	Danke, das ist lieb von euch/Ihnen.

2 Gute Wünsche und Beileid

Prüfungen	Herzlichen Glückwunsch. Ich wünsche dir/Ihnen weiter viel Erfolg.
	Das hast du toll gemacht! Weiter so! – Danke.
Geburt	Herzlichen Glückwunsch zu eurer Tocher.
	Wir freuen uns sehr für euch.
Geburtstag	Herzlichen Glückwunsch zum Geburtstag. Alles Gute!
	Viel Erfolg und vor allem Gesundheit im neuen Lebensjahr.
Unfall/Krankheit	Gute Besserung! / Alles Gute! – Danke, das ist nett von dir/Ihnen.
Tod	Herzliches Beileid!

3 Einladungen aussprechen und auf Einladungen reagieren

Unsere Hochzeit feiern wir am … um … im …	Wir kommen gerne.
Zu unserem Fest laden wir euch herzlich ein.	Wir kommen, aber …
Ihr kommt doch? Bitte sagt uns bis … Bescheid.	Wo können wir übernachten?
	Wir können leider nicht kommen.
	Können wir unseren Sohn mitbringen?

4 Über Geschenke sprechen

Was können wir euch schenken?	Habt ihr eine Geschenkeliste?
Was schenkst du deinem/deiner …?	Ich schenke meinem Bruder ein Buch.
Was schenkt man bei euch zu/zum/zur …?	Man schenkt oft einen/ein/eine/ – …
Schenkt man bei euch …?	Nein, das kann man nicht schenken. / Ja, sehr oft.

5 Über Familie und Freunde sprechen

Bist du verheiratet? / Lebst du allein?	Ich bin ledig/verheiratet/geschieden/getrennt.
Hast du Geschwister/Kinder …?	Ja, einen Bruder / eine Tochter …
Wen triffst du oft?	Ich treffe meine Eltern jeden Monat.
Wie lange kennst du … schon?	Seit dem Kindergarten / der Grundschule …
Wo hast du … kennengelernt?	Im Urlaub. / Bei der Arbeit. / In der Universität.
Mit wem sprichst du über Probleme?	Mit meiner Frau / meinem Freund / meinen Eltern.

Darüber möchte ich nicht sprechen.

Das fragt man bei uns nicht.

Im Alltag
EXTRA
▶ S. 246

TIPP Fragen zur Familie oder zum Alter finden manche Leute sehr privat.

Grammatik

1 Possessivartikel: Nominativ, Akkusativ, Dativ (Zusammenfassung)

	Maskulinum	Neutrum	Femininum	Plural
Nominativ Das ist/sind …	mein Bruder.	mein Kind.	meine Schwester.	meine Kinder.
Akkusativ Ich besuche …	meinen Bruder.	mein Kind.	meine Schwester.	meine Kinder.
Dativ Ich schenke … eine Uhr.	meinem Bruder	meinem Kind	meiner Schwester	meinen Kindern

2 Verben mit zwei Ergänzungen: Dativ- und Akkusativergänzung

Subjekt	Verb	Dativergänzung (Person)	Akkusativergänzung (Sache)
Ich	wünsche	dir/euch/Ihnen	ein schönes Fest.
Ich	empfehle	Ihnen	einen Gutschein.
Dagmar	schenkt	Johannes/ihm	eine CD.
Karina	schreibt	ihrem Freund/ihm	eine SMS.
Er	gibt	seiner Freundin/ihr	den Ring.
Wir	kaufen	unseren Kindern/ihnen	einen Computer.

Diese Verben haben oft eine Dativ- und eine Akkusativergänzung:
schenken, geben, kaufen, empfehlen, (sich) wünschen, schreiben

3 Modalverben im Präteritum

Infinitiv	dürfen	können	müssen	wollen
ich	durfte	konnte	musste	wollte
du	durftest	konntest	musstest	wolltest
er/es/sie	durfte	konnte	musste	wollte
wir	durften	konnten	mussten	wollten
ihr	durftet	konntet	musstet	wolltet
sie/Sie	durften	konnten	mussten	wollten

Aussprache

Satzmelodie und Satzakzent 1

Im Satz bleibt die Satzmelodie gleich:
Wir haben eine große Familie, → aber wir leben nicht alle in Deutschland.↘

Bei Aufzählungen liegt der Satzakzent immer auf dem letzten Wort.
Zu meiner Familie gehören meine Eltern, → mein Bruder, → meine Großmutter und unser Hund!↘

Miteinander leben

Ich habe eine neue Heimat

1992 habe ich Bosnien verlassen, weil dort Krieg war.
Ich bin nach Frankfurt zu Onkel und Tante gegangen. Ich habe Deutsch gelernt und eine Ausbildung gemacht. Die Familie hat mir sehr dabei geholfen.
1995 wollte ich in meine Heimat zurück, aber dann habe ich meinen Mann kennengelernt und wir haben geheiratet. Liebe macht die Integration viel leichter! Viele Einwanderer können sich nur schwer an das neue Land und an die andere Kultur gewöhnen. Wenn man eine andere Kultur nicht akzeptieren kann, dann findet man auch keine neue Heimat. Manchmal überlege ich: Wo ist eigentlich meine Heimat? Meine Antwort ist klar: Meine Heimat ist da, wo es mir gut geht!
Zurzeit ist das Deutschland.

Sabaheta Klein

Wie wird man Deutscher?

Meine Familie kommt aus der Türkei und lebt seit über 30 Jahren in Deutschland. Ich bin in Deutschland geboren und aufgewachsen. Ich habe einen deutschen Pass. Bin ich nun Deutscher oder Türke? Ist Deutschland meine Heimat oder die Türkei?

Für meine Verwandten in der Türkei bin ich „der Deutsche". Das kann ich verstehen, weil ich ja nur manchmal zu Besuch komme. Aber für viele Deutsche bleibe ich immer „der Türke". Man ist für viele Deutsche noch lange nicht Deutscher, wenn man den deutschen Pass hat. Auch gut Deutsch sprechen ist nicht genug. Weil ich heiße, wie ich heiße, und aussehe, wie ich aussehe, bin ich für manche nie einer von ihnen.

Feridun Üstun

Von der anderen Kultur lernen

Ich arbeite bei einer internationalen Software-Firma und lebe in den USA und in Deutschland.
Ich habe mich gut auf das Arbeiten und Leben im Ausland vorbereitet. Die Sprache war kein Problem, weil ich in der Schule Englisch gelernt habe. Die Firma hat mir sehr geholfen: Kurse in „Business-English" und wichtige Informationen über den „American way of life".
„Das gibt keine Probleme, weil die USA und Deutschland ja zwei westliche Länder sind." Das habe ich geglaubt, bis ich den amerikanischen Alltag kennengelernt habe. Am Anfang sieht alles sehr locker aus, aber man muss sehr viele Regeln kennen.
Wenn man in zwei Kulturen lebt, kann man sehr gut vergleichen und viel von der anderen Kultur lernen. Ich hoffe, dass ich das auch kann.

Anne-Kathrin Helmes

Lernziele

- Gefühle ausdrücken
- etwas begründen
- um Rat fragen und Ratschläge geben
- Verständnishilfen anbieten
- Bedingungen nennen
- Konflikte besprechen

Ich bin ein spanischer Schwabe

1970 bin ich mit meiner Frau nach Stuttgart gekommen. Ich habe in der Autoindustrie gearbeitet. Am Anfang war das Leben in Deutschland nicht einfach. Viele Deutsche hatten Vorurteile gegen „Gastarbeiter". Oft haben sich die Nachbarn beschwert, weil die Kinder zu laut waren oder weil wir so spät ins Bett gegangen sind, und natürlich, weil es im Hausflur nach Olivenöl und Knoblauch gerochen hat!
Seit dieser ersten Zeit hat sich vieles verändert. Wir haben Deutsch gelernt und unsere Nachbarn sind nach Spanien in den Urlaub gefahren.
Heute kochen wir oft zusammen mit Nachbarn und Kollegen (mit viel Olivenöl!).
Wenn ihre Kinder Probleme in Spanisch haben, helfe ich ihnen.
Ich finde, man kann in einem anderen Land leben und seine Kultur behalten. Heute bin ich ein spanischer Schwabe.

Enrique Alvarez

1 Vier Personen, vier Erfahrungen

a Lesen Sie A–D. Sprechen Sie im Kurs: Zu welchen Texten passen die Figuren am besten?

①    ②    ③    ④

b Lesen Sie die Aussagen. Zu welchen Personen passen sie? Es gibt mehrere Möglichkeiten.

1. Die Leute schauen mich an und fragen: Wo kommen Sie denn her? _____*B*_____

2. Wenn ich hier leben will, dann finde ich auch meine neue Heimat. _____

3. Ich habe Arbeit gesucht, darum bin ich nach Deutschland gekommen. _____

4. Ich habe mich gut vorbereitet, aber der Alltag ist doch ganz anders. _____

5. Die Familie ist eine sehr große Hilfe. _____

6. Man muss die neue Sprache lernen! _____

7. Viele Deutsche sind heute offener als früher. _____

8. Jetzt kenne ich zwei Kulturen. Das ist doch prima! _____

c Ihre Erfahrungen: Sammeln Sie an der Tafel.

<u>Das macht das Leben leicht.</u>	<u>Das macht das Leben schwer.</u>
Meine Familie ist auch hier.	Man muss immer leise sein.
Es gibt viele Landsleute.	Das Essen ist ganz anders.

2 Gefühle ausdrücken

⊙ 1.23

a Hören Sie 1–5. Welches Symbol passt? Ergänzen Sie: ☺, ☻ oder ☹.

Enrique ◯   Fatma ◯   Samira ◯   Feridun ◯   Sabaheta ◯

b Hören Sie noch einmal und ordnen Sie zu.

1. ___Enrique___ ist stolz,   ___ a) weil er so wenig Kontakt mit Deutschen hat.

2. _____ ist enttäuscht,   ___ b) weil sie ihr erstes Bewerbungsgespräch hat.

3. _____ hat Sorgen,   ___ c) weil sie Ausländern hilft.

4. _____ hat Angst,   _1_ d) weil er sehr gut Deutsch spricht.

5. _____ ist zufrieden,   ___ e) weil sie ihrem Sohn in der Schule nicht helfen kann.

3 Etwas begründen – *weil*

a Sammeln Sie Sätze im Kurs und markieren Sie die Verben im Hauptsatz und Nebensatz.

Hauptsatz	WARUM?	Nebensatz
Enrique (ist) stolz,	weil	er sehr gut Deutsch (spricht).
Ich (lerne) Deutsch,	weil	ich in Deutschland (lebe).

b Wie heißt die Regel? Kreuzen Sie an: a oder b.

1. Im **Hauptsatz** steht das konjugierte Verb ⓐ auf Position 2 ⓑ am Ende.

2. Im **Nebensatz** steht das konjugierte Verb ⓐ auf Position 2 ⓑ am Ende.

c Schreiben Sie die Sätze.

1. Ich / in Deutschland, / lebe • weil / meine Frau / ist / Deutsche
2. Paolo / Deutsch lernen, / will • weil / in einer deutschen Firma / arbeiten / er
3. Wir / Ausländern, / helfen • weil / die Probleme / kennen / wir
4. Samira / keine Probleme, / hat • weil / leicht / sie / findet / Freunde
5. Fatma / nicht helfen, / kann / ihrem Sohn • weil / gelernt hat / noch nicht / viel Deutsch / sie
6. Frau Helmes / Englisch / gelernt, / hat • weil / in die USA / gegangen / sie / ist
7. Sabaheta / Migranten, / berät • weil / gemacht / die gleichen Erfahrungen / hat / sie
8. Feridun / traurig, / ist • weil / er / hat / noch wenig Kontakt mit Deutschen / gefunden

d Schreiben Sie drei Sätze über sich.

Ich bin froh / traurig / zufrieden ..., weil ...
Ich habe Sorgen / Angst, weil ...

4 Konfliktsituationen

1.24 **a Lesen und hören Sie die Dialoge. Ordnen Sie die Bilder zu.**

Ⓐ  Ⓑ  Ⓒ

Dialog 1

● Die spinnen doch!↘
Frau Radic, kommen Sie
bitte mal?↗

○ Was gibt's, Chef?↗

● Jetzt müssen wir auch
noch das Lager putzen.↘

○ Moment mal, ich arbeite
hier als Verkäuferin, nicht
als Putzfrau.↘

● Ich weiß, ich weiß, aber
die Zentrale schreibt, wir
müssen sparen.↘

○ Haben Sie das schon mit
meinen Kolleginnen
besprochen?↗

● Ähm, nein, die Mail ist
gerade gekommen.↘

○ Ich schlage vor, wir besprechen das mit allen
und dann suchen wir eine
Lösung.↘

● Haben Sie eine Idee?↗

Dialog 2

○ Guten Tag, Frau Gruber.↘

● Entschuldigung, können
Sie bitte die Musik leiser
machen?↗

○ Sind wir zu laut?↗ Wir
machen eine Party, weil
Mona heute Geburtstag
hat.↘

● Ich bin krank und die
Musik ist wirklich zu laut.↘

○ Das tut mir leid.↘
Entschuldigung.↘

● Ich weiß, Geburtstag ist
nur einmal im Jahr.↘
Können Sie in den Park
gehen?↗

○ Hm, das ist schlecht.↘
Schauen Sie, es regnet.↘
Aber die Musik machen
wir gleich etwas leiser.↘

● Das ist nett, vielen Dank.↘

○ Gute Besserung, Frau
Gruber.↘

Dialog 3

● Juri, es gibt ein Problem.↘
Wir müssen am Wochen-
ende arbeiten.↘

○ Jetzt am Wochenende?↗

● Ja, wir müssen auf
Montage.↘ Die Überstun-
den bekommen wir natür-
lich bezahlt.↘

○ Das geht nicht, weil ich da
auf dem Schulfest bin.↘

● Das ist doch nicht so
wichtig.↘ Da kann doch
deine Frau hingehen.↘

○ Doch, für mich ist das sehr
wichtig, weil ich da bei der
Organisation mitarbeite.↘

● Aber der Meister sagt, ...→

○ Tut mir leid, ich kann
wirklich nicht.↘ Hast du
Johann schon gefragt?↗

b Lesen Sie die Dialoge zu zweit laut. Zeigen Sie Ärger, Sorge …

c Welche Lösungen gibt es? Sammeln Sie zu zweit.

Dialog 1:
wer putzt, hat 2
Stunden frei

...

Dialog 2:
ein Stück Torte zu
Frau Gruber bringen

...

Dialog 3:
Kollegen fragen

...

5 Sabahetas Tipps

⊙ 1.25 **a Lesen und hören Sie die Tipps. Welche finden Sie wichtig? Notieren Sie.**

1. Also, ich habe mir immer Fragen notiert, wenn ich eine Auskunft gebraucht habe.
2. Wenn du etwas nicht verstanden hast, dann musst du sofort nachfragen. Da gibt es viele Möglichkeiten, z. B.: „Entschuldigung, ich spreche noch nicht so gut Deutsch. Können Sie das bitte wiederholen?", „Können Sie bitte langsamer sprechen?", „Können Sie das einfacher sagen?"
3. Nachfragen ist eine einfache Technik, wenn man keinen Konflikt will. Das funktioniert überall auf der Welt.
4. Die Deutschen sind in der Regel sehr pünktlich. Wenn du einen Termin beim Amt hast, musst du pünktlich sein!
5. Wichtig ist die Höflichkeit. Wenn man „bitte" sagt, dann geht es oft leichter. Und ein Lächeln öffnet viele Türen!
6. Viele Besucher fragen: „Wie kann man Kontakt finden?" Wenn du Leute kennenlernen willst, dann musst du zu den Leuten gehen. Sport ist eine gute Möglichkeit. Oder du machst eine Grillparty im Park mit Bekannten oder Kollegen. Alle bringen etwas mit. So habe ich meinen Mann kennengelernt.

b Bedingungen nennen mit *wenn ..., (dann)* ... – Schreiben Sie Sabahetas Tipps in der Ich-Form wie im Beispiel.

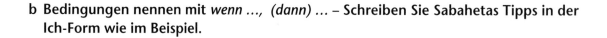

> 1. Wenn ich eine Auskunft brauche, (dann) notiere ich Fragen.
> 2. Wenn ich etwas nicht verstehe, (dann) frage ich sofort nach.

c Ordnen Sie 1–6 und a–f zu.

1. Wenn ich einen Termin habe,

2. Wenn ich eine Auskunft brauche,

3. Wenn die Leute so schnell sprechen,

4. Wenn der Kurs vorbei ist,

5. Wenn ich Leute treffen will,

6. Wenn du etwas nicht verstanden hast,

___ a) (dann) machen wir ein großes Fest.

___ b) (dann) bin ich pünktlich.

___ c) (dann) gehe ich in den Park.

___ d) (dann) kann ich sie nicht verstehen.

___ e) (dann) musst du nachfragen.

___ f) (dann) notiere ich mir Fragen.

d Sammeln Sie weitere Tipps in der Klasse.

Wenn du im Winter nach Deutschland kommst, ...
Wenn du eine Wohnung suchst, ...
Wenn dich jemand zum Essen einlädt, ...
Wenn ...

6 Aussprache: Satzmelodie und Satzakzent 2

○ 1.26   **a Hören Sie und sprechen Sie leise mit. Achten Sie auf die Satzmelodie und den Akzent.**

Wenn du einen Termin beim <u>Amt</u> hast, → dann musst du **pünkt**lich sein.↘
Wenn du etwas nicht ver<u>stehst</u>, → dann musst du **nach**fragen.↘
Wenn du eine <u>Aus</u>kunft brauchst, → dann notier dir deine **Fra**gen.↘

b Sprechen Sie die Tipps aus 5c laut.

7 Konflikte besprechen

a Welches Foto passt zu den Situationen 1–5?

Ⓐ Ⓑ Ⓒ Ⓓ Ⓔ

1. ___ Sie sind der nächste Kunde / die nächste Kundin. Jemand drängt sich vor.

2. ___ An der Kasse: Sie haben zu wenig Geld zurückbekommen.

3. ___ Es ist 22.30 Uhr. Ihr Nachbar sieht fern, sehr laut. Sie sind krank.

4. ___ Sie ziehen um. Der Möbelwagen kommt gleich. Jemand parkt vor Ihrem Haus.

5. ___ Im ICE: Sie haben eine Reservierung. Jemand sitzt auf Ihrem Platz.

b Wählen Sie eine Situation und schreiben Sie einen Dialog.

auffordern	Fahren Sie bitte weg. • Machen Sie bitte den Fernseher leiser. • Zählen Sie nach. • Zeigen Sie mir bitte Ihre Reservierung. • Stellen Sie sich bitte an. • …
Gründe angeben	Ich war zuerst da! • Das ist mein Platz. • Hier können Sie nicht parken. Ich ziehe um. • Ich bin krank. • …
nachfragen	Haben Sie das Schild nicht gesehen? • Haben Sie eine Reservierung? • Entschuldigung, ich habe Sie nicht verstanden. • …
um Rat fragen Rat/Hinweis geben	Was soll ich machen? • Was machen wir jetzt? • Was meinen Sie? • Sie müssen sich anstellen. • Hier vorne sind noch Plätze frei. • …
Vorschläge machen/ annehmen	Ich schlage vor … • Wir können doch … • Einverstanden. • Das ist eine gute Idee. • …
Entschuldigung	Entschuldigung. • Entschuldigen Sie bitte. • Das tut mir sehr leid. Kein Problem. • Das macht nichts. • …

c Spielen Sie zu zweit.

8 Das erste Wort
Lesen Sie und überlegen Sie: Was war Ihr erstes Wort in einer Fremdsprache?

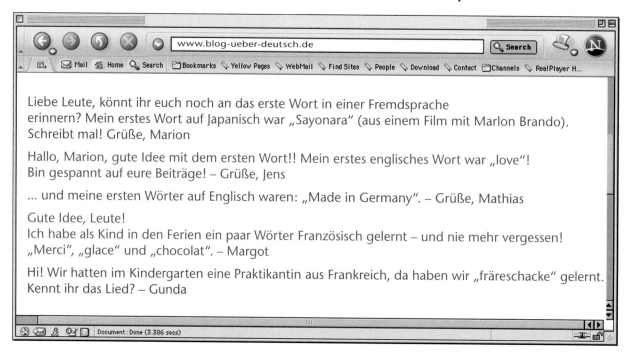

> www.blog-ueber-deutsch.de
>
> Liebe Leute, könnt ihr euch noch an das erste Wort in einer Fremdsprache erinnern? Mein erstes Wort auf Japanisch war „Sayonara" (aus einem Film mit Marlon Brando). Schreibt mal! Grüße, Marion
>
> Hallo, Marion, gute Idee mit dem ersten Wort!! Mein erstes englisches Wort war „love"! Bin gespannt auf eure Beiträge! – Grüße, Jens
>
> ... und meine ersten Wörter auf Englisch waren: „Made in Germany". – Grüße, Mathias
>
> Gute Idee, Leute! Ich habe als Kind in den Ferien ein paar Wörter Französisch gelernt – und nie mehr vergessen! „Merci", „glace" und „chocolat". – Margot
>
> Hi! Wir hatten im Kindergarten eine Praktikantin aus Frankreich, da haben wir „fräreschacke" gelernt. Kennt ihr das Lied? – Gunda

9 Das erste deutsche Wort
a Lesen Sie die Texte A–C. Welche Geschichte gefällt Ihnen am besten?

A Elham: Achtung! Achtung!

Vor meinem ersten Sprachkurs habe ich nur zwei deutsche Wörter gekannt: „Hallo" und „Achtung!" Beide Wörter habe ich in alten Filmen gehört. Ich habe gewusst: Zwei Wörter sind wenig. Niemand will ein schlechter Schüler sein und darum habe ich vor dem Kurs die deutschen Zahlen gelernt. Im Kurs hat die Lehrerin mich gefragt: „Wie alt bist du?"
Und ich war sehr glücklich. Die Antwort war nämlich eine Zahl und die konnte ich: „twenty acht". Alle in der Klasse haben gelacht und ich habe erst nicht gewusst, warum sie gelacht haben. Aller Anfang ist schwer.

B Hürü Kök: Mein erstes Wort war „Schokolade"

Eine typisch deutsche Oma hat mir die Tafel in die Hand gegeben und Silbe für Silbe gesagt: „Scho-ko-la-de". Ich habe probiert und sofort gewusst: Dieses Wort vergesse ich nie mehr. Damals war ich gerade fünf Jahre alt und erst ein paar Tage in Deutschland. Bald habe ich gemerkt, dass nicht alle deutschen Wörter so einfach waren wie Schokolade. Zum Beispiel das Wort „Schulanmeldung". Beim Deutschlernen konnten mir meine Eltern nicht helfen. Im Gegenteil, weil sie selbst nie richtig Deutsch gelernt haben, musste ich für sie mitlernen und war ihr Sprachrohr in die deutsche Welt.

Nermina Nuhodzic: Duldung

Im Flüchtlingsamt konnten meine Mutter und ich unsere neuen Pässe abholen. Damals konnten wir kein Wort Deutsch. Die neuen Pässe waren so schön: dunkelblau mit einem Wappen auf dem Umschlag, innen ein paar Seiten mit einem Aufkleber. Und dann habe ich den großen Stempel gesehen: „DULDUNG".
Was war das? Man hat mir gesagt, dass wir hier nicht erwünscht sind, aber wir werden geduldet. Ich habe das nicht verstanden. Meine Mutter hat es mir so erklärt: Deine Verwandten besuchen dich nach langer Zeit. Aber du hast nur eine kleine Wohnung und willst sie nicht mit ihnen teilen.

b Was war Ihr erstes deutsches Wort? Sammeln Sie im Kurs.

10 Eine Umfrage: Mein deutsches Lieblingswort

1.27 **a** Hören und notieren Sie die Lieblingswörter.

Hm, mein Lieblingswort?

b Sammeln Sie Ihre „Lieblingswörter" im Kurs.

Projekt „Mein Land in Deutschland"

Suchen Sie Ihr Land in Deutschland: im Fernsehen, in der Zeitung, auf der Straße …
Machen Sie Fotos. Vergleichen Sie im Kurs.

Auf einen Blick

1 Gefühle ausdrücken

Freude	Ich bin froh, weil ich schnell Leute getroffen habe.
	Ich bin sehr zufrieden mit meiner Arbeit.
Bedauern	Ich kann dir leider nicht helfen. Schade!
	Leider kann ich morgen nicht. Tut mir leid.
Sorge	Ich mache mir Sorgen, weil er nicht anruft.
	Was ist los? Warum ruft er nicht an?
Angst	Ich habe Angst vor dem Gespräch.

2 Etwas begründen

Wir leben gern hier, weil wir viele Freunde haben.
Ich lebe in Deutschland, weil ich hier Arbeit gefunden habe.
Sabaheta arbeitet mit Migranten, weil sie die Probleme kennt.

3 Verständnishilfen anbieten

Nachfragen	Ich habe Sie/dich leider nicht verstanden.
	Entschuldigung, ich spreche noch nicht so gut Deutsch.
	Können Sie das bitte wiederholen?
	Können Sie bitte langsamer sprechen?
	Können Sie das einfacher sagen?

Entschuldigung, was haben Sie gesagt?

4 Konflikte besprechen

nach Gründen fragen	Warum parken Sie hier?
Gründe angeben	Die Musik ist zu laut. / Ich bin krank. / Das ist mein Platz! / ...
um Rat fragen	Was machen wir? / Was soll ich machen? /Was denkst/meinst du?
Ratschläge geben	Du musst zuerst Notizen machen. / Du kannst im Büro anrufen.
Vorschläge machen	Ich schlage vor ... / Wir können doch ... / Wollen wir zusammen ...?
Vorschläge annehmen	Einverstanden. / Das ist eine gute Idee.
sich entschuldigen	Entschuldigung. / Entschuldigen Sie bitte. / Das tut mir sehr leid.
Entschuldigungen akzeptieren	Kein Problem. / Das macht nichts.

5 Bedingungen nennen

Wenn du etwas nicht verstanden hast, (dann) musst du nachfragen.
Wenn du einen Termin auf dem Amt hast, (dann) musst du pünktlich sein.
Wenn Sie so schnell sprechen, (dann) verstehe ich Sie nicht.
Wenn ich eine Auskunft brauche, (dann) notiere ich mir vorher Fragen.

Im Alltag
EXTRA
▶ S. 248

Grammatik

1 Etwas begründen – Nebensätze mit *weil*

Hauptsatz	Nebensatz mit *weil*	
Ich bin glücklich,	weil ich schon viele Freunde habe.	
Ich bin zufrieden,	weil ich schon ganz gut Deutsch spreche.	
Ich habe mir Sorgen gemacht,	weil ich wenig Kontakte hatte.	Präteritum
Ich war traurig,	weil ich niemanden getroffen habe.	Perfekt
Ich freue mich,	weil ich morgen nicht arbeiten muss.	Modalverb

In Nebensätzen steht das konjugierte Verb am Ende.

2 Bedingungen nennen – Nebensätze mit *Wenn ..., (dann) ...*

Der Nebensatz mit *wenn* steht sehr oft vor dem Hauptsatz.

Nebensatz	Hauptsatz
Wenn du etwas nicht verstanden hast,	(dann) musst du sofort nachfragen.
Wenn man keine Konflikte will,	(dann) ist Nachfragen eine einfache Technik.

Er kann aber auch nach dem Hauptsatz stehen.

Hauptsatz	Nebensatz
Du musst sofort nachfragen,	wenn du etwas nicht verstanden hast.
Nachfragen ist eine einfache Technik,	wenn man keine Konflikte will.

Aussprache

Satzmelodie und Satzakzent 2

Im Satz bleibt die Satzmelodie gleich.

Wenn du einen Termin beim <u>Amt</u> hast, → musst du **pünkt**lich sein.↘

Bei Satzgefügen (Hauptsatz + Nebensatz) liegt der Satzakzent immer auf dem letzten Satzteil.

Wenn du etwas nicht ver<u>stehst</u>, → musst du **nach**fragen.↘
Sabaheta ist zu<u>frie</u>den, → weil sie Tipps und Informa<u>tio</u>nen geben kann.↘

Raststätte

❶ Kopf oder Zahl

 Werfen Sie
eine Münze.

 Zahl? Gehen Sie 1 Schritt
weiter und lösen Sie
Aufgabe A oder B.

 Kopf? Gehen Sie 2 Schritte
weiter und lösen Sie
Aufgabe A oder B.

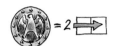 Richtig?
Sie bleiben auf
dem Feld.

Falsch?
Gehen Sie
wieder zurück.

Start

A

B

1

Nennen Sie fünf Kleidungsstücke mit Artikel.

Vater und Mutter sind die E…

2

Personalpronomen im Akkusativ. Ergänzen Sie.
ich – mich / du – … / er – … / wir – …

Personalpronomen im Dativ. Ergänzen Sie.
ich – mir / du – … / er – … / wir – …

3

Bruder und Schwester sind die G…

Der Sohn meines Bruders ist mein …

4

Wie heißt der Dialog?
● gefallen / d… / der Rock / ?
○ nein / gefallen / er / m… / nicht / .

Machen Sie je eine Aussage.
Das macht das Leben leicht: …
Das macht das Leben schwer: …

5

Welches Wort passt nicht?
nett • freundlich • schrecklich • höflich

Wie heißt der Satz?
ich / eine DVD / meiner Freundin /
schenken / .

6

Ergänzen und antworten Sie.
● … Sie mit 14 allein ausgehen?
○ …

Ergänzen und antworten Sie.
● … Ihre Urgroßmutter Auto fahren?
○ …

7

Wie groß war eine „normale" deutsche
Familie vor 100 Jahren: 3, 5 oder 9 Personen?

Nennen Sie drei wichtige Feste in Deutschland.

8

Thema „Hochzeit" – Nennen Sie
drei Wörter.

Wie viel Prozent der Deutschen sind heute
Singles: 5 %, 30 % oder 40 %?

9

Ihr Kollege hat Geburtstag. Was sagen Sie?

Was passt zu Ostern?
Sprechen Sie.

10

Wie heißt das Gegenteil?
lang – … / teuer – … / klein – …

Gute Wünsche zu Weihnachten. Was sagt man?
F… W…!

11

Antworten Sie.
● Warum warst du gestern nicht im Kurs?
○ Weil …

Sagen Sie den Satz zu Ende.
Ich verkaufe meine Deutschbücher, weil …

Welche Frage passt?
● Warum ...?
○ Weil ich morgen Prüfung habe.

12

Antworten Sie.
● Warum kommst du so spät?
○ Weil ...

Sie haben eine Einladung zu einer Party und möchten nicht hingehen. Was sagen Sie?

13

Was schenken Sie gerne Erwachsenen und was Kindern?
Erwachsenen schenke ich ...

Nennen Sie je drei Kleidungsstücke zu:
bei der Arbeit
in der Freizeit

14

Was zieht man im Winter an?
Nennen Sie drei Kleidungsstücke.

Wann haben Sie Geburtstag?

15

Nennen Sie drei
Verben zu einem Fest.

Was möchten Sie gern zum Geburtstag?
Nennen Sie drei Dinge.
Ich möchte gern ...

16

Ergänzen Sie.
● Gefällt ... die Musik?
○ Ja, wir finden ... super!

Was ist richtig?
1. An Ostern gibt es ein Feuerwerk.
2. An Silvester feiert man eine Party.

17

Sagen Sie die Sätze zu Ende.
Wenn es regnet, ...
Wenn es warm ist, ...

Wo kann man günstig Kleidung kaufen?
Nennen Sie drei Orte.

18

Sie haben im Laden zu wenig Geld zurück-bekommen. Was sagen Sie?

Antworten Sie.
Welche Feste feiert Ihre Familie?

19

Es ist zwei Uhr morgens. Ihr Nachbar hört sehr laut Musik. Sie sind krank. Was tun Sie?

Ergänzen Sie.
... ich einen Termin habe,
... bin ich pünktlich.

20

Ergänzen Sie.
Die Jacke ist zu kurz. Nimm die hier, die ist ...
Die Hose ist zu eng. Nimm die hier, die ist ...

Zwei Tipps für Deutschland:
Wenn du im Winter kommst, ...
Wenn du zum Arzt gehst, ...

21

Sie haben eine Einladung zu einer Hochzeit.
Sie nehmen die Einladung an.
Was sagen Sie?

Jemand ist krank. Was sagen Sie?

22

Wie heißt Ihr Lieblingswort auf Deutsch?

Konflikte vermeiden –
Eine einfache Technik ist:
nichts sagen – nachfragen – Fragen notieren

23

Sagen Sie den Satz zu Ende.
Wenn ich morgen Zeit habe, ...

Wie heißen die Artikel?
Geschenk • Ei • Geburtstag •
Kirche • Standesamt

24

Was ist Ihr Lieblingskleidungsstück und warum?
Mein Lieblingskleidungsstück ist ..., weil ...

Welches Wort passt nicht in die Reihe?
eng – kurz – kalt – weit

25

Wie heißt das Gegenteil?
verheiratet – l...

Ziel

2 Eine kleine Geschichte zur Pünktlichkeit
a Lesen Sie und ordnen Sie die Bilder dem Text zu.

Sonntag, 26. März, 7 Uhr morgens. Es ist Sonntag, aber Kurt Vogel steht sehr früh auf. Seine Freundin Nicoletta kommt um zehn Uhr zum Frühstück. Nicoletta ist Italienerin.
5 Kurt geht ins Bad, duscht, putzt die Zähne und föhnt die Haare. Dann holt er den Staubsauger und macht die Wohnung sauber. Um 8 Uhr 30 macht er den MP3-Player an und spielt Musik von Vivaldi. Kurt liebt Vivaldis „Die vier
10 Jahreszeiten" und er liebt Nicoletta.
Kurt geht in die Küche und kocht Kaffee. Er schaut auf die Uhr: 9 Uhr! Noch eine Stunde Zeit. Er trinkt eine Tasse Kaffee und klappt das Bett zusammen. Das Bett ist eine Bettcouch:
15 nachts ein Bett, am Tag ein Sofa.
Danach deckt er den Tisch: eine saubere Tischdecke, Teller, Tassen, Messer, Eierbecher und Servietten. In die Mitte vom Tisch stellt er einen Blumenstrauß. Die Musik ist zu Ende. Er
20 geht zum MP3-Player und wählt Musik von J. S. Bach aus.
Dann geht er wieder in die Küche und bereitet das Frühstück vor: Orangensaft, Toast, Butter, Käse und Schinken, Tomaten und Obst. Dann
25 kocht er zwei Eier – fünf Minuten. Fertig!
9 Uhr 50. Um zehn Uhr will Nicoletta da sein. Er öffnet das Fenster. Die Luft ist warm, der Frühling ist nicht mehr weit. Aber Nicoletta kommt nicht.
30 11 Uhr 30: Die Eier sind so kalt wie der Kaffee. Warum kommt sie nicht?

Um zwölf Uhr klingelt es! Kurt rennt zur Tür und macht auf:
„Nicoletta! Du bist zu spät! Viel zu spät! Wo
35 warst du? Warum hast du nicht angerufen?"
„Guten Morgen! Was ist denn los mit dir? Freust du dich nicht? Willst du, dass ich wieder gehe?"
„Nein, äh, doch, ich freu mich natürlich, aber
40 du bist zu spät! Alles ist jetzt kalt! Immer kommst du zu spät!"
„Kurt! Ich bin pünktlich! Ich bin immer pünktlich! Darf ich reinkommen?"
„Äh, entschuldige, klar, komm rein. Aber du
45 bist zu spät. Zwei Stunden zu spät."
„Du bist blöd! Es ist zehn Uhr!"
„Nein, zwölf Uhr!"
„Deine Uhr geht falsch! Es ist zehn Uhr. Seit heute ist Sommerzeit!"
50 „Eben! Du musst die Uhr vorstellen!"
„Nein, zurückstellen!"
„Quatsch, Sommerzeit ist eine Stunde mehr."
„So ein Unsinn! Auch im Sommer hat der Tag nur 24 Stunden und nicht 25."
55 „So meine ich das nicht!"
„Und überhaupt gibt es in Deutschland gar keinen richtigen Sommer. Ihr braucht gar keine Sommerzeit!" Sie schauen sich an und lachen. Dann sagen sie gleichzeitig: „Komm,
60 wir gehen zu ‚Leone' Mittag essen!"

 Sommerzeit: + 1 Stunde

 Winterzeit: – 1 Stunde

Die Sommerzeit gilt von Ende März bis Ende Oktober.

b Fragen zum Text – Schreiben Sie Fragen wie im Beispiel und fragen Sie im Kurs.

Um wie viel Uhr will Kurt mit Nicoletta frühstücken?

Wann ...?

Warum ...?

Wer ...?

Mag Nicoletta Kaffee?

c Spielen Sie den Dialog zwischen Kurt und Nicoletta. Sie können den Text auch variieren.

– Nicoletta wird richtig sauer und geht. Kurt ruft sie an.
– Der Streit wird heftiger, aber Kurt entschuldigt sich am Ende.
– ...

Effektiv lernen

Aussprache selbstständig üben
Hier sind einige Tipps, wie Sie Ihre Aussprache selbstständig verbessern können.

1. Überlegen Sie immer: Welche Wörter sind für mich schwierig?
2. Sprechen Sie diese Wörter zunächst einzeln.
3. Überlegen Sie immer: Wo liegt der Wortakzent? Wenn Sie Wörter im Wörterbuch nachschlagen, dann achten Sie auch auf den Wortakzent.
4. Experimentieren Sie mit Texten. Wählen Sie sich einen kurzen Text aus.
   – Überlegen Sie: Wo liegen die Satzakzente?
   – Sprechen Sie im Stehen, vor einem Spiegel, vor Publikum.
   – Sprechen Sie mit verschiedenen Emotionen.
   – Variieren Sie Gestik und Mimik.
5. Achten Sie beim Sprechen auf Blickkontakt.
6. Bitten Sie um Korrektur durch Muttersprachler/innen.

Probieren Sie die Tipps mit diesem Text aus.

Grußbotschaften – Für Dieter Kerschek

ich grüße euch & euch & euch
ich grüße auch euch
ich grüße alle anderen ebenfalls
ich grüße mich Dieter Kerschek besonders
ich grüße zurück & im voraus
ich grüße den der mich grüßt
ich grüße selbst den der mich nicht grüßt

ich lasse grüßen
ich grüße die toten wie die lebendigen
ich grüße aus dem urlaub
ich grüße die kreisenden kosmonauten
ich grüße die hauskatze schnurr (sie grüß ich)
ich grüße diese grußbotschaften
ich grüße die begrüßen dass
ich grüße

Video

Teil 1
Das steht dir gut.

a Jenny und Olga sprechen über Kleidung. Was ist richtig? Kreuzen Sie an.

1. Das Kleid war …

  [a] sehr teuer.

  [b] ein Sonderangebot.

  [c] nicht billig.

2. Woher hat Olga das Kleid?

  [a] Aus dem Kaufhaus.

  [b] Aus dem Katalog.

  [c] Aus der Ramschkiste.

3. Jenny trägt gern …

  [a] Hosen.

  [b] Röcke.

  [c] Kleider.

b Ergänzen Sie die Sätze. Kontrollieren Sie mit dem Video.

Der Rock ist zu …

Die Hose ist zu …

Das Kleid ist zu …

…

Teil 2
Ich schenk ihr ein/e/n …

a Was schenkt Gasan?

b Für wen ist das Geschenk?

c Was könnte noch in dem Paket sein?

Was kann ich schon?

Machen Sie die Aufgaben 1–9 und kontrollieren Sie im Kurs.

1. Notieren Sie die Kleidungsstücke mit Artikel.

2. Beschreiben Sie jemanden im Kurs. Die anderen raten.

3. Im Kaufhaus
Was sagen Sie?
– Sie suchen die Damen-
  abteilung.
– Sie haben eine Hose
  probiert. Sie ist zu weit.

4. Gute Wünsche
Was sagen Sie ...
– zum Geburtstag?
– zu Weihnachten/Neujahr?
– zu Ostern?
– bei Unfall/Krankheit?

5. Thema „Geschenke"
Drei Personen, drei Geschenke:
Mein... ... schenke ich ...
Mein... ... schenke ich ...
Ich schenke m... ...

6. Was durften Sie als Kind und was durften Sie nicht?
(je zwei Beispiele)

7. Nachfragen – Was sagen Sie?
– Jemand spricht schnell.
– Jemand spricht undeutlich.
– Jemand spricht kompliziert.

8. Gründe angeben mit *weil*
– Sie können nicht zum
  Deutschkurs kommen.
– Sie möchten etwas früher
  nach Hause gehen.

9. Bedingungen nennen
– Das Wetter ist schlecht.
– Ich will Leute treffen.

Wenn ...

Mein Ergebnis finde ich: ☺ ☺ ☹

Ich über mich

Schreiben Sie über ein Fest.

Unser wichtigstes Fest ist das Zuckerfest. Wir feiern es am Ende vom „Ramadan". Der „Ramadan" dauert einen Monat. Das ist der Fastenmonat. In dieser Zeit dürfen gläubige Moslems den ganzen Tag nichts essen und trinken, nicht rauchen, keine laute Musik hören usw.
Und so ist der Ablauf vom Zuckerfest:
Am Morgen geht man in die Moschee und dann besucht man die Verwandtschaft. Das Haus oder die Wohnung ist ganz sauber geputzt und aufgeräumt. Bei allen Verwandten gibt es Süßigkeiten und süße Speisen. Deshalb der Name „Zuckerfest". Das Zuckerfest dauert meistens drei Tage.

Endlich 18!
Mein 18. Geburtstag war wirklich ein besonderes Fest. Ich habe das erste Mal nur mit meinen Freunden gefeiert – ohne Familie!
Mein Bruder war natürlich schon dabei, aber meine Eltern nicht!
Sie haben mir die Party zum Geburtstag geschenkt, also alles bezahlt: tolles Essen, viele Getränke und einen richtigen DJ (das ist ein Mensch, der Musik zum Tanzen zusammenstellt).
Zuerst habe ich alle Freunde begrüßt und ich habe viele Geschenke bekommen – die musste ich alle „öffentlich" auspacken.
Und dann haben wir gegessen und später getanzt. Ich glaube, die Party hat bis zum nächsten Morgen gedauert.
Ja, jetzt bin ich 18.

16 Schule und danach

(A)

(B)

Helene Tilkowski

Name:	Alexander Straube
Alter:	23 Jahre
Schulabschluss:	Hauptschulabschluss
Ausbildung:	Lehre
Beruf:	Maler
Berufsziel:	eigene Firma

Lernziele

- über Schule, Ausbildung und Weiterbildung sprechen
- über Pläne und Wünsche sprechen
- Meinungen äußern
- Informationstexte verstehen

1 Schule in Deutschland

a Sehen Sie die Bilder an. Was denken Sie: Wo arbeiten die Personen? Was ist ihr Beruf?

⊙ 1.28 **b Hören Sie zu und notieren Sie die Informationen wie im Beispiel oben.**

1 In Deutschland gibt es die Schulpflicht. Die Kinder kommen mit fünf oder sechs Jahren in die Schule und müssen mindestens neun Jahre in die Schule gehen. Die staatlichen Schulen sind
5 kostenlos, aber es gibt auch Privatschulen. Der Staat kontrolliert alle Schulen.
Vier oder sechs Jahre gehen alle Kinder in die Grundschule, je nach Bundesland. Danach gibt es verschiedene Schulen: die Hauptschule, die
10 Realschule (Mittelschule), das Gymnasium oder die Gesamtschule.
Nach dem Hauptschulabschluss in der 9. oder 10. Klasse kann man weiter zur Schule gehen. Oder man macht eine Ausbildung im Betrieb
15 und geht in die Berufsschule.
Die Schulpflicht endet nach Abschluss einer Ausbildung oder mit dem 18. Lebensjahr.

Mit dem Realschulabschluss nach der 10. Klasse (mittlere Reife) kann
20 man weitere Schulen besuchen und einen höheren Abschluss erreichen (z. B. Fachhochschulreife). Oder man macht eine Ausbildung im Betrieb.
25 Wenn man nach der 12. Klasse im Gymnasium oder in der Gesamtschule das Abitur besteht, kann man an einer Universität studieren.
30 Für Erwachsene gibt es viele Weiterbildungsmöglichkeiten. Sie können Schulabschlüsse nachholen oder sich im Beruf fortbilden. Wer einen Beruf hat, kann an Abendschulen weiterlernen und Abschlüsse bis zum Abitur machen.

Lilia Boldt

Sebastian Baumann

BILDUNG IN DEUTSCHLAND

Der zweite Bildungsweg

Universität	Fachhochschule	Berufsoberschule/Fachschule/Fachakademie	
Gymnasium	Fachoberschule	Berufsschule/Berufsfachschule	12 11 10
	Realschule	Hauptschule	9 8 7 6 5

Förderschulen

G e s a m t s c h u l e

Grundschule

Kindergarten/Vorschule

Schuljahr (4 3 2 1)

c Grafik und Infotext – Wo finden Sie die Antworten zu diesen Fragen?

1. Welche Schule müssen alle Kinder besuchen?
2. Nach der Grundschule gibt es verschiedene Schularten. Wie heißen sie?
3. Wie lange muss man in Deutschland mindestens zur Schule gehen?
4. In welcher Schule kann man das Abitur machen?
5. Welchen Schulabschluss braucht man mindestens für eine Berufsausbildung?
6. Was kann man nach dem Abschluss der 10. Klasse machen?

2 Schule und Ausbildung in Ihrem Land

a Sammeln Sie Fragen und machen Sie Interviews.

> *Wie lange muss man bei euch/Ihnen in die Schule gehen?*
> *Nach wie vielen Jahren hat man einen Abschluss?*
> *Gehen Jungen und Mädchen in die gleichen Schulen?*
> *Kosten die Schulen Geld?*
> *Kann man nach ...*

Bei uns muss man mindestens ... Jahre in die Schule gehen.
Nach ... Jahren hat man einen Schulabschluss.
Dann kann man ... gehen oder ...
Wenn man studieren will, dann ...
Für die Universität muss man eine Aufnahmeprüfung machen.
Die Berufsausbildung sieht bei uns so aus: Zuerst ... Dann ... Danach ...

b Berichten Sie im Kurs.

3 Meinungen

a Lesen Sie. Welcher Meinung stimmen Sie zu?

> *Es ist wichtig, dass man in der Schule etwas lernt.*
> *Alles andere ist nicht wichtig.*

> *Vormittags Schule, nachmittags Hausaufgaben:*
> *Ich finde nicht gut, dass die Kinder zu Hause auch*
> *noch arbeiten müssen.*

> *40 Kinder in einer Klasse: Ich finde das zu viel.*

> *Ich finde gut, dass man nach der Berufsausbildung*
> *weiter in die Schule gehen kann.*

b Nebensätze mit *dass* – Markieren Sie in 3a *dass* und das konjugierte Verb.

> *Es ist wichtig, dass man in der Schule etwas lernt.*

c Thema „Schule" – Was finden Sie wichtig, gut/schlecht, richtig/falsch? Sprechen Sie im Kurs.

Ich denke,	dass alle Kinder in die Schule gehen müssen.
Ich finde,	dass die Kinder so viele Hausaufgaben machen müssen.
Es ist (nicht) gut,	dass man in Deutschland keine Schuluniform tragen muss.
Ich finde wichtig,	dass Mädchen und Jungen in dieselbe Klasse gehen.
Ich finde (nicht) gut,	dass die Schule kostenlos ist.
	dass die Kinder regelmäßig Tests schreiben.
	dass es ab der ersten Klasse Noten gibt.
	dass Sport ...

d Schreiben Sie fünf Sätze zum Thema „Schule".

Schuljahre • Schulzeit • Freizeit • Lehrer • Hausaufgaben • Schulfächer • Tests • Noten • Geld ...

4 Berufsausbildung

a Lesen Sie die Texte und die Aussagen 1–8. Kreuzen Sie an.

Doris Matthes, 40

Ich habe eine Ausbildung in einer Metzgerei gemacht und danach vier Jahre in einem Supermarkt gearbeitet. Dann konnte ich meine Meisterprüfung machen, das hat ein Jahr gedauert. Auf der Meisterschule habe ich meinen Mann kennengelernt und bin mit ihm nach Stuttgart gegangen. Hier haben wir seit über zehn Jahren unsere eigene Metzgerei.

Ich habe eine kaufmännische Lehre im Geschäft von meinen Eltern gemacht. Wir haben schon seit drei Generationen einen Familienbetrieb. Mein Vater hat mich ausgebildet und danach habe ich das Geschäft übernommen.
In Abendkursen und zusätzlichen Seminaren habe ich viel über Geschäftsführung und Betriebswirtschaft gelernt.

Robert Keitel, 35

Michael Postert, 22

Nach der Schule habe ich keine Lehrstelle bekommen. Ich wollte Mechatroniker oder Schlosser werden. Zuerst habe ich meinen Eltern auf dem Bauernhof geholfen und dann war ich bei der Bundeswehr. Danach wollte ich erst mal weit weg. Ich bin nach Australien gereist: „work and travel" – arbeiten und reisen. Ich habe gejobbt, Englisch gelernt und viel gesehen. Dann habe ich Waldarbeiter gelernt. Vor einem Jahr habe ich meine Ausbildung abgeschlossen.

Mit 17 Jahren war ich schwanger und habe deshalb geheiratet. Ich habe mein Abitur später am Abendgymnasium gemacht und dann Medizin studiert. Mein Mann hat in dieser Zeit den ganzen Haushalt organisiert. Ein Jahr ist er bei unserer Tochter zu Hause geblieben. Jetzt haben wir es geschafft! In der letzten Woche haben wir mein Examen gefeiert.

Meike Schmidt, 28

	R	F
1. Frau Matthes hat keinen Beruf gelernt.	☐	☐
2. Sie hat die Meisterschule besucht.	☐	☐
3. Herr Keitel hat bei seiner Mutter gelernt.	☐	☐
4. Er hat sich in seiner Freizeit weitergebildet.	☐	☐

	R	F
5. Herr Postert ist Schlosser von Beruf.	☐	☐
6. Er hat bei seinen Eltern gearbeitet.	☐	☐
7. Frau Schmidt hat zwei Kinder.	☐	☐
8. Ihr Mann hat eingekauft und gekocht.	☐	☐

b Markieren Sie die Perfektformen in den Texten und sammeln Sie an der Tafel.

Ich habe eine Ausbildung in einer Metzgerei gemacht.

c Partizip II – Sammeln Sie die Formen und machen Sie eine Tabelle.

ge -...-(e)t ge-...-en	...-ge-...-(e)t ...-ge-...-en	...-t ...-en
gemacht	abgeschlossen	studiert

5 Aussprache: Pausen und Akzent

⊙ 1.29 **a Hören Sie und sprechen Sie leise mit.**

Maria ist / zwölf Jahre / zur **Schu**le gegangen.↘//
Sie hat / eine Ausbildung / im **Kauf**haus gemacht.↘//
Sie hat / zwei Jahre / in ihrem Be**ruf** gearbeitet.↘//
Dann / hat sie ge**hei**ratet / und ist nach **Deutsch**land gekommen.↘//
Jetzt / lernt sie **Deutsch**.↘//

b Üben Sie: Sprechen Sie langsam und achten Sie auf Akzent und Pause.

⊙ 1.30 **c Sie hören den Text in normalem Tempo. Üben Sie: Achten Sie auf die Pausen am Satzende.**

Maria ist zwölf Jahre zur **Schu**le gegangen.↘// Sie hat eine Ausbildung im **Kauf**haus gemacht.↘//
Sie hat zwei Jahre in ihrem Be**ruf** gearbeitet.↘// Dann hat sie ge**hei**ratet// und ist nach **Deutsch**land
gekommen.↘// Jetzt lernt sie **Deutsch**.↘//

> **TIPP** Sprechpausen sind wichtig, weil man durch Pausen einen Text besser versteht.

6 Was haben Sie nach der Schule gemacht?
a Lesen Sie und fragen Sie Ihren Partner / Ihre Partnerin. Machen Sie Notizen.

Wie lange bist du zur Schule gegangen?
Was hast du nach der Schule gemacht?
Hast du einen Beruf gelernt?
Hast du dir den Beruf selbst ausgesucht?
Wer hat die Ausbildung bezahlt?

Wie lange hat die Ausbildung gedauert?
Hast du eine Prüfung gemacht?
Hast du in deinem Beruf schon gearbeitet?
Hast du studiert? Was?
Was hast du nach dem Studium gemacht?

b Schreiben Sie einen Text und stellen Sie Ihren Partner / Ihre Partnerin im Kurs vor.

7 Zukunftspläne

◉ 1.31

a Hören Sie zu. Wer plant was? Ordnen Sie die Sätze 1–4 den Personen A–D zu.

1. ___ will Medizin studieren.

2. ___ möchte einen Deutschkurs machen.

3. ___ möchte eine Weiterbildung machen.

4. ___ will Erzieherin werden.

b Hören Sie noch einmal und kreuzen Sie an: richtig oder falsch?

	R	F	
1. Wenn die Schule vorbei ist, feiern wir!	☐	☐	A Jana (19)
2. Nächstes Jahr gehe ich nach Amerika.	☐	☐	
3. Ich möchte später eine eigene Familie haben.	☐	☐	
4. Nächste Woche beginnt meine Lehre.	☐	☐	B Viktor (21)
5. In zwei Jahren habe ich mein Abitur.	☐	☐	
6. Ich möchte in acht Jahren Medizin studieren.	☐	☐	
7. Die Kinder ziehen bald aus.	☐	☐	C Greta (36)
8. In zwei Wochen habe ich meine erste Prüfung.	☐	☐	
9. Im nächsten Jahr bin ich Hotelkauffrau.	☐	☐	
10. In Zukunft spreche ich besser Englisch.	☐	☐	
11. Im Herbst kommt unser erstes Kind.	☐	☐	D Thomas (32)
12. Ich mache bald meinen Lkw-Führerschein.	☐	☐	

c Welche Wörter in 7b verweisen auf die Zukunft? Markieren Sie sie und sammeln Sie weitere „Zukunftswörter" im Kurs.

> **Zukunft ausdrücken: Zeitangabe + Präsens**
> **Bald** gehe ich zur Uni.
> **Im nächsten Jahr** beginne ich eine Lehre.
> **Morgen** habe ich eine Prüfung.

8 Pläne und Wünsche für die Zukunft

a Wählen Sie 3–5 Zeitangaben aus und schreiben Sie einen Text.

> Ich möchte bald ...
> Morgen will ich ...
> Nächste Woche ...
> Im nächsten Monat ...
> In zwei Jahren ...

Deutsch lernen • Computerkenntnisse verbessern • studieren • Informatikkurs an der VHS belegen • Ausbildung als ... machen • jobben und Geld verdienen • ein Kind bekommen • eine Familie gründen • ein Jahr ins Ausland gehen und als Au-pair-Mädchen arbeiten • heiraten • Nachtschicht machen • den Führerschein machen • ein Haus bauen • ...

b Notieren Sie Stichworte und stellen Sie Ihren Text im Kurs vor.

Projekt „Schule und Weiterbildung in unserer Stadt"

Welche Schularten gibt es? • Welche Kindergärten gibt es? Was kosten sie? • Gibt es Ganztagsschulen? • Gibt es Berufskollegs? Welche? • Welche Schulen für Erwachsene gibt es?

9 Kindergarten in Deutschland

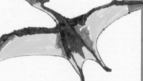

Ⓐ

Wir über uns

Elterninitiativen gibt es seit den 70er Jahren in Deutschland. Seitdem haben wir ein breites Angebot für Kinder aller Altersgruppen geschaffen.

- Elterninitiativen orientieren sich an den Wünschen und Bedürfnissen von Eltern und Kindern.

- Wir sind vielfältig und flexibel: Öffnungszeiten, Gruppengrößen …

- Eltern und Erzieher/innen erarbeiten gemeinsam das pädagogische Konzept.

- Die Kinder werden in kleinen Gruppen (8–12 Kinder) von mindestens zwei Personen betreut.

- Wir fördern die Kinder individuell, z. B. auch beim Sprachenlernen.

- Wir haben Plätze für Kinder von 1 bis 6 Jahren und für Schulkinder.

- In Gruppen mit Kindern von 2½ bis 6 Jahren lernen die Kinder auch voneinander.

- Geschwister von Kindern, die bereits in der Initiative sind, nehmen wir bevorzugt auf.

- Wir haben auch Plätze für Kleinkinder, denn immer mehr Eltern wollen schnell zurück in ihren Beruf.

- Schulkinder: Immer mehr Initiativen bieten Betreuung der Kinder nach der Schule an.

- 90 % der Eltern in den Initiativen sind sehr zufrieden mit ihrer Einrichtung.

Die Eltern brauchen für die Mitarbeit in einer Elterninitiative viel Engagement und Zeit, aber sie ist ein idealer Treffpunkt für Eltern und Kinder und fördert die sozialen Kontakte im Stadtteil.

Das Gefühl „Mein Kind ist gut aufgehoben." führt zu guten Beziehungen unter den Nachbarn und hilft vor allem berufstätigen Frauen. Die Kinder haben mehr soziale Kontakte und Lernerfahrungen im Zusammensein mit anderen Kindern aller Altersstufen.

Elterninitiativen sind in der Regel als Vereine organisiert und bekommen meistens Zuschüsse vom Staat.

Ⓑ

Seit 1996 haben Eltern in Deutschland das Recht auf einen Halbtagskindergartenplatz für Kinder ab drei Jahren, bis sie in die Schule gehen. Für jüngere und ältere Kinder gibt es Plätze nach Bedarf. Dieser Rechtsanspruch ist aber von Bundesland zu Bundesland sehr verschieden. In einigen Bundesländern haben die Kinder nur einen Anspruch, wenn ihre Eltern berufstätig sind – und oft wird nicht garantiert, dass der Kindergartenplatz in der Nähe vom Wohnort ist.

Auch die Preise sind von Bundesland zu Bundesland sehr unterschiedlich! So muss z. B. eine Familie in Bremen für zwei Kinder 3.096 Euro im Jahr bezahlen – in München dagegen nur 1.152 Euro. In Lübeck kostet ein Kindergartenplatz sogar 1.692 Euro pro Jahr für ein Kind.

Viele Städte geben Ermäßigung, wenn eine Familie zwei Kinder im Kindergarten hat, andere nicht. In den meisten Städten und Gemeinden sind Kindergartenbeiträge vom Einkommen der Eltern abhängig, aber nicht in allen. In Berlin, Hessen, Niedersachsen, Rheinland-Pfalz und im Saarland ist das letzte Kindergartenjahr kostenlos.

Diese Unterschiede behindern die Chancengleichheit unter Deutschlands Kindern. Deshalb fordern Eltern und Erzieher, dass der Halbtagskindergarten ab dem dritten Lebensjahr in ganz Deutschland kostenlos sein muss. Je früher ein Kind im Kindergarten gefördert wird, desto besser sind seine Chancen im Leben. Das darf nicht an den Kosten für einen Kindergartenplatz scheitern.

a Lesen Sie die Texte A und B. Ordnen Sie die Überschriften den Texten zu.

1. **Große regionale Preisunterschiede bei kommunalen Kindergärten**

2. **Elterninitiativen haben ein flexibles Konzept**

3. **Was kostet ein Kindergartenplatz?**

4. **Engagement ist wichtig!**

b Text A: Ordnen Sie 1–5 und a–e zu.

1. Eltern und Erzieher/innen bestimmen
2. Kleine Gruppen haben den Vorteil, dass
3. Fast alle Eltern sind
4. Für Elterninitiativen braucht man viel Zeit, aber
5. Die Kinder lernen voneinander, weil

a) verschiedene Altersstufen in einer Gruppe sind.
b) zusammen, wie der Kindergarten arbeitet.
c) man lernt so auch die Nachbarn gut kennen.
d) sehr zufrieden mit den Initiativen.
e) man die Kinder individuell fördern kann.

c Text B: Beantworten Sie die Fragen.

1. Worauf besteht seit 1996 ein Rechtsanspruch?
2. Was garantiert dieser Rechtsanspruch nicht?
3. Wie berechnen die meisten Kommunen die Beiträge?
4. Was fordern Eltern und Erzieher für den Halbtagskindergarten?

10 Ein Gespräch

⊚ 1.32 **a** Hören Sie zu: Wer spricht mit wem? Worum geht es? Notieren Sie so viele Stichwörter wie möglich.

b Hören Sie noch einmal und kreuzen Sie an: richtig oder falsch?

	R	F
1. Frau Nowak sucht einen Kindergartenplatz für ihre Tochter.	☐	☐
2. Der Beitrag in der Elterninitiative ist teurer als im städtischen Kindergarten.	☐	☐
3. Die Eltern müssen einmal in der Woche für alle Kinder kochen.	☐	☐
4. Frau Nowak und ihr Mann arbeiten.	☐	☐
5. Der Kindergarten hat flexible Öffnungszeiten.	☐	☐
6. Die Elterninitiative hilft den Kindern beim Sprachenlernen.	☐	☐
7. In einer Elterninitiative müssen die Eltern nicht mitarbeiten.	☐	☐

c Sie suchen einen Kindergartenplatz. Was ist für Sie wichtig? Sammeln Sie Stichworte und formulieren Sie dann Fragen.

Kosten / Entfernung von zu Hause / Gruppengröße / Förderprogramme / Öffnungszeiten

d *Kindergarten, el kinder, jardim …* Wie funktioniert die Kinderbetreuung in Ihrem Land?

Auf einen Blick

Im Alltag

1 Schulabschlüsse

Schuljahre	Schultyp/Abschluss
9/10	Hauptschule, Gesamtschule / Hauptschulabschluss
10	Realschule, Gesamtschule / Realschulabschluss (mittlere Reife)
12	Gymnasium, Gesamtschule / Abitur, Fachabitur

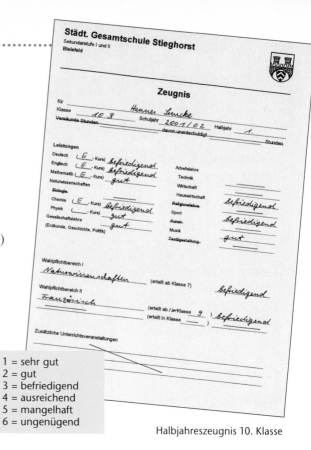

1 = sehr gut
2 = gut
3 = befriedigend
4 = ausreichend
5 = mangelhaft
6 = ungenügend

Halbjahreszeugnis 10. Klasse

2 Über Schule und Ausbildung sprechen

Wie viele Jahre bist du / sind Sie zur Schule gegangen?
Hast du / Haben Sie in deinem/Ihrem Heimatland eine Ausbildung gemacht?
Welchen Schulabschluss hast du / haben Sie? Hast du / Haben Sie ein Abschlusszeugnis?
Das ist ungefähr wie in Deutschland der Realschulabschluss / das Abitur …
Wie lange dauert die Ausbildung / das Studium? Muss man eine Prüfung machen?
Hast du / Haben Sie einen Berufsabschluss / einen Universitätsabschluss?

3 Meinungen, Wünsche, Hoffnungen

Meinungen	Ich finde (nicht), dass 12 Jahre Schule zu wenig sind.
	Ich denke/meine/glaube, dass eine gute Ausbildung sehr wichtig ist.
	Es ist wichtig/gut, dass man immer weiterlernen kann.
Wünsche	Ich wünsche mir, dass ich einen Ausbildungsplatz bekomme.
Hoffnungen	Ich hoffe, dass ich einen guten Abschluss mache.

4 Berichten

Ich habe gehört,	dass die Schule in Deutschland sehr schwer ist.
Meine Freundin sagt,	dass sie ein Praktikum machen will.
Sie glaubt,	dass sie dann bessere Chancen hat.

5 Zeitangaben

Vergangenheit	Gegenwart	Zukunft
gestern	jetzt	morgen
vorgestern	heute	übermorgen
(vor)letzte Woche	diese Woche	nächste Woche
(vor)letztes Jahr	dieses Jahr	in zwei Monaten
früher		nächstes Jahr
		im Sommer / im September
		bald/später
		in Zukunft

Grammatik

1 Zukunft ausdrücken: Präsens + Zeitangabe

Zeitangabe vor dem Verb:	**Nach der Schule**	(gehe)	ich	ins Ausland.
	Morgen	(beginnt)		der neue Kurs.
Zeitangabe nach dem Verb:	Ich	(gehe)	**nach der Schule**	ins Ausland.
	Der neue Kurs	(beginnt)	**morgen**.	

2 Nebensätze mit *dass* (▶ S. 37)

Hauptsatz	Nebensatz	
Es ist wichtig,	**dass** die Schule Spaß	(macht).
Es ist gut,	**dass** man immer weiterlernen	(kann).

Gebrauch: siehe S. 52, Punkt 3 und 4

3 Perfekt mit *haben/sein* + Partizip II
Einfache Verben und Verben auf *-ieren*

	Infinitiv	haben/sein			Partizip II
ge...(e)t	lernen	Paul	hat	in der Schule Deutsch	gelernt.
ge...en	gehen	Er	ist	immer gern zur Schule	gegangen.
...t	studieren	Er	hat	in Heidelberg	studiert.

Die meisten Verben bilden das Perfekt wie *machen*: *haben + ge...t.*

Unregelmäßige Verben haben die Endung *-en* und oft Vokalwechsel:

trinken, hat getrunken • fliegen, ist geflogen • essen, hat gegessen

Trennbare Verben (*an-, auf-, aus-, ein-...*) **und nicht trennbare Verben** (*be-, ver-, zer-, ent-...*)

	Infinitiv	haben/sein			Partizip II
Präfix + ge...(e)t	aussuchen	Er	hat	den Beruf selbst	ausgesucht.
Präfix + ge...en	anfangen	Sie	hat	mit 17 Jahren eine Lehre	angefangen.
...(e)t	verdienen	Sie	hat	am Anfang wenig Geld	verdient.
...en	bekommen	Sie	hat	später ein gutes Gehalt	bekommen.

TIPP Verben immer mit Perfektform lernen!

gehen
er/sie geht
Sie ist in die USA gegangen.

Aussprache

Satzakzent und Pausen

Wortgruppen:	kleine Pausen	G<u>re</u>ta macht / einen <u>Eng</u>lischkurs / an der **Volks**hochschule.↘
Satzende:	große Pause	Sie macht das Abi<u>tur</u>.↘ // Dann möchte sie stu<u>die</u>ren.↘ //

Der Satzakzent ist immer auf der wichtigsten (neuen) Information.

Die neue Wohnung

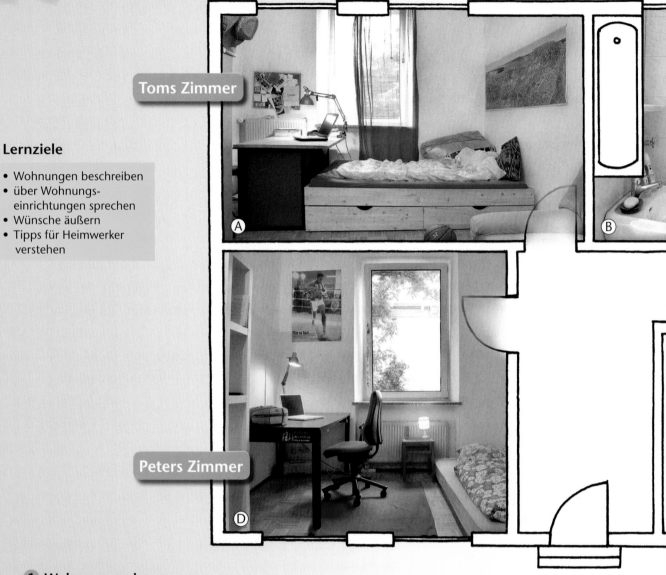

Toms Zimmer

Lernziele

- Wohnungen beschreiben
- über Wohnungs-
  einrichtungen sprechen
- Wünsche äußern
- Tipps für Heimwerker
  verstehen

Ⓐ Ⓑ

Peters Zimmer

Ⓓ

1 Wohnungssuche

a Lesen Sie die Wohnungsanzeigen. Welche Anzeige passt zu den Fotos?

①
4 ZKB in Altbau
120 qm, Ofenheizung
605 Euro + NK
Sofort zu vermieten!
Chiffre 87743

②
3 ZKB, Balkon
80 qm, Zentralhzg.
650 Euro + NK
Sofort zu vermieten!
Chiffre 65743

③
2 ZKB, 65 qm, Zentralhzg.
Neubau! 420 € + NK
Sofort frei
Westbau Immobilien
Tel. 0171-83 38 33 20

⊙ 1.33 **b Hören Sie zu und kreuzen Sie an: a, b oder c.**

1. Tom
   - a sucht eine Wohnung.
   - b hat eine Wohnung gefunden.
   - c hat eine Wohnung vermietet.

2. Die Wohnung ist Tom allein
   - a zu groß.
   - b zu teuer.
   - c zu klein.

3. Peter und Tom
   - a können sofort einziehen.
   - b können sofort ausziehen.
   - c müssen zuerst renovieren.

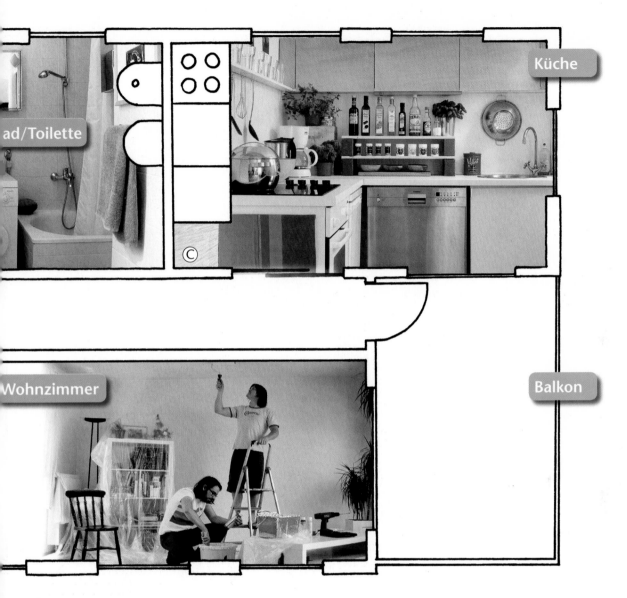

2 Einrichtung

a Sehen Sie die Bilder an. Welche Möbel und Geräte sind in welchem Zimmer?

der Sessel • das Sofa • der Wohnzimmertisch • der Vorhang • das Bücherregal • das Bett •
der Teppich • der Schrank • die Stehlampe • der Schreibtisch • der Esstisch • der Stuhl •
die Waschmaschine • das Küchenregal • der Herd • das Geschirr: der Teller, die Tasse •
das Besteck: das Messer, der Löffel, die Gabel • die Kaffeemaschine • die Mikrowelle •
die Spülmaschine • die Badewanne • das Waschbecken • der Tisch • der Toaster • die Dusche

b Kennen Sie weitere Wörter zum Thema „Wohnung"? Sammeln Sie im Kurs.

⊙ 1.34 **c Was brauchen Peter und Tom für die neue Wohnung? Hören Sie zu und notieren Sie.**

Für Peter:	Für Tom:	Für das Wohnzimmer:	Für die Küche:
Bett, Tisch			

3 Peters E-Mail

a Lesen Sie die E-Mail und die Aussagen 1–6. Kreuzen Sie an: richtig oder falsch?

○ ○ ○   ⊏⊐

✎   ⊘   🖉   📇   *A*   ●   🗎   **A‑**

VON: petersvoboda@gtz.de
AN: magdalambert@ak1.com
BETREFF: Wohnung

Liebe Magda,
endlich ist es so weit. Seit zwei Wochen haben Tom und ich die neue Wohnung
und ich bin gestern eingezogen. Jetzt renovieren wir das Wohnzimmer und Tom
zieht nächste Woche ein. Mein Zimmer hat ca. 18 qm und es ist wirklich schön.
Ich habe mein Bett rechts an die Wand gestellt und davor steht ein ganz
kleiner Tisch. Den Schreibtisch habe ich links neben das Fenster gestellt.
So habe ich immer viel Licht beim Lernen. Auf dem Schreibtisch steht mein
Computer. Links an der Wand steht ein Regal. In das Regal stelle ich meinen
MP3-Player und ein paar Bücher. Zuerst hatte ich gar keinen Teppich auf den
Boden gelegt, aber dann hat mir die Vermieterin einen geschenkt. Sie sagt,
man hört die Schritte zu laut, wenn kein Teppich auf dem Boden liegt. (Ach ja!)
Tom hat eine Waschmaschine gekauft. Gebraucht natürlich! Die haben wir in
die Küche gestellt. Vielleicht kommt sie später ins Bad. Wenn alles fertig
ist, machen wir eine Party. Dann kannst du dir alles ansehen. So, und jetzt
muss ich Tom helfen. Er tapeziert gerade.

Liebe Grüße
Peter

	R	F
1. Peter und Tom sind in ihre neue Wohnung eingezogen.	☐	☐
2. Peter hat sein Bett unter das Fenster gestellt.	☐	☐
3. Peter arbeitet gern am Fenster, weil es da hell ist.	☐	☐
4. Im Regal stehen Bücher und Peters Fernseher.	☐	☐
5. Peter hat erst später einen Teppich auf den Boden gelegt.	☐	☐
6. Peter und Tom machen bald eine Party.	☐	☐

an die Wa
stellen

an der Wand stehe

b Zimmer einrichten – Markieren Sie in der E-Mail alle Ortsangaben (Nomen mit Artikel und Präposition) und das Verb.

Ich habe mein Bett rechts an die Wand gestellt.

c Notieren Sie die Wortgruppen in einer Tabelle.

Wohin → Akkusativ		Wo • Dativ	
an die Wand	stellen	an der Wand	stehen
unter ...			

4 Mäuse in der Küche

a Schreiben Sie die passenden Präpositionen zu den Mäusen.

Präpositionen

mit Akkusativ (wohin →)
oder Dativ (wo •)

an, in, auf, über, unter,
hinter, vor, neben,
zwischen

b Wo sitzt die Maus? Wohin springt oder läuft sie?

sitzen (D), liegen (D)   springen (A), laufen (A)

Maus 1 sitzt vor dem Kühlschrank.   *Maus 4 springt auf den Tisch.*

c Verben und Kasus – Ergänzen Sie die Artikel im Akkusativ oder Dativ.

1. Peters Sofa *steht* rechts an _____ Wand.   •

2. Tom will sein Bett links an _____ Wand *stellen*.   →

3. Bei Peter *liegt* ein Teppich auf _____ Boden.   •

4. Tom will keinen Teppich auf _____ Boden *legen*.   →

5. Bei Peter *hängt* ein Poster an _____ Wand.   •

6. Tom will ein paar Bilder an _____ Wand *hängen*.   →

7. Tom *sitzt* gern auf _____ Sofa.   •

8. Peter kann sich nicht in _____ Sessel *setzen*, aber auf das Bett.   →

d Richten Sie das Wohnzimmer auf Seite 55 ein. Arbeiten Sie zu zweit. Berichten Sie.

Sofa – an die Wand

Wir haben das Sofa an die Wand gestellt.

5 Wohnzimmer

⊙ 1.35 **a Hören Sie. Welche Beschreibung passt zu welchem Zimmer?**

b Wie finden Sie die Zimmer? Sprechen Sie im Kurs.

Wie findest du Zimmer B?	☺ Es ist warm und gemütlich. Ich mag Sessel und Sofas.
	☹ Das ist nicht so mein Geschmack. Das ist altmodisch.
Gefällt dir der Teppich?	☺ Den finde ich schön, ☹ aber die Sessel gefallen mir nicht.
Und das Sofa?	☺ Ich mag das Sofa. Die Form ist toll!
	☺ Na ja, es geht. Die Form ist ganz gut.

gemütlich • warm • groß • hell • modern • schön • praktisch • günstig • ordentlich
ungemütlich • kalt • klein • eng • dunkel • altmodisch • hässlich • teuer

Ich finde das Wohnzimmer B gemütlicher als …

c Beschreiben Sie Ihr Zimmer, Ihre Wohnung oder Ihr Haus. Die Fragen helfen Ihnen.

– Wie groß ist Ihr Zimmer / Ihre Wohnung / Ihr Haus?
– Haben Sie Vorhänge?
– Haben Sie viele Möbel?
– Haben Sie einen Sessel?
– Welche Farben mögen Sie?
– Haben Sie ein Lieblingsmöbelstück?
– Welcher Raum ist für Sie am wichtigsten?
– …

Ich habe ein Zimmer und eine kleine Küche.

Das Sofa ist auch ein Bett.

6 Aussprache: zwei Buchstaben – ein Laut

◉ 1.36 **Hören Sie und achten Sie auf die markierten Buchstaben. Sprechen Sie dann.**

Das Sofa   Das Sofa ist zu groß!

Mein Name   Mein Name steht schon an der Tür.

Regal links   Stell das Regal links an die Wand.

Das sieht toll   Das sieht toll aus!

Kurz zusammen   Können wir kurz zusammen sprechen?

7 Wünsche

◉ 1.37 **a Hören und lesen Sie die Dialoge. Markieren Sie die Formen mit *würde* und *hätte*.**

Dialog 1

● Hallo Julia! Hast du schon deine Traumwohnung?

○ Nein, ich wohne immer noch bei meinen Eltern
auf dem Land.

● Wo würdest du denn gern wohnen?

○ Ich würde gern in der Stadt wohnen.

● Was für eine Wohnung suchst du?

○ Ich hätte gern eine kleine Wohnung für mich allein.
Am liebsten ein Apartment mitten im Zentrum.

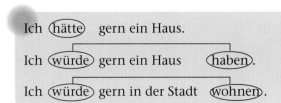

Dialog 2

● Immobilienbüro Geier, guten Tag.

○ Wir hätten gern ein Haus!

● Aha. Was für ein Haus hätten Sie denn gern?

○ Ein Haus mit Garten und Swimmingpool!

● Das ist nicht billig. Können Sie das bezahlen?

○ Nein, aber wir würden gern im Lotto gewinnen.

b Konjunktiv mit *würde*-Form oder *hätte* – Ergänzen Sie die passenden Verbformen.

1. Mein Mann und ich, wir _____ gern eine große Küche.

2. Ich _____ viel lieber auf dem Land <u>leben</u>. Dann _____ ich einen kleinen Garten.

3. Felice _____ gern eine Wohnung im Zentrum, nahe bei der Universität.

4. Ruth und Franco _____ gerne zusammen <u>wohnen</u>, aber sie finden keine Wohnung.

5. _____ du gern zu uns <u>ziehen</u>? In unserer Wohnung ist ein Zimmer frei.

c Wünsche im Alltag – Sammeln Sie im Kurs.

> Zeit Geld Auto Garten Arbeitsstelle ...

Ich würde gern weniger arbeiten.

Ich hätte gern ein Auto.

8 Tapezieren

⊙ 1.38 **a Lesen Sie 1–8 und bringen Sie die Abschnitte in die richtige Reihenfolge.
Hören Sie zur Kontrolle.**

[4] [ ] [ ] [ ] [ ] [ ] [ ] [ ]

① ○ Hoffentlich! Ich renoviere gerade meine neue Wohnung und mache die alten Tapeten ab. Aber das geht nicht! Was kann ich machen?

② Dann musst du fünf Minuten warten. Danach kannst du die Tapeten langsam ablösen.
○ Super! Danke, Jürgen! Bis bald!

③ Aber davor möchte sie die Wohnung renovieren. Am 1. Mai hat sie frei und die Arbeit beginnt: Sie renoviert das Apartment!

④ Julia Schuler hat über die Zeitung ein kleines Apartment gefunden. Ein Zimmer mit 24 qm, eine kleine Küche und ein Bad mit WC. Am 3. Mai will sie einziehen.

⑤ ● Pache!
○ Hallo Jürgen, hier ist Julia. Ich habe ein Problem!
● Erzähl mal, vielleicht kann ich dir helfen.

⑥ ● Ach so. Du, da hab ich einen Tipp: Du brauchst einen Eimer Wasser und Geschirrspülmittel. Schütte ein wenig Spülmittel ins Wasser und diese Mischung streichst du auf die Tapete.

⑦ Nach einer Stunde hat sie keine Lust mehr – erst ein Quadratmeter! Sie ruft ihren Bekannten Jürgen an:

⑧ Sie beginnt mit den Tapeten. Die alten sind hässlich und Julia will neu tapezieren. Stück für Stück kratzt sie die alten Tapeten ab. Das ist viel Arbeit und dauert lang.

b Welche Wörter aus den Texten passen zu den Bildern A–D? Notieren Sie.

A der Eimer, das Wasser

c Wie heißt der Tipp von Jürgen? Lesen Sie laut.

9 Jürgen hat noch mehr Tipps für Julia.
Lesen Sie die „Heimwerker-Probleme" und die Tipps. Ordnen Sie zu. Die Bilder helfen.

Probleme

Julia möchte ein Loch in die Wand bohren. Aber der Schmutz soll nicht auf den Teppichboden fallen. ①

Julia möchte eine Lampe genau in der Mitte über dem Tisch aufhängen. ②

Julia hat den ganzen Tag gestrichen. Sie ist todmüde – aber sie ist noch nicht fertig und die Pinsel sind voll mit Farbe. ③

Tipps

Lampe genau über dem Tisch befestigen

Stellen Sie eine Taschenlampe genau in die Tischmitte und schalten Sie die Taschenlampe ein. Der Lichtstrahl markiert genau die richtige Stelle. Machen Sie ein kleines Kreuz und bohren Sie das Loch. Ⓐ

Walzen und Pinsel vor dem Eintrocknen schützen

Wickeln Sie die Pinsel in Alufolie. Jetzt trocknen sie nicht ein.
Kühl aufbewahren! Ⓑ

Der lästige Dreck beim Bohren

Wenn Sie einen kleinen Karton oder eine Kaffeefiltertüte mit Tesafilm direkt unter die Bohrstelle kleben, dann fällt der Schmutz genau hinein. Ⓒ

Internet-Tipps:

www.frag-vati.de

www.frag-mutti.de

Projekt
Möbel und Haushaltsgeräte günstig kaufen

Sie haben zu zweit die Wohnung neben Peter und Tom gemietet: 2 Zimmer, Küche, Bad.
Jeder von Ihnen bringt vier Möbelstücke/Haushaltsgeräte mit: Welche? Sammeln Sie.

Den Rest müssen Sie kaufen: Was kaufen Sie?
Sie haben zusammen 800 Euro. Wo können Sie was kaufen? Gebraucht? Neu?

Auf einen Blick

1 Wohnungen beschreiben

Die Wohnung ist klein. Sie ist nur 45 qm groß.
Ich habe ein Zimmer und eine kleine Küche.
Mein Wohnzimmer ist auch mein Schlafzimmer.
Mein Sofa ist auch ein Bett.

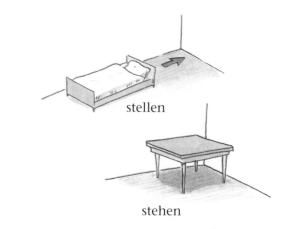

stellen

stehen

Das Sofa steht links an der Wand.
Vor dem Sofa steht jetzt ein Tisch.
Ich habe das Regal neben die Tür gestellt.
An der Wand hängen Poster.
Zwischen die Poster hänge ich einen Spiegel.
Tom hat ein Bild von Picasso an die Wand gehängt.
Auf dem Boden liegt ein Teppich.
Peter hat einen Teppich auf den Boden gelegt.

liegen

legen

hängen

hängen

2 Über Wohnungen/Einrichtung sprechen

Wie findest du das Wohnzimmer?

Das Wohnzimmer gefällt mir.
Es ist gemütlich/modern/groß/hell/warm.
Das Wohnzimmer gefällt mir nicht.
Es ist ungemütlich / zu modern/klein/kalt ...

Wie findest du den Teppich?

Ich finde ihn sehr schön.
Die Farbe / Die Form ist toll.
Er gefällt mir gut / nicht so sehr.
Das ist nicht so mein Geschmack.

Die Wohnung ist teuer/billig/schön/groß ...

3 Wünsche äußern

Ich hätte gern ein großes Haus.
Ich hätte gern eine Wohnung im Zentrum.
Wir hätten gern einen „Sechser" im Lotto!

Ich würde gern in der Stadt wohnen.
Ich würde lieber weniger arbeiten.
Ich würde gern im Lotto gewinnen.

Im Alltag
EXTRA
▶ S. 252

Grammatik

1 Präpositionen mit Akkusativ oder Dativ

Die wichtigsten Präpositionen mit Akkusativ oder Dativ sind:

| an | auf | hinter | in | neben | über | unter | vor | zwischen |

wohin-Verben →   wo-Verben ●

stellen	Ich stelle das Sofa **an die** Wand.	stehen	Das Sofa steht **an der** Wand.
legen	Leg das Buch bitte **neben das** Radio.	liegen	Das Buch liegt **neben dem** Radio.
setzen	Er setzt sich **auf den** Stuhl.	sitzen	Sie sitzt **auf dem** Stuhl.
fahren	Fahrt ihr **in die** Türkei?	leben	Ich lebe **in der** Türkei.
gehen	Der Hund geht **vor die** Tür.	stehen	Der Hund steht **vor der** Tür.
⚠ hängen	Sie hängt ihren Rock **in den** Schrank.	hängen	Mein Kleid hängt **im** Schrank.

2 Konjunktiv mit *würde* + Verb im Infinitiv: Satzklammer

Bei den meisten Verben benutzt man *würde* + Verb im Infinitiv.

	würde (konjugiert)		Verb (Infinitiv)
Ich	würde	gerne in der Stadt	wohnen.
	Würdest	du bitte die Musik leiser	machen?
Er	würde	gerne zur Party	kommen, aber er hat keine Zeit.
Wir	würden	gerne im Lotto	gewinnen.
	Würdet	ihr uns beim Umzug	helfen?

3 Konjunktiv mit *hätte*

ich	hätte	wir	hätten	Ich hätte gern ein Auto.
du	hättest	ihr	hättet	Hättest du gern ein Schwimmbad im Haus?
er/es/sie	hätte	sie/Sie	hätten	Wir hätten gern mehr Zeit für unsere Hobbys.

Die Verbendungen sind wie beim Präteritum von *haben: hatte, hattest ...*

Aussprache

Zwei Buchstaben – ein Laut

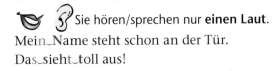 Sie lesen **zwei gleiche Buchstaben**.
Mein Name steht schon an der Tür.
Das sieht toll aus!

Sie hören/sprechen nur **einen Laut**.
Mein‿Name steht schon an der Tür.
Das‿sieht‿toll aus!

Mobil in der Stadt

Ⓐ

1 Verkehrsmittel

a Welche Ausdrücke passen zu den Fotos? Notieren Sie.

einen Platten haben • einen Helm tragen • eine Monatskarte haben • zur Tankstelle fahren • eine Fahrkarte kaufen • den Führerschein haben • im Parkhaus parken • den Fahrplan lesen • einen Parkschein ziehen • an der Haltestelle warten • zum Bahnsteig gehen • einen Strafzettel bekommen • einen/keinen Parkplatz finden • bei der nächsten Station aussteigen • pünktlich kommen • den Radweg benutzen • tanken • bremsen • abbiegen • anhalten • falsch parken

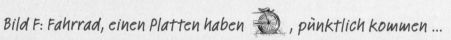

Bild F: Fahrrad, einen Platten haben 🚲, pünktlich kommen …

⊙ 1.39 **b Lesen Sie 1–6 und hören Sie zu. Was passt zu Text A, B oder C? Kreuzen Sie an.**

1. Ich habe einen Fahrradanhänger für meine Tochter. Ⓐ Ⓑ Ⓒ

2. Ich kann mir aussuchen, wann ich mein Auto benutze. Ⓐ Ⓑ Ⓒ

3. Fahrradfahren ist bei uns nicht gefährlich. Ⓐ Ⓑ Ⓒ

4. Ich fahre das ganze Jahr mit dem Auto. Ⓐ Ⓑ Ⓒ

5. Wenn es warm ist, fahre ich Motorrad. Ⓐ Ⓑ Ⓒ

6. Die Kosten für das Benzin sind kein Problem für mich. Ⓐ Ⓑ Ⓒ

c Welche Verkehrsmittel benutzen Sie?

Wenn ich zur Arbeit fahre, benutze ich immer die Straßenbahn.
Wenn ich einkaufen muss, nehme ich das Auto, aber auf den
   Markt gehe ich immer zu Fuß.
Wenn ...
Im Winter fahre ich meistens/oft/selten ...
Ich fahre (nicht) gern Fahrrad, weil ...
Ich weiß, dass ..., aber ...

d Welche Verkehrsmittel gibt es in Ihrem Heimatland? Berichten Sie im Kurs.

2 Mobilität

a Lesen Sie. Welche Verkehrsmittel benutzen diese Personen?

	P. Schulze	M. Kuse	J. Kirchner
(fast) immer	Bus/U-Bahn		
oft/meistens			
(sehr) selten	Auto		
(fast) nie			

Ⓐ Paula Schulze (28)

Natürlich haben wir ein Auto, sogar ein ziemlich großes! Aber ich fahre seit ungefähr drei Jahren fast nur mit öffentlichen Verkehrsmitteln, mit dem Bus oder der U-Bahn. Parkplatz suchen, mindestens drei Strafzettel im Monat, die hohen Benzinkosten, im Stau stehen … Das gefällt mir alles nicht mehr. Deshalb steht das Auto eigentlich immer in der Garage. Mit dem Fahrradfahren bin ich in der Stadt vorsichtig und trage immer einen Helm. Vor zwei Jahren hatte ich einen schweren Unfall. Zum Glück hat mir mein Helm das Leben gerettet, aber seitdem habe ich Angst.

Ⓑ Margot Kuse (48)

Vor 30 Jahren habe ich zwar meinen Führerschein gemacht, aber Auto fahre ich nie. Früher hatte ich kein Geld für ein Auto. Deshalb bin ich immer mit dem Fahrrad gefahren. Und jetzt habe ich mich daran gewöhnt. Ich bin fast 50 Jahre alt und will fit bleiben. Auch deshalb fahre ich immer Fahrrad. Morgens fahre ich damit zur Arbeit, danach gehe ich einkaufen. Ich benutze es auch, wenn ich Freunde besuchen will oder zum Sport fahre. Ich habe zwei Fahrräder, wenn mal eins einen Platten hat. Im Winter ist es manchmal hart. Wenn es regnet, nehme ich fast immer die Straßenbahn. Und in den Urlaub fahre ich mit dem Zug, aber meistens nehme ich mein Fahrrad mit.

Ⓒ Janek Kirchner (38)

Meine Frau und ich wohnen mit unserer Tochter Meike und meinen Eltern in einem Haus auf dem Land. Bis jetzt haben wir drei Autos, aber in zwei Monaten macht Meike ihren Führerschein und dann will sie ein gebrauchtes Auto kaufen. Es kann billig und alt sein – Hauptsache, es fährt. Mein Arbeitsplatz ist fast 20 km von meinem Wohnort entfernt, deshalb brauche ich ein Auto und meine Frau will unabhängig sein. Meine Eltern finden ein Auto einfach bequem: einkaufen, Arztbesuche, Bekannte besuchen – das alles ist mit dem Auto einfacher als mit dem Bus. Natürlich sind Autos teuer. Deshalb arbeiten wir beide. Wir haben zwar auch alle Fahrräder, aber wir benutzen sie selten. Im Sommer machen wir manchmal eine Radtour, aber nicht sehr oft.

b Lesen Sie noch einmal und kreuzen Sie an: richtig oder falsch?

	R	F
1. Paula Schulze sagt, dass Autofahren viele Nachteile hat.	☐	☐
2. Wenn sie mit dem Fahrrad fährt, hat sie einen Helm auf.	☐	☐
3. Margot Kuse darf Auto fahren.	☐	☐
4. Im Urlaub bleibt das Fahrrad zu Hause.	☐	☐
5. Janek Kirchner braucht ein Auto.	☐	☐
6. Seine Eltern brauchen ein Auto, weil sie krank sind.	☐	☐

3 Auto/Fahrrad/Bus ... – Vorteile und Nachteile

a Notieren Sie Stichworte aus den Texten auf Seite 66. Arbeiten Sie zu zweit.

	Vorteile	Nachteile
Auto		
Fahrrad		
Bus/Straßenbahn		

b Gibt es noch andere Vorteile und Nachteile? Sprechen Sie im Kurs.

Die Straßenbahn hat den Nachteil, dass ...

Aber das Fahrrad hat den Vorteil, dass ...

Ein Problem bei Bussen ist, dass ...

Das finde ich auch.

Autos haben den Vorteil, dass man unabhängig ist.

Das sehe ich anders.

Das finde ich nicht.

Du hast recht.

⊙ 1.40   **c** Frau Fritsche – Hören Sie zu und kreuzen Sie an: richtig oder falsch?

	R	F
1. Frau Fritsche wohnt nicht in der Stadt.	☐	☐
2. Sie fährt nie mit dem Auto zur Schule.	☐	☐
3. Zum Einkaufen in der Stadt benutzt sie öffentliche Verkehrsmittel.	☐	☐
4. Es gibt im Ort keine breiten Straßen.	☐	☐
5. Das Fahrrad benutzt sie nie.	☐	☐

4 Konsequenzen: *deshalb*
Lesen Sie das Beispiel und schreiben Sie dann Sätze mit *deshalb*.
Es gibt mehrere Möglichkeiten.

Hauptsatz   Hauptsatz
Sie will fit bleiben.   Sie fährt immer Fahrrad.
Sie will fit bleiben,   deshalb fährt sie immer Fahrrad.

1. Es regnet heute.
2. Autofahren ist teuer.
3. Sie will fit bleiben.
4. Sein Arbeitsplatz ist 20 km entfernt.
5. Die Benzinkosten sind hoch.
6. Sie sind alt.
7. Es ist zu kalt.
8. Ich wohne im Stadtzentrum.

a) Seine Frau arbeitet auch.
b) Das Auto steht in der Garage.
c) Sie fährt mit der Straßenbahn.
d) Sie fährt immer Fahrrad.
e) Er braucht ein Auto.
f) Ich fahre nicht mit dem Motorrad.
g) Ich brauche kein Auto.
h) Sie fahren nicht mehr Fahrrad.

5 Aussprache: viele Konsonanten

⊙ 1.41 **a Hören Sie und sprechen Sie leise mit.**

1. sechs Strafzettel • falsch parken • keinen Parkplatz finden • Parkplatzprobleme haben •
einen Helm tragen • einen Kindersitz brauchen • eine Tankstelle

2. sechs   Strafzettel   Letzten Monat hatte ich sechs‿Strafzettel.
nächste‿Station   aussteigen   Sie müssen an der nächsten‿Station‿aussteigen.
Parkplatz   Probleme   Hier gibt's immer Parkplatzprobleme.

> **TIPP**   Sie müssen jeden Laut sprechen. Üben Sie zuerst langsam, dann normal/schnell.

b Üben Sie zu zweit.

6 Autowerkstatt

a Was passiert hier? Schauen Sie die Bilder an und ordnen Sie zu.

1. Die Reifen werden gewechselt.   _____

2. Das Licht wird kontrolliert.   _____

3. Der Ölwechsel wird gemacht.   _____

4. Das Frostschutzmittel wird aufgefüllt.   _____

5. Die Bremsen werden überprüft.   _____

6. Das Auto wird gereinigt.   _____

⊙ 1.42 **b Hören Sie. Was ist passiert?**

c Hören Sie noch einmal. Was wird in der Werkstatt gemacht?
Was wurde beim Wintercheck gemacht? Kreuzen Sie an.

1. Was wird kontrolliert/geprüft?   2. Beim Wintercheck ...

☐ die Reifen   ☐ die Reifen wechseln

☐ das Licht   ☐ das Frostschutzmittel nachfüllen

☐ die Elektronik   ☐ die Batterie überprüfen

☐ die Batterie   ☐ den Ölwechsel machen

☐ die Bremsen   ☐ das Auto gründlich waschen

☐ der Motor   ☐ das Auto volltanken

                                             ☐ die Lichter kontrollieren

7 Inspektion

a Sammeln Sie Sätze aus Aufgabe 6 und schreiben Sie wie im Beispiel.

	werden	Partizip II
Die Reifen	werden	gewechselt.
Die Elektronik	wird	geprüft.
...		

> **Passiv: *werden* + Partizip II**
>
> Präsens
> Das Auto **wird repariert**.
>
> Präteritum
> Das Auto **wurde repariert**.

b Was wurde beim Wintercheck gemacht? Schreiben Sie und vergleichen Sie im Kurs.

	werden	Partizip II
Die Reifen	wurden	gewechselt.
Das Frostschutzmittel	wurde	nachgefüllt.
...		

c An der Tankstelle – Schreiben Sie Sätze im Passiv.

das Auto (volltanken) • die Luft (prüfen) • das Auto innen (saugen) • die Scheiben (reinigen) • das Öl (kontrollieren) • das Licht (testen) • die Rechnung (bezahlen) • die Scheibenwischer (wechseln) ...

8 Etwas machen lassen
Was machen Sie selbst? Was lassen Sie machen? Sammeln Sie im Kurs und sprechen Sie.

Was machst du selbst?	Was lässt du machen? Was macht jemand für dich?
Fahrrad putzen	Fahrrad reparieren

> Mein Fahrrad lasse ich reparieren.

 Projekt: Gebrauchtwagen

a Lesen Sie die Anzeigen. Welche Informationen können Sie erraten? Welche möchten Sie erfragen?

Passat Variant Trendline 1,8 Klima, 92 kw, EZ 04/99, 127.800 km, blau metallic, Benzin, Sportsitze, Lederlenkrad, Bordcomputer UMFA), ZV mit Funk, TÜV 1 J, 3.350 Euro VHB. Tel.: 35221

Focus 1.4 16V Trend (Klima) 59 kw, EZ 06/2006, 24.000 km Silbermetallic, aus 1. Hand, Klimaanlage, Servolenkung, EURO-Plus Garantie, Schaltgetriebe, Radio/CD-System EUR 8.950 Tel.: 546451

b Ihr Wunschauto – Machen Sie Notizen und suchen Sie passende Autos in der Zeitung.

9 Führerscheinprüfung: Theorie

   a Lesen Sie zuerst die Fragen. Schlagen Sie unbekannte Wörter nach.

   b Kreuzen Sie an (Mehrfachlösungen sind möglich).

   c Vergleichen Sie mit den Lösungen auf Seite 71.

---

1. Wie müssen Sie sich verhalten?

a ☐ Die Kinder genau beobachten und vorsichtig vorbeifahren.

b ☐ Die Kinder nicht weiter beachten, weil sie auf dem Gehweg sind.

2. Worauf müssen Sie sich einstellen?

a ☐ Fußgänger wechseln häufig die Straßenseite.

b ☐ Parkende Fahrzeuge erschweren die Sicht.

c ☐ Fußgänger betreten manchmal unachtsam die Fahrbahn.

3. Worauf müssen Sie sich bei diesem Verkehrszeichen einstellen?
Darauf, dass

a ☐ auf der Fahrbahn Wintersport betrieben wird.

b ☐ auf der Fahrbahn Schnee oder Eisglätte herrscht.

c ☐ Wintersport nur auf den Gehwegen stattfindet.

4. Wer darf auf dieser Straße mit einem Kraftfahrzeug fahren?

a ☐ Wer etwas einkaufen will.

b ☐ Wer Waren liefern muss.

c ☐ Wer jemanden besuchen will.

5. Welches Verhalten ist richtig?

a ☐ Ich muss warten.

b ☐ Der Fahrradfahrer muss warten.

6. Welches Verhalten ist richtig?

a ☐ Ich muss den Traktor vorbeilassen.

b ☐ Ich darf vor der Straßenbahn abbiegen.

c ☐ Ich muss die Straßenbahn vorbeilassen.

7. Welches Verhalten ist richtig?

a ☐ Ich muss den blauen Lastwagen durchfahren lassen.

b ☐ Der Traktor muss mich durchfahren lassen.

c ☐ Ich muss den Traktor abbiegen lassen.

---

10 Wichtige Verkehrszeichen

a Ordnen Sie die Sätze zu. Es gibt zum Teil mehrere Möglichkeiten.

1. _____ Hier darf man mit dem Fahrrad fahren.

2. _____ Hier müssen Sie langsam fahren. 40 km/h ist zu schnell.

3. _____ Wenn Sie hier parken möchten, müssen Sie eine Parkscheibe benutzen.

4. _____ Fahren Sie langsam! Hier spielen Kinder auf der Straße.

5. _____ Achtung! Es kommt eine Baustelle.

6. _____ In diese Straße dürfen Sie nicht fahren.

7. _____ Hier dürfen Sie parken.

8. _____ Hier müssen Sie rechts abbiegen.

9. _____ Hier dürfen Sie nicht parken und nicht anhalten.

10. _____ Dieser Weg ist für Fußgänger und Fahrradfahrer, nicht für Pkw.

11. _____ Diese Straße ist blockiert. Das Schild zeigt Ihnen einen anderen Weg.

12. _____ Sie dürfen nur in eine Richtung fahren.

13. _____ Achtung! Hier müssen Sie langsam fahren. Vielleicht möchten Fußgänger über die Straße.

14. _____ Hier dürfen Sie nur mit einer Umweltplakette fahren.

15. _____ Hier dürfen Sie nicht überholen.

⊙ 1.43 **b Hören Sie den Dialog. Welche Schilder passen dazu?**

1a • 2abc • 3ab • 4b • 5a • 6c • 7ac

Auf einen Blick

1 Über Verkehrsmittel sprechen

Wenn ich zur Arbeit fahre, benutze ich immer die Straßenbahn.
Wenn ich einkaufen muss, nehme ich das Auto, aber auf den Markt gehe ich immer zu Fuß.
Im Winter fahre ich meistens/oft/selten …
Ich fahre (nicht) gern Fahrrad, weil …

2 Über Vorteile und Nachteile sprechen

Am Auto finde ich gut, dass man …
Aber das Fahrrad hat den Vorteil, dass …
Die Straßenbahn hat den Nachteil, dass …
Ein Problem bei Bussen ist, dass …
Stimmt, das ist ein Vorteil/Nachteil.

Du hast recht. – Das sehe ich anders.
Das finde ich auch. – Das finde ich nicht.

3 Sagen, was man immer/selten/nie tut

(fast) immer	Fährst du immer mit	Ja, auch wenn es regnet.
(sehr) oft	dem Fahrrad zur Schule?	Nicht immer, aber sehr oft.
häufig		Ja, schon, aber häufig fahre ich auch mit dem Bus.
meistens		Nein, meistens nehme ich die Straßenbahn.
(sehr) selten		Nein, sehr selten, meistens gehe ich zu Fuß.
(fast) nie		Nein, fast nie, ich gehe fast immer zu Fuß.

4 Infos rund um den Führerschein

Den Führerschein in Deutschland machen …

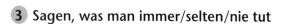

Vorraussetzungen:	17 oder 18 Jahre, Sehtest, Erste-Hilfe-Schein
Fahrstunden:	Stadt-, Überland-, Autobahn-, Nachtfahrt
Prüfung:	Theorie, praktische Fahrprüfung
Probezeit:	zwei Jahre
Fahrausweis:	Gültigkeit unbegrenzt
Führerscheinklassen:	Es gibt 16 Klassen, von Moped bis Lastwagen.
	Mit der Klasse B dürfen Sie einen Pkw oder einen Kleinlaster mit bis zu 3500 kg Gesamtgewicht und bis zu 8 Personen fahren.

Ausländische Führerscheine

Ausländische Führerscheine gelten meistens bis zu drei Monaten. Danach muss man den deutschen Führerschein beantragen oder neu machen. Man braucht in den meisten Fällen einen internationalen Führerschein.

Im Alltag
EXTRA
▶ S. 254

TIPP	Infos bekommen Sie bei Ihrer Führerscheinstelle: *www.das-kfz-portal.de/fuehrerscheinstellen*

Grammatik

1 Konsequenzen angeben: *deshalb*

Hauptsatz	Konsequenz (Folge) → Hauptsatz
Das Fahrrad (hat) einen Platten,	**deshalb** (kommt) sie mit dem Bus.

Für *deshalb* kann man auch *daher, deswegen* oder *darum* sagen.

2 Das Verb *werden* – Präsens und Präteritum

ich	werde	wurde	wir	werden	wurden
du	**wirst**	wurdest	ihr	werdet	wurdet
er/es/sie	**wird**	wurde	sie/Sie	werden	wurden

Früher wurden an Tankstellen Autos repariert. Heute wird nur noch getankt und eingekauft.

3 Aktiv und Passiv: Gebrauch

Wenn wichtig ist, **wer** etwas macht, nimmt man das **Aktiv**.
Mein Freund repariert unser Auto.   **Wer** repariert unser Auto?   **Mein Freund.**

Wenn wichtig ist, **was** gemacht wird, nimmt man das **Passiv**.
Unser Auto wird repariert.   **Was** wird repariert?   **Unser Auto.**

Satzklammer

		werden		Partizip II
Präsens	Mein Auto	(wird)	heute in der Werkstatt	(repariert).
Präteritum	Die Reifen	(wurden)		(gewechselt).

4 Das Verb *lassen*

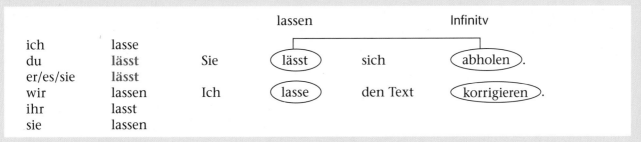

ich	lasse		lassen		Infinitv
du	**lässt**	Sie	(lässt)	sich	(abholen).
er/es/sie	**lässt**				
wir	lassen	Ich	(lasse)	den Text	(korrigieren).
ihr	lasst				
sie	lassen				

Aussprache

Konsonantenverbindungen

am Anfang	in der Mitte	bei Komposita	am Ende	an einer Wortgrenze
ein **Str**afzettel	ein Parkschein	Parkplatzprobleme	sie benutzt	sechs Stationen

> **TIPP**   Sprechen Sie schwierige Wörter langsam. Sprechen Sie jeden Laut!

Raststätte

❶ Wiederholungsspiel – Drei in einer Reihe

Sie können das Spiel zu zweit oder zu viert (in zwei Gruppen) spielen.

1. Legen Sie eine Münze auf ein Feld: gelb, grün oder blau.
2. Das andere Team wählt eine Aufgabe aus: gelb, grün oder blau.
3. Wenn Sie die Aufgabe lösen, dann kann Ihre Münze liegen bleiben und Sie spielen weiter.
4. Wenn nicht, dann müssen Sie die Münze wieder wegnehmen und das andere Team spielt weiter.
5. Wer drei Münzen in einer Reihe hat, bekommt einen Punkt.
6. Wer zuerst fünf Punkte hat, hat gewonnen.

Aufgaben

1. Thema „Verkehr": acht Wörter
2. Thema „Lebensmittel": zehn Wörter
3. Nennen Sie ein passendes Verb: *Auto … – zu Fuß … – ein Fest … – Kaffee …*
4. Sprechen Sie die Zahlen: 135 – 2.365 – 11.111 – 234.690 – 8.000.000
5. Thema „Wohnen": zehn Wörter
6. Schule in Deutschland: Nennen Sie zwei Schularten.
7. Nennen Sie vier Verkehrsmittel (private und öffentliche).
8. Ergänzen Sie Adjektive: *Das Sofa ist … – Der Tisch ist … – Designermöbel sind …*
9. Nennen Sie zwei deutsche Schulabschlüsse.
10. Was haben Sie gestern gemacht und was machen Sie morgen? Nennen Sie je zwei Tätigkeiten.

---

1. Ihre Meinung zum Thema „Schule": *Ich finde, dass …*
2. Wie viele Jahre geht man zur Realschule?
3. Ergänzen Sie: *Schule muss Spaß machen, weil …*
4. Ergänzen Sie: *Beim Lernen ist wichtig, dass …*
5. Ergänzen Sie: *Wenn der Deutschkurs zu Ende ist, …*
6. Ergänzen Sie: *Sie setzt sich … den Stuhl. Er sitzt … … Stuhl. Meine Jacke hängt … Schrank.*
7. Beschreiben Sie eine Person aus Ihrem Kurs (drei Informationen).
8. Beschreiben Sie einen Raum in Ihrer Wohnung / Ihrem Haus.
9. Im Bahnhof – Fragen Sie: Preis / Berlin–Dresden?
10. Beschreiben Sie ein Mitglied von Ihrer Familie (vier Informationen).
11. Ergänzen Sie: *Ein/e … ist ein praktisches Geschenk, weil …*
12. Ergänzen Sie: *Ich trage gern …, weil …*
13. Eine Wohnungsanzeige: Was bedeuten die Abkürzungen *3 ZKB, 76 qm, 600,– € + NK*?
14. Welche Verkehrsmittel benutzen Sie auf dem Weg zum Kurs? Warum?
15. Sie haben eine Woche Zeit und viel Geld für einen Urlaub. Was machen Sie? Warum?

---

1. Thema „Schule" – Geben Sie je eine Information: 1. Schulzeit, 2. Abschlüsse, 3. nach der Schule
2. Warum sind Fremdsprachen wichtig?
3. Beschreiben Sie Ihre Traumwohnung.
4. Fahrrad, Auto, Bus/Straßenbahn … – Was sind die Vorteile und Nachteile?
5. Beschreiben Sie ein Fest in Ihrem Land: Name, Datum, Essen, Getränke, Geschenke, Musik …
6. Wie ist das Wetter im Moment? Schauen Sie aus dem Fenster und beschreiben Sie, was Sie sehen.
7. Was ist/war Ihr Traumberuf? Warum?
8. Wählen Sie: Deutschland / Ihr Land /… – Was macht das Leben leicht? Was macht es schwer?
9. Welche Jahreszeit mögen Sie besonders gern? Warum?
10. Ein Geschenk für Ihre Mitspielerin / Ihren Mitspieler: Was schenken Sie ihr/ihm? Warum?

Raststätte

2 **Die Reise ins Dreiländereck**

„Eaawiiin!"
Herr Söderbaum heißt Erwin. Aber wenn Frau
Söderbaum aufgeregt ist, ruft sie immer „Eaawiiin!".
„Eaawiiin, kommst du mal?"
Herr Söderbaum legt die Zeitung weg, sucht seine
Hausschuhe und geht in die Küche.
„Was gibt's, Elfriede?"
„Eaawiiin, schau mal. Was ist das?"
„Was denn?"
„Hier, das war heute in der Post."
Erwin Söderbaum liest den Brief:

Herzlichen Glückwunsch! – Sie haben gewonnen!

Liebe Familie Söderbaum, die Mölnex AG gratuliert.

Sie gehören zu den glücklichen Gewinnern unseres Mölnex-Knusperchips-Preisausschreibens!
Eine Wochenendreise für vier Personen mit Werksbesichtigung der Mölnex AG
in Friedrichshafen und 100 Packungen Mölnex-Knusperchips!

Herr Söderbaum schaut seine Frau an.
„Ich mag das Zeug überhaupt nicht. Das klebt immer an den Zähnen
und man kriegt Durst davon ... Wo ist eigentlich Friedrichshafen? In Sachsen?"
„Das ist doch egal. Hauptsache Ferien! Mal raus hier! Lies mal fertig."
„... Bitte setzen Sie sich mit unserem Mitarbeiter Urs König, Tel. 07541–6833286, in Verbindung. Vor-
wahl null sieben, das muss in Sachsen sein ..."
„Quatsch! Null sieben ist im Süden. Friedrichshafen liegt am Bodensee. Klasse! Ruf doch gleich mal an!"
„Jetzt noch? Die haben bestimmt schon Feierabend. Das mach ich morgen im Büro."
„Eaawiiin!"
„O.k., o.k., ich mach schon."

a **Notieren Sie zu 1–5 die passenden Wörter aus dem Text.**

Familie Söderbaum hat an einem ① teilgenommen. Sie hat eine ② an den ③ gewonnen. Herr

Söderbaum mag keine ④. Aber seine Frau will, dass er sofort Herrn ⑤ anruft.

⊙ 1.44   **b** **Telefongespräch – Hören Sie zu und kreuzen Sie an: richtig oder falsch?**

	R	F
1. Die Festspiele sind in Friedrichshafen.	☐	☐
2. Der „Säntis" ist ein Berg im Appenzeller Land in der Schweiz.	☐	☐
3. Im Parkhotel gibt es mittags ein Vier-Gänge-Menü.	☐	☐
4. Am Sonntag machen Söderbaums einen Zeppelin-Rundflug.	☐	☐
5. Am Samstag fahren sie von Deutschland in die Schweiz und nach Österreich.	☐	☐

c **Hören Sie das Telefongespräch noch einmal.**
Notieren Sie das Programm.

Freitag   Bundesbahn, 1. Klasse
Samstag
Sonntag

d **Was sagt Herr Söderbaum seiner Frau?**
Spielen Sie.

1. Er ist begeistert.   2. Er hat keine Lust auf die Reise.

Felix Söderbaum, 14, kommt vom Training nach Hause.
Seine Mutter öffnet die Haustür und nimmt ihren Sohn in die Arme.
„Felix! Schatz! Wir haben gewonnen! Beim Preisausschreiben der Chipsfirma …"
„Wir? – **Ich** hab gewonnen!"
„Wie bitte?"
„**Ich** hab gewonnen. Alle aus unserer Klasse haben mitge-
macht. Und wer gewinnt, nimmt seine drei besten Freunde
mit. Klasse! Ich muss gleich Sven und Olli und Lutz anrufen."
Felix rennt in sein Zimmer. Seine Eltern schauen ihm
ratlos hinterher.
„Guten Abend zusammen!"
„Hallo, Elfi. Wie war's beim Babysitten?"
„Schon o. k. Ist Post für mich da?"
„Von Mölnex-Knusperchips?", fragen beide Eltern gleichzeitig.
„Genau! Ich hab mit der Clique beim Preisausschreiben mitgemacht und wenn wir gewinnen …"

e Wählen Sie einen Schluss der Geschichte.

1. Die Familie streitet sich heftig und niemand fährt. Seit diesem Tag darf keiner mehr Knusperchips essen oder den Namen der Firma Mölnex nennen.
2. Alle reden miteinander und fahren zusammen an den Bodensee. Die 100 Packungen Knusperchips teilen sich Felix und Elfi für ihre Freunde.
3. Felix und Elfi haben beim Preisausschreiben mitgemacht. Sie machen ein Würfelspiel und wer gewinnt, fährt mit seinen Freunden und Freundinnen.
4. …

Effektiv lernen

Briefe oder E-Mails schreiben kann man systematisch üben. Hier sind drei Schritte.

Vor dem Schreiben

1. Fragen Sie sich zuerst: Was will ich tun? Eine Einladung/Gratulation/Entschuldigung schreiben, einen Brief beantworten …?
2. Sammeln Sie Wörter und Sätze auf Deutsch. Das Wörterbuch kann helfen.
3. Überlegen Sie: Gibt es irgendwo ein Beispiel/Modell für meinen Text?
4. Ordnen Sie Ihre Stichwörter: Anfang – Mitte – Ende.

Beim Schreiben

– Schreiben Sie kurze, einfache Sätze.
– Machen Sie Abschnitte.
– Brief? Vergessen Sie nicht das Datum, die Anrede und den Gruß am Ende.

Nach dem Schreiben

Lesen Sie den Text dreimal durch:
1. Habe ich alles gesagt?
2. Stehen die Verben richtig? Stimmen die Zeiten (Präsens/Perfekt/Präteritum) und die Endungen?
3. Stimmt die Rechtschreibung: groß/klein?

Eine deutsche Freundin hat Ihnen geschrieben.

Beantworten Sie den Brief. Kontrollieren Sie Ihre Briefe im Kurs.

Hamburg, 18. Mai

Liebe/r ...,

jetzt hast du lange nichts mehr von mir gehört. Aber ich habe ziemlich lange nach einer neuen Wohnung gesucht. Endlich habe ich eine 2-Zimmer-Wohnung gefunden und ich bin umgezogen!
Am 20. Juni mache ich eine große Party! Du kommst doch?
Und wie geht es dir? Was macht dein Deutschkurs? Hast du schon neue Leute kennengelernt?
Schreib mir bitte bald.

Alles Liebe,
deine Ilona

VIDEO

Teil 1 – Die neue Wohnung

In der E-Mail von Felice sind drei Fehler. Sehen Sie das Video an und korrigieren Sie.

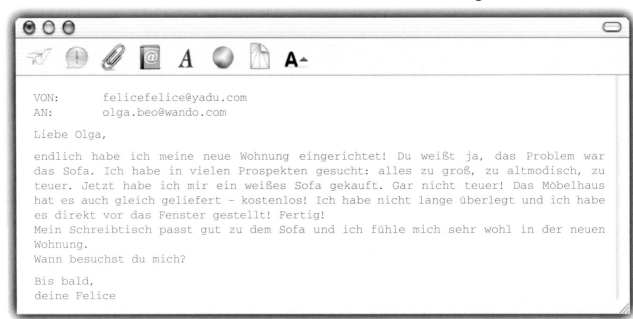

```
VON:        felicefelice@yadu.com
AN:         olga.beo@wando.com

Liebe Olga,

endlich habe ich meine neue Wohnung eingerichtet! Du weißt ja, das Problem war
das Sofa. Ich habe in vielen Prospekten gesucht: alles zu groß, zu altmodisch, zu
teuer. Jetzt habe ich mir ein weißes Sofa gekauft. Gar nicht teuer! Das Möbelhaus
hat es auch gleich geliefert – kostenlos! Ich habe nicht lange überlegt und ich habe
es direkt vor das Fenster gestellt! Fertig!
Mein Schreibtisch passt gut zu dem Sofa und ich fühle mich sehr wohl in der neuen
Wohnung.
Wann besuchst du mich?

Bis bald,
deine Felice
```

Teil 2 – Der Autokauf

a Welches Auto verkauft Herr Siebert? Vergleichen Sie mit dem Video.

Ⓒ
VW Golf
Farbe: schwarz, Bau-
jahr: 2000, VB: 4.800,–,
TÜV: 1 Jahr, Extras:
keine

Ⓐ
VW Polo
Farbe: grün, Baujahr:
1998, VB: 3.000,–, TÜV
neu! Extras: Schiebedach

Ⓑ
VW Golf
Farbe: blau, Baujahr: 1994
VB: 1.200,–, TÜV: 2 Jahre
Extras: Winterreifen

b Kreuzen Sie an: richtig oder falsch?

	R	F
1. Sie machen sofort einen Kaufvertrag.	☐	☐
2. Sie machen eine Probefahrt.	☐	☐
3. Die Frau kauft das Auto nicht.	☐	☐
4. Sie kauft das Auto mit Winterreifen.	☐	☐
5. Sie zahlt 2100 € mit Winterreifen.	☐	☐

Was kann ich schon?

Machen Sie die Aufgaben 1–8 und kontrollieren Sie im Kurs.

1. Wie ist die richtige Reihenfolge?

   Gymnasium • Kindergarten •
   Abitur • Grundschule •
   Universität

2. Über Zukunftspläne sprechen

   – In einer Woche …
   – In einem Jahr …
   – In fünf Jahren …

3. Sprechen Sie über das Thema „Schule".

   Schulfächer • Noten •
   Lehrer • Geld • …

4. Thema „Wohnen"
   Beschreiben Sie das
   Wohnzimmer rechts.

5. Wie soll Ihre nächste
   Wohnung sein?
   – Größe
   – Zimmer
   – Preis
   – wo

6. Was passiert hier?

   Die … werden …
   Das Auto …

7. Was lassen Sie machen und
   was machen Sie selbst?
   Nennen Sie je zwei Beispiele.

   Ich lasse …
   Mein Fahrrad …

8. Nennen Sie je zwei Vorteile
   und Nachteile vom Fahrradfahren.

   Geld • Wetter • Gesundheit • Sicherheit • …

Mein Ergebnis finde ich: ☺   😐   ☹

Ich über mich

So wohne ich. Schreiben Sie.

Wir wohnen in einer Altbau-Wohnung in Berlin: meine Frau, ich, meine Mutter und meine zwei Kinder. Die Wohnung hat vier Zimmer. Meine Kinder haben zusammen ein Zimmer und meine Mutter hat ihr Zimmer. Es gibt noch ein Wohnzimmer, unser Schlafzimmer, ein Bad und eine Toilette. Der wichtigste Raum ist die Küche. Sie ist groß und sie ist das Herz von unserer Wohnung! Hier treffen wir uns am Morgen zum Frühstück und am Abend, wenn wir zusammen essen. Mein jüngerer Sohn macht auch seine Hausaufgaben in der Küche, wenn sein Bruder zu laut Musik hört.

Vor ein paar Monaten habe ich meine Brieffreundin in Japan besucht. Sie lebt in der Nähe von Kobe auf dem Land. Ihr Haus ist klein, aber sehr praktisch. Das Wohnzimmer ist auch das Esszimmer und am Abend wird es zum Schlafzimmer. Auf dem Boden liegen Tatamis und man sitzt auf kleinen Kissen. Am Abend werden dann die Futons ausgerollt, das sind die Betten.

Das finde ich schön

Emanuel

Birgit

Andreas

Katharina

Lernziele

- Personen und Dinge beschreiben
- über Mode/Schönheit sprechen
- sagen, was man (nicht) mag
- Komplimente machen
- Kontaktanzeigen verstehen

1 Wer ist das?

a Beschreiben Sie eine Person. Die anderen raten.

Aussehen	Die Person ist … / sieht … aus. sportlich • schlank • intelligent • langweilig • interessant • sympathisch … Seine/Ihre Kleidung/Brille/Frisur ist modisch/schick/konservativ …
Alter	Er/Sie ist vielleicht 22 Jahre alt. • Er/Sie ist jung. • Ich denke, er/sie ist über 50.
Wohnen	Er/Sie wohnt in einer Großstadt / in Berlin / auf dem Land / allein / bei seiner/ihrer Familie / mit ihrem Freund zusammen. • Die Wohnung ist groß und hell.
Familie	Er/Sie ist verheiratet/alleinerziehend/Single. • Er/Sie hat … Kinder.
Beruf	Er/Sie ist … / arbeitet als/bei … • Er/Sie macht eine Ausbildung als …
Hobbys/ Vorlieben	Er/Sie macht gern Sport / liest gern / liebt Computerspiele / mag Musik / kocht gern. Er/Sie geht gern spazieren/shoppen / ins Kino / ins Theater …

Ich denke, zu Emanuel passt Foto 1, weil ...

b Welche Fotos 1–4 passen zu welchen Personen A–D? Was denken Sie?

Katharina _____   Birgit _____   Andreas _____   Emanuel _____

c Schreiben Sie Texte zu A–D und 1–4 und lesen Sie vor.

1. Ich glaube, das Auto passt zu ...
   ... mag Autos.
   Ist ... verheiratet? Hat ... eine Familie?
   Nein! Das Auto ist zu klein.

2. In dem Zimmer wohnt ...
   ... ist jung und mag schöne Möbel.
   ... ist sehr ordentlich.
   Ich möchte mit ... mal in die Disco gehen.

3. Hier gibt es eine Party.
   ... hat die Familie eingeladen.
   ... hat auch ein Enkelkind.
   Vielleicht hat ... Geburtstag?

4. ... wohnt allein. Die Wohnung hat ...
   ... mag Blusen, Blumen und Bücher.
   ... kocht gern und ... hat oft Gäste.
   Vielleicht ...

⊙ 2.2 **d Lesen Sie 1–4. Sie hören vier Personen. Was ist richtig? Korrigieren Sie die falschen Aussagen.**

	R	F
1. In meiner Wohnung habe ich moderne und alte Möbel.	☐	☐
2. Ich ziehe mich gerne gut an, aber Kleidung ist für mich nicht so wichtig.	☐	☐
3. Wir sehen unsere Kinder und Enkel nur selten.	☐	☐
4. Ich liebe alte Autos.	☐	☐

2 Adjektive vor dem Nomen

a Lesen Sie die Texte und markieren Sie die Artikel und Adjektive vor den Nomen.

Katharina
Ich habe eine kleine Wohnung mit einer großen, hellen Küche gefunden. Hier stelle ich meinen runden Tisch mit einem modernen Sofa hin. Ich mag es, wenn man moderne mit alten Sachen kombiniert. Im anderen Zimmer stehen schon mein rotes Bett, mein alter Kleiderschrank und mein kleiner Schreibtisch.

Emanuel
Mein Auto ist etwas kleiner als ein Porsche, aber es wird ein wunderschönes, kleines Auto mit Herz!

Andreas
Im Sommer kommen unsere Kinder mit unseren süßen Enkeln fast jedes Wochenende zum Grillen. Fleisch und Getränke besorgen meine Frau und ich. Die Kinder bringen frische Salate und einen süßen Nachtisch mit. Für die Oma gibt es immer einen bunten Blumenstrauß.

Birgit
Meine Freundin hat mir mal eine interessante Farbberatung geschenkt.
Einen hellblauen Pullover oder eine grüne Bluse kann ich nicht tragen. Damit sehe ich alt und krank aus.

b Notieren Sie die Adjektive mit Nomen und Artikel. Markieren Sie die Adjektivendungen.

eine kleine Wohnung, einer großen ...

c Ergänzen Sie die Adjektivendungen in der Tabelle. Sammeln Sie weitere Beispiele.

	Maskulinum ein/mein Tisch	Neutrum ein/mein Sofa	Femininum eine/meine Küche	Plural —/meine Sachen
N	ein rund**er** Tisch	ein alt____ Sofa	eine hell____ Küche	— alt____ Sachen
A	einen rund____ Tisch	ein alt____ Sofa	eine hell____ Küche	meine alt____ Sachen
D	einem rund**en** Tisch	einem alt____ Sofa	einer hell____ Küche	— alt____ Sachen
				meinen alt____ Sachen

d Ergänzen Sie 1–6.

1. Meine alt____ Waschmaschine funktioniert noch, aber ich brauche einen neu____ Staubsauger.

2. Mein alt____ Bett mit einer rot____ Decke ist schön. Davor lege ich einen bunt____ Teppich.

3. Mein groß____ Tisch gefällt mir, aber meine alt____ Lampe möchte ich nicht mehr haben.

4. Dein schwarz____ Hemd mit weiß____ Punkten ist toll, aber die bunt____ Hose ist furchtbar.

5. Meine grau____ Bluse gefällt mir noch, aber meinen blau____ Hut trage ich nicht mehr gern.

6. Ich fahre mit mein____ alt____ Mini nach Hamburg. Es ist so ein schön____ Auto!

e Adjektive trainieren – Sammeln Sie Nomen und Adjektive. Spielen Sie im Kurs.

der	das	die
Freund, Stuhl, Anzug, Rock ...	Hemd, Heft, Buch ...	Bluse, Brille, Freundin ...

alt • neu • kurz • lang • blau • grün • gut • ruhig • nett • freundlich • schön ...

1. Runde: Nominativ

A
Das ist mein Freund.

B
Das ist mein alter Freund.
Das ist ein Stuhl.

C
Das ist ein neuer Stuhl.
Das ist eine Bluse.

D
Das ist ...

2. Runde: Akkusativ

A
Ich habe einen Freund.

B
Ich habe einen alten Freund.
Ich habe einen Stuhl.

C
Ich habe einen neuen Stuhl.
Ich habe eine Bluse.

D
Ich habe ...

3 Personen beschreiben

a Wählen Sie eine Person im Kurs aus. Notieren Sie Stichworte.

> Maria
> Haare: schwarz, glatt, kurz
> Augen: braun
> Brille: keine
> ...

die Haare: schwarz, blond, braun • lang, kurz, glatt, lockig
die Augen: blau, grün, grau, braun, schwarz
die Brille: modern, rund, eckig, elegant, sportlich ...
der Lippenstift: rot, rotbraun ...

die Hose • der Rock • die Bluse ... • rot, grün, blau, braun ...
lang, kurz • modern, elegant, schick, sportlich • hell, dunkel

b Beschreiben Sie die Person sehr genau.

Aussehen beschreiben	Interessen/Vorlieben nennen
Sie hat lange, blonde Haare.	Ich glaube, sie mag ein gutes Essen mit Freunden.
Er trägt eine moderne, interessante Brille.	Er geht gerne in ein italienisches Restaurant.
Heute trägt sie ein blaues T-Shirt und eine	Sie findet (vielleicht) schnelle Autos gut.
helle Hose ...	Er mag moderne Kleidung, interessante Filme ...

4 Aussprache: Schwaches *e*

⊙ 2.3 **a Hören Sie und achten Sie auf die Endungen.**

Peter trägt am liebsten seine blauen Jeans und einen schwarzen Pullover.

Ben und Anna essen besonders gern einen süßen Nachtisch.

Lisa findet ihren bunten Teppich und ihre alte Lampe schön.

b Üben Sie die Sätze. Sprechen Sie das *e* ganz schwach.

Ich finde meine bunte Brille schön.

Mir gefallen moderne Lampen.

5 Thema „Schönheit"

a Lesen Sie die Texte. Wer findet Mode und Schönheit wichtig? Wer nicht?

Wie viel Zeit und Geld darf Schönheit kosten?

 A

Eva Rodi, 42, Verkäuferin

Ich ziehe mich gerne gut an, am liebsten helle Farben. Eine gepunktete Bluse und ein hellgrüner Rock oder ein leichter Hosenanzug – das finde ich schick. Und meine Schönheit lasse ich mir auch was kosten! Ich gebe schon so 120–150 Euro im Monat für Mode und Körperpflege aus. Und morgens brauche ich Zeit. Duschen, Haare waschen, Make-up ... Das dauert meistens eine Stunde. Dafür gibt es zum Frühstück nur eine Tasse Kaffee.

B

Matthias Fröhlich, 27, Werbefachmann

Mode ist wichtig für mich! Ich brauche das für meinen Job. Up to date zu sein ist gut fürs Geschäft. Ich lese Modezeitschriften und gehe oft in Boutiquen. Das ist nicht billig. Das kostet manchmal schon ein paar hundert Euro im Monat. Und dann ist natürlich ein gepflegtes Aussehen wichtig! Ich gehe einmal pro Monat zum Friseur. Mit Anziehen, Duschen usw. brauche ich am Morgen schon so eine halbe Stunde.

 C

Barbara Harst, 20, Auszubildende (Schreinerin)

„Kleider machen Leute."– Vielleicht stimmt das ja zum Teil, aber wichtiger ist doch die Persönlichkeit. Ich mag keine modische Kleidung. Meistens kaufe ich meine Sachen in Secondhand-Läden. Ich bin noch in der Ausbildung und habe wenig Geld. Kleidung und Körperpflege dürfen nicht mehr als 50 Euro im Monat kosten. Und morgens gehe ich schnell unter die Dusche. Ich brauche nur zehn Minuten im Bad, weil ich mich vor der Arbeit nicht schminke. Ich frühstücke lieber gemütlich. Für die Disco ziehe ich mich aber schick an und schminke mich.

b Lesen Sie noch einmal und schreiben Sie die Aussagen zu Ende.

1. Eva Rodi sagt, dass ...
2. Eva Rodi gibt im Monat ...
3. Matthias Fröhlich sagt, dass ...
4. Für ihn ist Mode wichtig, weil ...
5. Barbara Harst findet, dass ...
6. Sie schminkt sich nicht, weil ...

> *1. Eva Rodi sagt, dass sie sich gern gut anzieht.*

c „Kleider machen Leute"–
Was bedeutet das für Sie?

 Projekt: Gut leben – Was heißt das für mich?

**Arbeiten Sie in Gruppen.
Sammeln Sie Bilder und Texte
aus Zeitungen und Zeitschriften.
Machen Sie Plakate.**

6 Eine Mode-Umfrage

a Wählen Sie drei Fragen aus und fragen Sie im Kurs. Berichten Sie.

– Interessiert dich Mode?
– Was tust du für dein Aussehen?
– Wie viel Zeit brauchst du morgens im Bad?
– Achten die Deutschen zu viel oder zu wenig
  auf ihr Aussehen?
– Du hast 300 € für Kosmetik/Kleidung
  gewonnen. Was kaufst du?
– Gehst du ohne deinen Lippenstift aus dem Haus?
– Manche Leute gehen jede Woche zum Friseur.
  Wie findest du das?
– Du kannst für einen Tag anders aussehen.
  Wie möchtest du aussehen?

> *Darüber möchte ich nicht sprechen.*

> *Ja, ich benutze immer Lippenstift.*

> *Ich denke, dass …*

> *Ich interessiere mich (nicht) für Mode, weil …*

b Präpositionen mit Akkusativ – Markieren Sie in 6a die Präpositionen *für/ohne* und die Artikel.

c Ergänzen Sie die Präpositionen und Endungen.

1. Wie viel Geld gibst du ___*für*___ dein_*e*_ Kleidung aus?

2. Maria geht nie ___*ohne*___ ihr_*en*_ Hund joggen.

3. Ein modernes Outfit ist wichtig ___*für*___ mein_*en*_ neu_*en*_ Job.

4. Ich gehe nie ___*ohne*___ ein__ gut_*es*_ Frühstück aus dem Haus.

5. ___*Für*___ ein__ gut_*es*_ Gespräch nehme ich mir immer Zeit.

6. Ich kann ___*ohne*___ mein_*en*_ neu_*en*_ Computer nicht arbeiten.

7. Hier ist ein Gutschein ___*für*___ ein_*e*_ Kosmetikberatung.

[handschriftliche Notizen: S. 199 – 5.1 / 200 – 5.3 / ___ – 6.2 / das Frühstück / Sprache / Zertifikat / der Job / der Wahnsinn]

Präpositionen mit Akkusativ

für   meinen neuen Job
ohne   ein gutes Frühstück

7 Komplimente

a Zu welchem Bild passt welches Kompliment?

Ⓐ

> *Sie sehen gut aus! Waren Sie im Urlaub?*

– Hast du eine neue Frisur? Die steht dir gut. Sie macht
  dich jünger.
– Ist die Brille neu? Sieht super aus. Woher hast du die?
– Du siehst heute richtig gut aus. Geht's dir gut?
– Der Rock sieht toll aus. Er steht dir perfekt.
– Ist heute ein besonderer Tag? Du siehst einfach
  wundervoll aus!

Ⓑ

b Komplimente bei Ihnen – Sprechen Sie im Kurs.

– Wer macht wann wem Komplimente?
– Was darf man in Ihrer Sprache zu einem Freund / einer Freundin sagen?
– Welche Komplimente gefallen Ihnen?
– Erinnern Sie sich an ein besonderes Kompliment?
– Wann haben Sie zuletzt ein Kompliment bekommen/gemacht?
– Was ist für Sie ein großes Kompliment?

8 Frau Kienzle sucht ...

a Was sucht Frau Kienzle? Lesen Sie den Brief und die Anzeige.

Frau Kienzle (36) hat in der Zeitung diese Anzeige gelesen.
Sie schreibt einen Brief und einige Tage später erhält sie eine
Antwort.

Raum Düsseldorf: Computerfach-mann, 42, 182 cm groß, schlank, Nichtraucher, Naturfreund, Eigen-heim, tier- und kinderlieb sucht Sie! Spätere Heirat nicht ausgeschlossen! Ihre Zuschrift unter Chiffre 09121 XP

Düsseldorf, 31. Mai

Liebe Frau Kienzle,

über Ihren Brief habe ich mich sehr gefreut! Er hat mich neugierig gemacht und ich würde mich sehr gerne bald mit Ihnen treffen. Darf ich Sie am Freitag, 12. Juni um 15 Uhr in das Café Rendezvous einladen?

Sie werden mich sicher gleich erkennen: Ich trage eine Brille

⊙ 2.4   **b Wer ist es? – Sehen Sie das Bild an und hören Sie zu. Machen Sie Notizen.**

Mann in der Mitte: keine Brille
Mann mit der Zeitung: ...

9 Traumpaare

a Lesen Sie die Anzeigen. Was wünschen sich die Frauen, was die Männer? Notieren Sie.

Heiraten und Bekanntschaften

① Raum Hamburg: Vermögender Unternehmer sucht romantische und feminine Traumfrau! Niveau und Fremdsprachen sind erwünscht. Spätere Heirat nicht ausgeschlossen! Wenn Sie blond und nicht älter als 30 sind, schreiben Sie mir! **Chiffre: HH 3211**

② Sportlicher, sympathischer, Nichtraucher, 1,82, 42 Jahre, mit kleinem Sohn möchte schlankes, humorvolles, romantisches, weibliches Wesen kennenlernen. Kind(er) erwünscht! Mein Sohn und ich freuen uns auf deine Antwort, am besten mit Bild! **SZ 9081-B**

③ Romantische, natürliche, feminine Sie, 29 (1,72/56) sucht Bekanntschaft mit gebildetem, freundlichem Traummann! Bin in der Welt zu Hause, unabhängig und startklar. Wann schreibst du mir? **W 3802**

④ Rund und gesund, humorvoll und aktiv, warmherzig und tierlieb – das bin ich! Erst 51 (1,58/65) mit eigenem Geschäft und Vermögen. Ich suche zärtlichen, kultivierten Mann um die 60, finanziell unabhängig für gemeinsame Unternehmungen und ein Leben zu zweit. Seriöse Zuschriften mit aktuellen Fotos unter **HB 1244**

⑤ Suche sympathischen, intelligenten, sportlichen Mann um die 40. Kind kein Hindernis! Ich bin natürlich, selbstbewusst und charmant! Freue mich über ernst gemeinte Bildzuschriften unter **Chiffre 3221.**

⑥ Nach schlechter Erfahrung versuche ich es auf diesem Weg: Lehrer, 58 (1,78), geschieden, sucht intelligente, warmherzige Sie, die Mut zu neuer Beziehung hat. Meine Freunde sagen, ich habe Humor und Niveau. Wer schreibt mir? **B 3329**

b Arbeiten Sie zu zweit. Welche Männer und Frauen passen zusammen?

c Welche Informationen gibt es in den Anzeigen nicht? Sprechen Sie im Kurs.

10 Sympathischer Mann sucht sportliche Frau.

a Adjektive vor dem Nomen: ohne Artikel – Markieren Sie die Adjektive in den Anzeigen. Wie viele Endungen finden Sie?

> Vermögender Unternehmer sucht romantische

N	der	netter Mann	das	kleines Kind	die	erfolgreiche Frau
A	den	(suche) netten Mann	das	(suche) kleines Kind	die	(suche) erfolgreiche Frau
D	dem	(mit) nettem Mann	dem	(mit) kleinem Kind	der	(mit) erfolgreicher Frau

b Erfinden Sie Kontaktanzeigen wie in Aufgabe 9. Sprechen Sie über die Anzeigen im Kurs. Wer passt zu wem?

> *Sympathischer, ehrgeiziger Deutschlerner (28 / 1,78 / 74) mit kleinem Bankkonto sucht reiche, erfolgreiche Sie mit guten Deutschkenntnissen. Spätere Heirat ausgeschlossen!*

c Adjektive und Nomen ohne Artikel findet man oft in der Werbung. Sammeln Sie Beispiele aus Zeitungen und Zeitschriften.

Auf einen Blick

1 Personen beschreiben

Das ist Anja Meyer.

Sie ist schlank und groß.

Sie ist 35 Jahre alt.

Sie ist 1,75 m groß, schlank,
  hat dunkelblonde Haare
  und braune Augen.

Sie trägt oft einen roten Pullover,
  eine blaue Hose, ein weißes T-Shirt
  und schwarze Schuhe.

Sie ist Verkäuferin.

Sie mag Sport und hört gerne Musik.

Sie fährt gern Auto.

Sie ist nett und immer freundlich.

2 Sagen, was man mag und nicht mag

Das finde ich schön.
Das gefällt mir.

Ich mag Mode.
Mode interessiert mich sehr.
Das Aussehen ist für mich wichtig.
Ich trage gern Krawatten.

Das finde ich nicht so schön.
Das gefällt mir nicht so sehr.

Mode ist nicht wichtig für mich.
Mode interessiert mich nicht.
Das Aussehen ist nicht so wichtig.
Ich benutze nie Lippenstift.

3 Komplimente

Hast du eine neue Brille?
  Die steht dir gut.

Deine neue Frisur ist toll.
  Sie macht dich jünger.

Ich finde, die Jacke steht dir super.

Dein Mantel gefällt mir.
  Wo hast du den gekauft?

Das Kleid steht dir perfekt.

Du siehst heute richtig gut aus.

Der Rock sieht toll aus.

Kritik äußern

In den deutschsprachigen Ländern passiert es häufiger als in anderen Kulturen, dass man etwas kritisiert.
Man muss aber vorsichtig sein. Wenn einem etwas nicht gefällt, sagt man z. B.:

Im Alltag
EXTRA
▶ S. 256

– Das ist nicht so mein Geschmack.
– Das finde ich nicht so gut. / Das gefällt mir nicht so gut.
– Das andere Hemd hat mir besser gefallen.

Grammatik

1 Adjektive vor dem Nomen – <u>ohne</u> Artikel

Sportlicher, sympathischer Nichtraucher, 1,82, 42 Jahre, mit kleinem Sohn sucht schlanke, humorvolle, romantische Frau für gemeinsames Leben.

der Mann – sportlicher Mann
die Frau – romantische Frau
dem Sohn – kleinem Sohn
das Leben – gemeinsames Leben

Die letzten Buchstaben von Artikeln und Adjektiven sind gleich.

2 Adjektive vor dem Nomen – nach *ein, kein, mein, dein ...*

Singular

		Maskulinum		Neutrum		Femininum	
N	Das ist	**ein**	schwarzer Hut.	**ein**	buntes Hemd.	**eine**	neue Brille.
		mein	schwarzer Hut.	**mein**	buntes Hemd.	**meine**	neue Brille.
A	Er trägt	**einen**	schwarzen Hut.	**ein**	buntes Hemd.	**eine**	neue Brille.
		meinen	schwarzen Hut.	**mein**	buntes Hemd.	**meine**	neue Brille.
D	mit	**einem**	schwarzen Hut	**einem**	bunten Hemd	**einer**	neuen Brille
		meinem	schwarzen Hut	**meinem**	bunten Hemd	**meiner**	neuen Brille

Plural

		Maskulinum		Neutrum		Femininum	
N	Das sind	–	schwarze Hüte.	–	bunte Hemden.	–	neue Brillen.
		meine	schwarzen Hüte.	**meine**	bunten Hemden.	**meine**	neuen Brillen.
A	Er trägt	–	schwarze Hüte.	–	bunte Hemden.	–	neue Brillen.
		meine	schwarzen Hüte.	**meine**	bunten Hemden.	**meine**	neuen Brillen.
D	mit	–	schwarzen Hüten	–	bunten Hemden	–	neuen Brillen
		meinen	schwarzen Hüten	**meinen**	bunten Hemden	**meinen**	neuen Brillen

Ein hat keine Pluralform. *Kein* und alle Possessivartikel (*dein, sein ...*) funktionieren wie *mein*.

3 Präpositionen mit Akkusativ: *für, ohne*

Präposition	Maskulinum	Neutrum	Femininum	Plural
für + A	**für meinen** Job	**für mein** Auto	**für meine** Freundin	**für meine** Freunde
ohne + A	**ohne meinen** Kaffee	**ohne mein** Handy	**ohne meine** Brille	**ohne meine** Schlüssel

Aussprache

Schwaches *e*

Man spricht *-e* oder *-en* schwach ...

– am Wortende	danke • hören • deine schönen Augen • seine blaue Jeans
– in *be-* und *ge-*	bekommen • besonders • der Besuch • gekauft • genommen

Komm doch mit!

Lernziele

- über Freizeitaktivitäten sprechen
- sagen, was man (nicht) gerne macht
- Meinungen äußern
- Ratschläge geben
- Texte über Fußball verstehen

Ⓐ **Holger Seins**
Im Sommer gehe ich oft in den Park zum Schachbrett. Da trifft man fast immer jemanden. Und wenn mal keiner da ist, dann macht das auch nichts. Dann setze ich mich in die Sonne und lese. Im Winter gehe ich ab und zu in den Schachclub, wenn da Turniere sind.

Ⓑ **Inka Moy**
Im Sommer kann man immer jemanden treffen. Man muss nur in den Park gehen und mit anderen Volleyball oder Tischtennis spielen. Nach dem Spiel gehen immer einige etwas trinken. Aber im Winter ... Wenn man da nicht seinen Freundeskreis hat, kann man sehr allein sein. Viele meinen, dass man in der Kneipe schnell Leute kennenlernen kann. Ich habe da noch niemanden kennengelernt.

1 Aktivitäten

a Lesen Sie die Texte A–D. Welche Abbildungen passen? Ordnen Sie zu.

Text	A	B	C	D
Bild	____	____	____	____

Komm mit zur
VHS! Mannheimer ⅄⅄
Abendakademie

- die Welt anders sehen
- digitale Fotografie für Anfänger
- Bilder machen – Bilder bearbeiten
6 Abende und 2 Foto-Expeditionen am Wochenende

② ③ ④

© **Frank Rapp**
Ich gehe oft mit meiner Tochter in
den Park auf den Spielplatz. Sie spielt
und ich sitze auf einer Bank und
schaue ihr zu. Die Mütter unterhalten
sich und ich lese Zeitung oder höre
Musik. Ab und zu treffe ich mich im
Park auch mit Bekannten. Wir bringen alle etwas zum Essen und Trinken mit und
machen ein Picknick mit den Kindern.

Ⓓ **Miriam Favre**
Als ich etwas Deutsch
konnte, bin ich in andere
Volkshochschulkurse ge-
gangen. Ich habe einen
Nähkurs und einen Koch-
kurs gemacht. Das hat
Spaß gemacht und ich habe viele Leute
kennengelernt. Einige sind heute meine
besten Freunde. Im nächsten Semester
will ich einen Fotografiekurs machen.

⊙ 2.5 **b Hören Sie. Zu welchen Bildern passen die Dialoge?**

Dialog   A   B   C

Bild   ____   ____   ____

**c Sammeln Sie Freizeitaktivitäten aus den Texten
und ergänzen Sie weitere im Kurs.**

> Picknick machen
> Musik hören

2 Was machen Sie gern?
Sprechen Sie über die Fotos und über Ihre Interessen.

☺	☹
Ich mag …	Ich mag Fußball/… nicht. Ich finde … besser.
Ich gehe gern in …	Ich spiele nicht gern …
Das ist eine gute Idee.	Das finde ich nicht so gut. Ich gehe lieber …

Nein, leider nicht.

Sport im Park finde ich gut.
Gibt es das hier auch?

*Ja, aber ich spiele lieber
im Sportverein.*

3 Thema „Freizeit"

a Arbeiten Sie zu dritt. Wählen Sie Fragen
aus oder formulieren Sie eigene.
Machen Sie Interviews.

1. Was ist Freizeit für dich?
2. Wie viel Freizeit hast du?
3. Was machst du in deiner Freizeit im
   Sommer/Winter?
4. Machst du Sport? Welche Sportart?
5. Hast du ein Hobby? Welches?
6. Bist du in einem Verein? Warst du
   früher in einem Verein?
7. Machst du in der Freizeit viel mit
   Freunden zusammen?
8. Möchtest du gern mehr Leute
   kennenlernen?
9. Brauchst du viel Geld für deine
   Freizeit?
10. Du hast viel Geld und das ganze
    Wochenende Zeit: Was machst du?

b Berichten Sie im Kurs.

> Olga hat gesagt, dass sie nur am Wochenende
> etwas Freizeit hat.

4 Alle, jemand, niemand …
Was passt? Markieren Sie.

1. Nach dem Volleyball gehen immer *einige/man* in eine Kneipe.
2. *Man/Jemand* kann dort *einige/etwas* trinken und essen.
3. *Viele/Jemand* meinen, dass *man/jemand* in einer Kneipe schnell
   Leute kennenlernen kann.
4. Das stimmt schon, denn in Kneipen sind oft *viele/alle* Leute.
5. Ich habe da noch *jemanden/niemanden* kennengelernt.
6. Im Kochkurs habe ich schnell *niemanden/jemanden* kennengelernt.
7. Nächste Woche machen wir *einige/etwas* zusammen.
8. *Einige/Jemand* wollen wandern, aber ich will lieber *etwas/nichts*
   anderes machen.

Person
man, jemand/en,
niemand/en

Sache
etwas, nichts

Personen/Sachen
alle, viele, einige

5 Aussprache: Wörter verbinden

⊙ 2.6 **Hören Sie und sprechen Sie nach.**

Und̲ du / machst̲ du	Und̲ du? Was machst̲ du in deiner Freizeit?
Brauchst̲ du	Brauchst̲ du viel Geld in deiner Freizeit?
fünf̲ Wochen	Sie hat fünf̲ Wochen keinen Sport gemacht.
mag̲ Gerd	Welche Sportart mag̲ Gerd?
Auf̲ Wiedersehen	Auf̲ Wiedersehen, bis zum nächsten Mal.

6 Nach dem Spiel

⊙ 2.7 **a Hören Sie und raten Sie: Welche Sportart machen die Frauen?**

☐ Volleyball ☐ Fußball ☐ Basketball

b Hören Sie noch einmal. Schreiben Sie die Sätze zu Ende.

1. ● Hast du ein Handtuch? ○ Nein, ich habe k…
   ▲ Ich habe e…!
2. ● Ist hier ein Kamm? ○ Nein, hier ist k…, aber Paula hat e…
3. ● Wo ist mein Schuh? ○ Unter der Bank liegt e…
4. ● Ist das deine Tasche? ○ Ja, ich glaube, das ist m…
5. ● Ist das dein T-Shirt? ○ Ja, das ist m…
6. ● Hast du nachher Zeit? ○ Nein, ich habe k…

Pronomen

	Nominativ	Akkusativ
der Kamm	meiner	meinen
das T-Shirt	meins	meins
die Tasche	meine	meine

c Fragen Sie im Kurs.

Ist das dein Heft? — Nein, das ist nicht meins. Das ist seins.

7 Ein Kochkurs für Singles

a Lesen Sie die Anzeige und die Texte. Welche Antwort ist richtig? Kreuzen Sie an.

Single-Kochclub sucht Mitglieder!
Verwöhnen Sie sich und andere ...
Beitrag 40 €,
Kochschürze mitbringen!
Freitag, 24. Juni, 18 Uhr,
Fasanenweg 12

Klaus

Ich esse gern, aber ich kann nicht kochen. Allein kochen und essen macht keinen Spaß. Ich langweile mich dabei. Dann habe ich die Anzeige gelesen. Ich wusste sofort: Da melde ich mich an, das interessiert mich!
Freitag: Ich habe mich geduscht und rasiert und dann bin ich in die Stadt gefahren. Ich habe eine Kochschürze gekauft.
17.45 Uhr: Ich war ein bisschen aufgeregt. Um sechs Uhr bin ich zum Kurs gegangen. Ich habe mich vorgestellt und dann haben wir gekocht. Claudia war meine Partnerin. Wir haben uns gut unterhalten und wir haben uns sehr amüsiert. Nach dem Kurs wollte ich mich mit Claudia verabreden, aber dann hat sie sich mit Michael verabredet. Ich habe mich geärgert und bin allein etwas trinken gegangen.

Claudia

Unseren Kochclub gibt es seit fünf Jahren. Wir treffen uns immer freitags und kochen zusammen. Leider sind wir nur Single-Frauen. Dann hatten wir die Idee mit der Anzeige! Ich war sehr aufgeregt.
Freitagnachmittag: Ich habe mich auf den Abend gefreut. Ich habe mich schön angezogen und war schon um fünf Uhr im Kursraum.
Um sechs kamen dann die neuen Mitglieder: Frieda, Klaus und Michael! Wir haben uns begrüßt und die Neuen haben sich vorgestellt. Dann haben wir gekocht. Klaus war mein Partner. Er hat sich gleich neben mich gesetzt und mich dauernd angesehen.
Nach dem Kurs habe ich mich mit Michael verabredet!

1. Seit wann gibt es den Kochclub?
   a Seit dem 24. Juni.
   b Seit einigen Jahren.
   c Der Club ist neu.

2. Wer hat die Anzeige in die Zeitung gesetzt?
   a Erika.
   b Klaus.
   c Der Kochclub.

3. Was macht Klaus nach dem Kurs?
   a Er trifft sich mit Claudia.
   b Er trifft sich mit Michael.
   c Er geht etwas trinken.

b Markieren Sie die Reflexivpronomen im Text und notieren Sie die Infinitive.

Da melde ich mich an, das interessiert mich!
Wir treffen uns immer freitags ...

sich anmelden, sich interessieren, sich treffen

c Reflexivpronomen im Akkusativ – Ergänzen Sie die Sätze.

1. ● Ich besuche dich am Sonntag.

   ○ Oh, toll, da freue ich __*mich*__ aber. Wann treffen wir _____?

2. ● Ich komme um zwölf und dann gehen wir ins Restaurant.

   ○ Können wir _____ auch am Abend treffen?

3. ● Ich richte _____ ganz nach dir. Aber warum erst am Abend?

   ○ Meine Eltern ärgern _____, wenn ich am Sonntag nicht zum Essen komme.

4. ● Und was passiert, wenn ihr _____ nicht trefft?

   ○ Dann ruft mein Bruder an und streitet _____ mit mir.

5. ● Mögt ihr _____ nicht?

   ○ Doch, wir mögen _____. Aber die Familie ist für ihn alles.

6. ● Also gut, dann treffen wir _____ am Abend.

   ○ Wie ziehst du _____ an?

   ● Lass dich überraschen!

> **Reflexivpronomen Akkusativ**
>
> | ich | mich |
> |---|---|
> | du | dich |
> | er/es/sie | sich |
> | wir | uns |
> | ihr | euch |
> | sie/Sie | sich |

d Schreiben Sie eine Anzeige für Ihren Lieblingskurs wie in 7a. Vergleichen Sie im Kurs.

8 Kontakte

2.8 **a Welche Kontakte haben Herr Kakar und Frau Dimitrov? Hören Sie zu. Was passt zu wem?**

1. Ich mache Kurse an der VHS.
2. Ich treffe meine Kollegen nur bei der Arbeit.
3. Ich kenne viele Leute.
4. Ich habe Glück, dass ich Verwandte hier habe.
5. Clubs machen auch Feste und Ausflüge.

b Wo kann man Kontakte knüpfen? – Machen Sie Vorschläge im Kurs.

Volkshochschule • Kollegen ins Kino einladen • Sportverein • Gesangverein …

> *Ich könnte …*

> *Wenn sie gern tanzt, dann …*

> *Vielleicht könntest du …*

> **Vorschläge machen können**
>
> Ich könnte …
> Du könntest …
> Er/Sie könnte …
> Sie könnten …

Projekt: Freizeitmöglichkeiten in Ihrer Region

Machen Sie ein Informationsplakat oder eine Informationsbroschüre.

Wo trifft man viele Menschen?
Wo kann man Picknick machen oder grillen?
Wo kann man Sport machen?
Welche Angebote gibt es für Familien?
Welche Angebote gibt es für Behinderte?
Was kostet wenig Geld?
Wo treffen sich Deutsche und Ausländer?
Welche Vereine gibt es (Musik, Sport …)?

9 Die schönste Nebensache der Welt: Fußball

Der FC Bayern München

Der FC Bayern München (offiziell: Fußball-Club Bayern München e. V.) ist der berühmteste Fußballclub Deutschlands. Mit 21 nationalen Meisterschaften und 14 DFB-Pokalsiegen ist er auch der erfolgreichste deutsche Fußballverein. In den europäischen Pokalwettbewerben ist er einer von vier Clubs, die alle drei Pokale gewinnen konnten. Der FC Bayern gewann viermal die UEFA Champions League, den Europapokal der Landesmeister und je einmal den Europapokal der Pokalsieger und den UEFA-Pokal. Zweimal hat der FC Bayern den Weltpokal gewonnen.

Mit fast 150.000 Mitgliedern ist er einer von den größten Sportvereinen der Welt.

Weltbekannt ist „der Kaiser" Franz Beckenbauer. Von 1965 bis 1976 war er Profifußballer beim FC Bayern. Seit 1965 hat er in der deutschen Fußballnationalmannschaft gespielt, insgesamt 103 Länderspiele! 1974 wurde er als Spieler mit der Nationalmannschaft Weltmeister. 1972 und 1976 war er Europas Fußballer des Jahres. Von 1984 bis 1990 war Beckenbauer „Teamchef" der Nationalmannschaft und gewann mit ihr 1990 die Fußballweltmeisterschaft. Von 1994 bis 2009 war er der Präsident des Vereins.

Den FC Bayern gibt es seit 1900 und zum Verein gehören noch viele andere Abteilungen: Turnen, Basketball (2 x Deutscher Meister), Schach (9 x Deutscher Meister und 1 x Europacup-Sieger), Handball, Kegeln, Tischtennis, Frauenfußball und Seniorenfußball.

a Lesen Sie den Text und die Aufgaben 1–5. Kreuzen Sie an: richtig oder falsch?

	R	F
1. Der FC Bayern München ist der erfolgreichste Fußballclub der Welt.	☐	☐
2. Der Verein war 21 Mal deutscher Meister im Fußball.	☐	☐
3. Franz Beckenbauer war zwei Mal Fußballweltmeister.	☐	☐
4. Seit 1994 ist Beckenbauer Bundespräsident.	☐	☐
5. Zum FC Bayern gehören viele erfolgreiche Sportabteilungen.	☐	☐

b Lesen Sie noch einmal und notieren Sie Informationen zu den Zahlen und Stichworten.

Deutscher Meister • 1900 • Weltmeister • Kaiser • Schach • Abteilungen • 150 000

c Berichten Sie über Sport in Ihrem Heimatland.

10 Frauenfußball

a Lesen Sie 1–4 und den Text. Ordnen Sie die Fragen den Antworten zu.

1. Und noch ein Blick in die Zukunft: Wer wird Deutscher Meister?
2. Wie sind Sie zum FC Bayern gekommen?
3. Wie haben Sie mit dem Fußballspielen angefangen? Das war doch sehr ungewöhnlich für ein Mädchen.
4. Mit 25 Jahren haben Sie sich dann zurückgezogen. Warum?

Karin Danner leitet die Abteilung Frauenfußball beim FC Bayern.

I ☐
D Na ja, wissen Sie, ich habe vier Brüder und nach der Schule sind wir alle auf den Bolzplatz gegangen und haben „gekickt", wie man damals noch gesagt hat. Mit 12 Jahren bin ich dann in einen Verein, den SV Worms-Hochheim. Meine Mutter hat mich dreimal jede Woche fast 50 km zum Training gefahren! Das war vielleicht schon ungewöhnlich.

I ☐
D Mich hat der FC Bayern entdeckt und dann habe ich sieben Jahre dort gespielt. Sogar einmal in der Frauennationalmannschaft! Ein tolles Gefühl!

I ☐
D Das hatte private Gründe. Und der Frauenfußball war damals auch noch nicht so entwickelt wie heute. Heute stehen einer guten Spielerin alle Türen offen: beruflich, sportlich und natürlich finanziell!

I ☐
D Das Niveau im Frauenfußball wird immer besser. Also, drei Mannschaften haben echt gute Chancen und der FC Bayern ist dabei. Wie sagt unser „Kaiser" immer? Schauen wir mal …

b Was denken Sie über Frauenfußball?

11 Volker Müller: Aktives Vereinsmitglied

⊙ 2.9 **a Hören Sie das Interview und kreuzen Sie an: a, b oder c.**

1. Was ist Herr Müller von Beruf?
☐a Fußballspieler.
☐b Sportmanager.
☐c Ingenieur.

2. In wie vielen Vereinen ist er Mitglied?
☐a In keinem.
☐b In zwei.
☐c In drei.

3. Einige Vereine haben Probleme, weil …
☐a sich zu wenig junge Leute engagieren.
☐b es zu viele „alte Herren" gibt.
☐c viele Leute keine Hobbys mehr haben.

4. Die Vereine sind wichtig, denn …
☐a sie bieten billige Freizeitaktivitäten an.
☐b sie bringen die Menschen zusammen.
☐c sie machen Politik.

Volker Müller ist aktives Mitglied im Sportverein.

b Was kann man Herrn Müller noch fragen? Schreiben Sie Interviewfragen.

Geld • Zeit • ausländische Mitbürger • „Alte Herren" …

Im Alltag

1 Über Freizeitaktivitäten sprechen

☺
Ich mag Fußball.
Ich gehe gern ins Theater.
Ich helfe gern Menschen.
Ich mache gern Picknick.
Ich gehe oft spazieren.
Im Sommer/Winter …

☹
Ich mag Fußball überhaupt nicht.
Ich gehe nicht gern ins Theater.
Ich mache nicht gern Sport, aber ich …
Picknick finde ich langweilig.
Spazieren gehen mag ich nicht so. Ich fahre lieber Fahrrad.
Ich habe nicht viel Freizeit.

2 Ratschläge geben

Du könntest …   in einen Club oder Verein gehen.
im Park Leute beim Sport treffen.
einen Kurs an der VHS machen.
…

Ihr könntet …   eine Kursparty machen.
die Kollegen zum Grillen einladen.
einen Ausflug oder ein Picknick organisieren.
…

Man muss …   sich selbst informieren.
selbst aktiv sein.
…

3 Vereine – Informationen erfragen

Was kann man in diesem Verein tun?
Wie hoch ist der Mitgliedsbeitrag?
Gibt es zusätzliche Kosten?
Gibt es eine Familienmitgliedschaft?
Gibt es Ermäßigungen für
    Kinder/Behinderte/Studenten/…?

Vereinsstatistik
In Deutschland gibt es fast 600 000 eingetragene
Vereine (e. V.). Das heißt, es gibt einen Verein
pro zehn erwachsenen Bundesbürger/innen.
Viele Deutsche sind gleich in zwei oder drei
Vereinen Mitglied und andere mögen Vereine
gar nicht.
Die meisten Vereine sind Sportvereine, danach
kommen die Freizeit- und Heimatvereine.
Viele Vereine übernehmen soziale Aufgaben.
Auch Interessenverbände sind oft Vereine, so z. B.
die Bürgerinitiativen für Umweltschutz.

Deutschland e.V.
In Deutschland gibt es
594 277 Vereine,
davon so viel Prozent
in den Bereichen

Bereich	Prozent
Sport	38 %
Freizeit, Heimatpflege, Brauchtum	18
Soziales, Wohlfahrt, Religion, Entwicklungshilfe	13
Kultur und Kunst	12
Berufs-/Wirtschaftsverbände und Politik	10
Interessenverbände u. Bürgerinitiativen	8
Umwelt und Naturschutz	1

Quelle:
BDVV

© Globus 0284

Im Alltag
EXTRA
▶ S. 258

Grammatik

1 Pronomen

● Ist hier ein Föhn?
○ Nein, hier ist **keiner**.
● Aber da liegt doch **einer**. Ist das **deiner**?
▲ Nein, das ist **meiner**.

● Ich suche mein T-Shirt! Seht ihr **eins**?
○ Hier ist **keins**.
● Aber da liegt doch **eins**!
○ Klar, das ist aber **meins**!

		Nominativ	Akkusativ
der Föhn		meiner	meinen
das Auto		meins	meins
die Tasche		meine	meine

Auch: deiner, deins, seiner, seins, ihrer, ihrs, unserer, unsers, eurer, euers …

2 Indefinita

Person	man • jemand • niemand
Sache	etwas • nichts

Personen/Sachen	alle (Pl.)	viele (Pl.)	einige (Pl.)

	nur Singular	nur Plural
Nominativ	jemand, niemand	alle, viele, einige
Akkusativ	jemand**en**, niemand**en**	alle, viele, einige
Dativ	jemand**em**, niemand**em**	all**en**, viel**en**, einig**en**

3 Reflexivpronomen im Akkusativ

ich	mich	Ich habe mich vorgestellt.	sie	sich	Sie ärgert sich immer so schnell.
du	dich	Setz dich bitte auf das Sofa.	wir	uns	Wir können uns nicht verstehen.
er	sich	Er rasiert sich in zwei Minuten.	ihr	euch	Unterhaltet ihr euch gut?
es	sich	Es hört sich gut an.	sie/Sie	sich	Langweilen Sie sich?

Aussprache

Wörter verbinden (Assimilation)

Sie lesen zwei Konsonanten.

Brauchs**t** **d**u

Sie hören/sprechen nur einen Konsonanten.

Brauchs**t_d**u viel Geld in deiner Freizeit?

p+b, t+d, g+k, f+w spricht man an der gleichen Stelle im Mund.

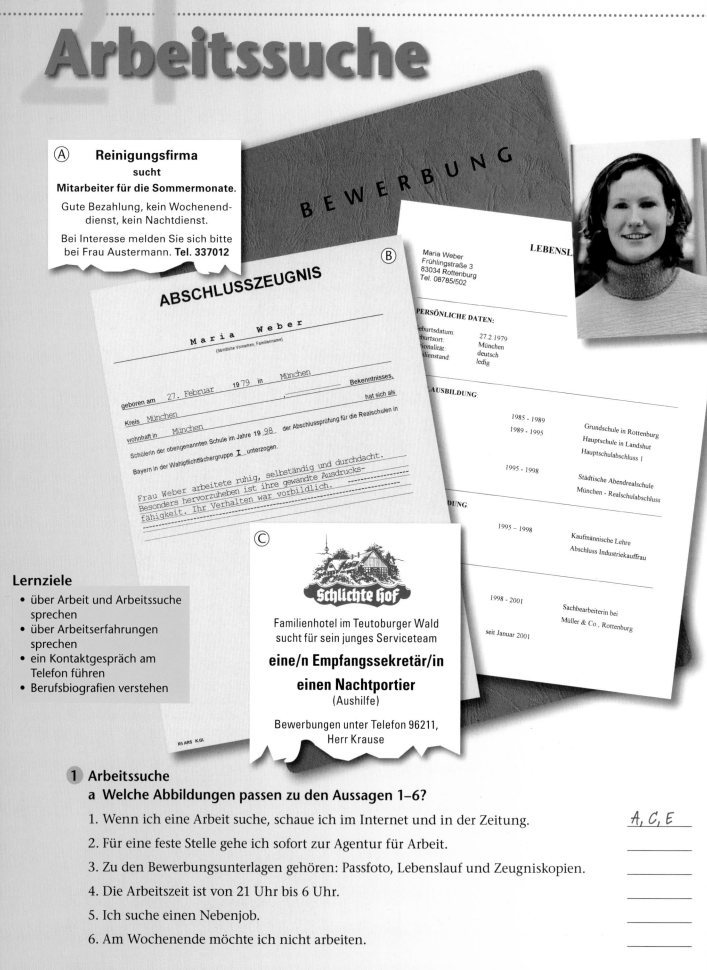

(A) **Reinigungsfirma**
sucht
Mitarbeiter für die Sommermonate.
Gute Bezahlung, kein Wochenend-
dienst, kein Nachtdienst.
Bei Interesse melden Sie sich bitte
bei Frau Austermann. **Tel. 337012**

BEWERBUNG

(B) Maria Weber
Frühlingstraße 3
83034 Rottenburg
Tel. 08785/502

LEBENSL...

PERSÖNLICHE DATEN:

...eburtsdatum: 27.2.1979
...eburtsort: München
...ionalität: deutsch
...lienstand: ledig

...AUSBILDUNG:

1985 - 1989
1989 - 1995 Grundschule in Rottenburg
Hauptschule in Landshut
Hauptschulabschluss I

1995 - 1998 Städtische Abendrealschule
München - Realschulabschluss

...DUNG:

1995 – 1998 Kaufmännische Lehre
Abschluss Industriekauffrau

1998 - 2001 Sachbearbeiterin bei
Müller & Co., Rottenburg

seit Januar 2001

ABSCHLUSSZEUGNIS

Maria Weber
(Sämtliche Vornamen, Familienname)

geboren am 27. Februar 1979 in München Bekenntnisses,
hat sich als

Kreis München
wohnhaft in München

Schülerin der obengenannten Schule im Jahre 19 98 der Abschlussprüfung für die Realschulen in
Bayern in der Wahlpflichtfächergruppe I unterzogen.

Frau Weber arbeitete ruhig, selbständig und durchdacht.
Besonders hervorzuheben ist ihre gewandte Ausdrucks-
fähigkeit. Ihr Verhalten war vorbildlich.

Lernziele

- über Arbeit und Arbeitssuche sprechen
- über Arbeitserfahrungen sprechen
- ein Kontaktgespräch am Telefon führen
- Berufsbiografien verstehen

(C) **Schlichte Hof**

Familienhotel im Teutoburger Wald
sucht für sein junges Serviceteam

eine/n Empfangssekretär/in

einen Nachtportier
(Aushilfe)

Bewerbungen unter Telefon 96211,
Herr Krause

R5 ARS K.GI.

1 Arbeitssuche

a Welche Abbildungen passen zu den Aussagen 1–6?

1. Wenn ich eine Arbeit suche, schaue ich im Internet und in der Zeitung. A, C, E

2. Für eine feste Stelle gehe ich sofort zur Agentur für Arbeit. _____

3. Zu den Bewerbungsunterlagen gehören: Passfoto, Lebenslauf und Zeugniskopien. _____

4. Die Arbeitszeit ist von 21 Uhr bis 6 Uhr. _____

5. Ich suche einen Nebenjob. _____

6. Am Wochenende möchte ich nicht arbeiten. _____

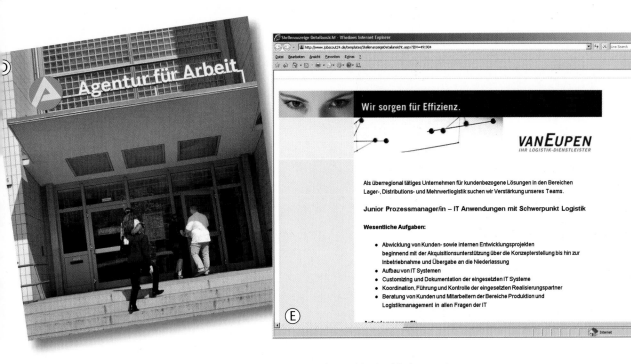

Wir sorgen für Effizienz.

VANEUPEN
IHR LOGISTIK-DIENSTLEISTER

Als überregional tätiges Unternehmen für kundenbezogene Lösungen in den Bereichen Lager-, Distributions- und Mehrwertlogistik suchen wir Verstärkung unseres Teams.

Junior Prozessmanager/in – IT Anwendungen mit Schwerpunkt Logistik

Wesentliche Aufgaben:

- Abwicklung von Kunden- sowie internen Entwicklungsprojekten beginnend mit der Akquisitionsunterstützung über die Konzepterstellung bis hin zur Inbetriebnahme und Übergabe an die Niederlassung
- Aufbau von IT Systemen
- Customizing und Dokumentation der eingesetzten IT Systeme
- Koordination, Führung und Kontrolle der eingesetzten Realisierungspartner
- Beratung von Kunden und Mitarbeitern der Bereiche Produktion und Logistikmanagement in allen Fragen der IT

b Wo und was haben Sie gearbeitet? Sprechen Sie in kleinen Gruppen.

Ich habe mal drei Monate bei einem Taxiunternehmen gearbeitet.

Wo?	Was?
in einer Fabrik/Tankstelle/…	als Putzhilfe, Aushilfe, Küchenhilfe …
im Supermarkt/Restaurant/Hotel/Büro	Kassierer/in, Kellner/in …
auf dem Bau	Lagerarbeiter/in, Ingenieur/in, Techniker/in …
bei einer Firma	Sekretär/in, Buchhalter/in …
in der Schule / im Kindergarten	Lehrer/in, Erzieher/in …

Ich habe	… Jahre in meinem Beruf als … gearbeitet. / Ich war …
	… (ein)mal/Wochen/Monate/Jahre als Aushilfe gearbeitet.
	… schon Zeitungen ausgetragen / Prospekte verteilt …
Ich arbeite	seit …

Welche Arbeit hast du am liebsten gemacht?

Und welche Arbeit würdest du gerne machen?

Was hast du gar nicht gerne gemacht?

2 Bei der Arbeitsagentur

⊙ 2.10 **Lesen Sie die Aufgaben 1–6. Hören Sie zu und kreuzen Sie an: richtig oder falsch?**

Was für eine Stelle sucht Frau Weber?   R   F
1. Sie sucht eine volle Stelle. ☐ ☐
2. Sie möchte vormittags arbeiten. ☐ ☐
3. Sie verdient netto 650 Euro. ☐ ☐

Wo sucht Frau Weber?
4. Sie hat eine Anzeige aufgegeben. ☐ ☐
5. Sie sucht eine Stelle in der Zeitung. ☐ ☐
6. Sie hat eine eigene Website. ☐ ☐

3 Ein Telefongespräch

⊙ 2.11 **a Lesen Sie die Anzeigen. Hören Sie zu. Welche Anzeige passt?**

Ⓐ
Aushilfe für Gartenarbeit (privat) in
Gütersloh-Friedrichsdorf gesucht.
Tel.: 0 52 09-2 46 12

Ⓑ
Serviererin/Kellner
mit guten Deutschkenntnissen für Restaurant
2–3 x wöchentlich von 18–24 Uhr gesucht.
Restaurant *Zum goldenen Huhn.*
Frau Schmitt ☎ 98 6 26 60

Ⓒ
Wir suchen zur Unterstützung
unseres Teams
drei Pflegekräfte ab sofort.
flexible Arbeitszeiten
☎ 87 58 29

Ⓓ
Suche Verkäufer/in für Imbiss
von Mai bis September.
☎ 36 78 12

Ⓔ
Aushilfsfahrer f. Lkw Kl. II
gesucht ☎ 98 27 96

b Hören Sie noch einmal und ergänzen Sie den Text.
Lesen Sie dann zu zweit.

● Gerofil KG, mein Name ist Frauke Eydt, was kann ich für Sie tun?

○ Dölken, guten Tag. Ich rufe wegen Ihrer _____*Anzeige*_____ an.

Ist die _____ noch frei?

● Ja. Können Sie sofort _____?

○ Eigentlich ja. Mich interessiert aber die_____.

Gibt es _____ und muss ich auch am

_____ arbeiten?

● Wir haben sehr _____ Arbeitszeiten,

die wir immer im Team _____.

○ Und wie hoch ist der _____?

● 8 Euro 50. Am Wochenende 9 Euro.

○ Gut, die Stelle interessiert mich.

● Können Sie gleich morgen zu uns kommen? Gegen 16 Uhr?

Arbeitszeit	Stelle
anfangen	besprechen
~~Anzeige~~	Stundenlohn
flexible	Wochenende
Schichtdienst	

c Führen Sie zu zweit Telefongespräche: A sucht eine Arbeit und B ist der/die Arbeitgeber/in.

A Arbeitnehmer	**B** Arbeitgeber
Ich rufe wegen Ihrer Anzeige in der Zeitung an.	
Ist die Stelle noch frei?	Ja, die Stelle ist noch frei.
	Nein, die Stelle ist leider schon besetzt.
Wie ist die Arbeitszeit?	Sie arbeiten von … bis … / … Stunden in der Woche / (nicht) am Wochenende.
Wie viel verdient man (pro Stunde)?	Wir zahlen … die Stunde / pro Stunde.
Muss ich auch am Wochenende arbeiten?	Wir haben Schichtdienst / flexible Arbeitszeiten.
Wann kann ich mich vorstellen?	Haben Sie am … um … Uhr Zeit?
Wann kann ich anfangen?	Sie können sofort / am … anfangen.

4 Arbeitsplätze

a Lesen Sie. Was gefällt den Personen an ihrem Arbeitsplatz und was nicht? Notieren Sie.

Sabine Göde,
22

Ich arbeite seit zwei Jahren in der Stadtverwaltung. Der sichere Job bei der Stadt mit dem guten Gehalt für Berufsanfänger ist gut. Und die jungen Kollegen in meiner Abteilung sind auch sehr nett.

Peter Schnee,
35

Ich bin verheiratet und habe zwei Kinder. Ich finde hier die leichte Arbeit am Schreibtisch gut. Das moderne, helle Büro ist super, aber mit dem schlechten Lohn kann ich meine Familie nicht ernähren.

Ron Waag,
25

Die moderne Technik ist sehr interessant und den jungen Chef und die neuen Kollegen finde ich sympathisch. Mir gefällt das lockere Arbeitsklima. Aber mit der flexiblen und langen Arbeitszeit habe ich Probleme.

S. Göde: der sichere Job

b Adjektive nach *der, das, die* – Markieren Sie in 4a die Artikel und Adjektive vor den Nomen.

c Ergänzen Sie die Endungen in der Tabelle.

Maskulinum	Neutrum	Femininum	Plural
der Job/Chef/Lohn	**das** Büro/Gehalt	**die** Technik/Arbeit	**die** Kollegen/Gehälter
N der sicher___ Job	das hell___ Büro	die modern___ Technik	die jung___ Kollegen
A den jung___ Chef	das moderne Büro	die leicht___ Arbeit	die neu___ Kollegen
D dem schlecht___ Lohn	dem gut___ Gehalt	der schwer___ Arbeit	den guten Gehältern

d Wie gefällt Ihnen …? – Schreiben Sie Sätze mit Adjektiven und sprechen Sie.

Mir gefällt … Für mich ist … (nicht) wichtig. Ich finde … (nicht) gut. Ich mag … … mag ich nicht. Ich arbeite gerne mit …	die Firma • die Tätigkeit • die Arbeitszeit • das Büro • der Kollege • die Kollegin • der Chef • die Chefin • das Team • die Gruppe • das Arbeitsklima • die Bezahlung • die Pause …	alt • jung • nett • freundlich • neu • modern • interessant • flexibel • lang • kurz • gut • schlecht • hell • dunkel • lang • kurz • schön • ruhig • laut • groß • klein • langweilig • schwer • leicht

*Mir gefällt das moderne, ruhige Büro.
Ich finde das kleine Team gut.*

*Was gefällt Ihnen an Ihrem
Arbeitsplatz / im Deutschkurs …*

*Ich mag den netten Kollegen
mit dem freundlichen Lächeln!*

5 Berufsbiografien

a Lesen Sie 1–4 und die Texte A–D. Was gehört zusammen? Ordnen Sie zu.

                                                           Text

1. Ich möchte auch Karriere machen.   ____

2. Ich habe schon bei vielen Firmen gearbeitet.   ____

3. Ich brauche Geld für meinen Sport.   ____

4. Ich arbeite gerne mit vielen Menschen zusammen.   ____

(A)

Ich habe mich vor einem halben Jahr um eine neue Stelle beworben und hatte Glück! Ich bin jetzt fast 30 und war schon lange unzufrieden in meinem Job. Eine kleine Firma, ein kleines Büro, ein relativ schlechtes Gehalt und praktisch keine Karrieremöglichkeit. Dann war ich bei der Agentur für Arbeit und habe dort zwei Stellenangebote bekommen, die interessant waren. Ich habe den Firmen meine Bewerbungsunterlagen geschickt. Eine hat gleich abgesagt, bei der anderen Firma arbeite ich jetzt seit einer Woche. Ich habe genau den Job gefunden, den ich immer gesucht habe!

(B)

Ich bin 46 und habe mich noch nie offiziell um eine Stelle beworben. Ich war auch noch nie bei der Agentur für Arbeit.
Meine Stellen habe ich immer über Kollegen oder Freunde bekommen. Die Stelle, die ich jetzt habe, hat mir ein Freund vermittelt, der auch hier im Freizeitzentrum arbeitet. Ich organisiere die Kurse, die wir anbieten: Krabbelgruppen, Näh- und Kochkurse, Tanzabende für Senioren usw. Eine Rentnerin bietet zum Beispiel einen Kochkurs an, der kostenlos ist. Auch die anderen Kurse sind sehr billig, weil die Stadt uns finanziell unterstützt. Das Freizeitzentrum ist ein Treffpunkt für alle Generationen. Die Arbeit macht mir Spaß!

(C)

Für meinen tabellarischen Lebenslauf brauche ich fast drei Seiten. So oft habe ich die Stelle gewechselt! Na ja, ich bin jetzt 62 und hoffe, dass ich nicht mehr zur Agentur für Arbeit muss. Drei Jahre war ich auch mal ohne Beschäftigung, weil meine Firma Pleite gemacht hat. Das war schrecklich. Jetzt arbeite ich in einem Altenpflegeheim als Hausmeister. Das ist ein guter Job, den ich auch als Rentner noch machen kann.

(D)

Im Moment bin ich noch in der Ausbildung und bekomme BAföG vom Staat. Ich studiere Maschinenbau. Ich habe ein Hobby, das viel Geld kostet: Biken! Als Aushilfe findet man fast immer etwas – auf dem Bau, Lagerarbeiten, in Kneipen jobben, Nachtdienst in der Tankstelle usw. Zurzeit arbeite ich in einer Fahrradwerkstatt, die alles, vom alten Fahrrad bis zum teuren Mountainbike, repariert. Das ist der Job, den ich immer gesucht habe.

b Was steht wo? Notieren Sie.

1. Ich arbeite in einem Seniorenheim.   *C*

2. Meine Arbeit hat mir nicht mehr gefallen.   ____

3. Meine Kollegen haben mir oft geholfen.   ____

4. Ich habe mich bei der Firma beworben.   ____

5. Ich bin Student.   ____

6. Ich muss viel planen.   ____

7. Für mich ist das der ideale Nebenjob.   ____

8. Ich habe schon oft Arbeit gesucht.   ____

6 Etwas genauer sagen – Relativsätze
a Markieren Sie die Verben in den Relativsätzen.

1. Ich habe genau den Job gefunden, _den_ ich immer *gesucht habe*!

2. Ich organisiere die Kurse, _____ *wir dort anbieten.*

3. Eine Rentnerin bietet einen Kochkurs an, _____ *kostenlos ist.*

4. Die Stelle, _____ *ich jetzt habe*, hat mir ein Freund vermittelt.

5. Das ist ein guter Arbeitsplatz, _____ *ich auch als Rentner noch machen kann.*

6. Ich habe ein Hobby, _____ *viel Geld kostet.*

b Suchen Sie die Textstellen in Aufgabe 5 und ergänzen Sie die Relativpronomen in 6a.

c Sehen Sie die Darstellung an. Zeichnen Sie die Bögen in die Sätze von 6a.

Ein Relativsatz gibt mehr Informationen zu einem Nomen.

Maskulinum Sg.   Nominativ
Das ist **der Job**, **der** heute in der Zeitung steht.

Femininum Sg.   Akkusativ
Das ist **eine Arbeit**, **die** ich gern mache.

Relativpronomen

	m	n	f	Pl.
N	der	das	die	die
A	den	das	die	die

d Ergänzen Sie die Sätze.

1. Ich möchte einen Arbeitsplatz haben, _____ (N) mir Spaß macht.
2. Das hohe Gehalt, _____ (A) ich in meinem letzten Job hatte, bekomme ich nie wieder.
3. Frau Simm arbeitet in einer kleinen Firma, _____ (N) nicht weit von ihrer Wohnung entfernt ist.
4. Herr Bartels hat einen Sohn, _____ (A) er vor der Arbeit in den Kindergarten bringen muss.
5. Maria hat ein Hobby, _____ (N) sehr teuer ist.
6. Ich habe alle Bewerbungsmappen, _____ (A) ich weggeschickt habe, zurückbekommen.
7. Robert Feld hat 22 Jahre bei Opel gearbeitet. Das sind Jahre, _____ (A) er nicht vergessen möchte.
8. Susanne Thiel sucht einen Job, _____ (A) sie auch als Rentnerin noch machen kann.

7 Aussprache: Viele Konsonanten
2.12 **a Hören Sie und sprechen Sie leise mit.**

die Arbeit	der Platz	der Arbeitsplatz
der Aufstieg	die Möglichkeiten	die Aufstiegsmöglichkeiten
das Gehalt	die Erhöhung	die Gehaltserhöhung
der Beruf	der Wunsch	der Berufswunsch

b Üben Sie zu zweit. Sprechen Sie langsam und genau. Hören Sie zur Kontrolle.

8 Ein ungewöhnlicher Beruf

⊚ 2.13 **a Sehen Sie das Bild an und hören Sie dann Teil 1 vom Interview. Was ist richtig: a, b oder c? Kreuzen Sie an.**

Bildbeschriftungen: das Feuer · retten · das Feuerwehrauto · löschen · die Sanitäterin · versorgen · der Feuerwehrmann

1. Die Feuerwehr-Olympiade ist ...
   a ein Intelligenztest.
   b ein Sportfest.
   c ein sportlicher Test.

2. Der Einstellungstest ...
   a ist nur schriftlich.
   b ist schriftlich und mündlich.
   c dauert neun Monate.

3. Zur Ausbildung gehört ...
   a ein Rettungskurs.
   b ein Informatikkurs.
   c ein Sprachkurs.

4. Bewerben können sich ...
   a nur deutsche Staatsbürger.
   b über 18-jährige aus der EU mit Berufsausbildung.
   c nur Handwerker.

⊚ 2.14 **b Hören Sie Teil 2. Was ist richtig: a, b oder c? Kreuzen Sie an.**

1. Die Arbeitszeit ist ...
   a täglich acht Stunden.
   b ein 24-Stunden-Dienst.
   c täglich bis 17 Uhr.

2. Das Gehalt ist ...
   a 3500 € im Monat.
   b 17000 € im Jahr.
   c ungefähr 1800 € im Monat.

3. Für diesen Beruf ...
   a bewerben sich wenige Leute.
   b bewerben sich viele Leute.
   c bewerben sich nur Männer.

4. In der Freizeit ...
   a spielt er nur mit den Kindern.
   b hat er die Kinder und Hobbys.
   c arbeitet er als Handwerker.

c Hören Sie beide Teile des Interviews noch einmal. Schreiben Sie die Sätze.

1. Herr Rasenberger arbeitet bei ...
2. Früher war er ... und dann hat er sich für die Stelle beworben, weil ...
3. Der Einstellungstest ist ... Danach gibt es eine Ausbildung in ...
4. Sie dauert ... Danach ...
5. Sein Dienst dauert ..., danach hat er ... frei.
6. Ein dreißigjähriger Feuerwehrmann verdient ...
7. In seiner Freizeit ...

> *1. Herr Rasenberger arbeitet bei der Feuerwehr.*

d Mein Traumberuf – Was wollten Sie als Kind werden?

9 Das halbe Leben?

a Lesen Sie den Text und die Aussagen 1–6. Kreuzen Sie an: richtig oder falsch?

Arbeit ist das halbe Leben?

Oh ja! – Aber eben nur das halbe. Für mich ist die andere Hälfte genauso wichtig und die spielt sich in der Freizeit ab. Ich arbeite viel und bin beruflich oft unterwegs, deshalb brauche ich auch Zeit für die Familie und für meine Freunde.

Ich brauche Zeit für Kultur oder Fortbildung und ich will Zeit haben für soziales Engagement, Mitarbeit in einem Verein oder einer Initiative.

Und dann ist da natürlich noch der ganz normale Alltag: einkaufen, putzen und Wäsche waschen, Reparaturen, Arztbesuche, der private Bürokram, mit den Kindern spielen, Probleme in der Familie diskutieren usw.

Und manchmal will ich einfach nichts tun: ausruhen, lesen, reden, spazieren gehen, lieben oder über das Leben nachdenken.

Ganz schön viel für eine Hälfte!

	R	F
1. Wir müssen wieder mehr arbeiten.	☐	☒
2. Arbeit ist wichtig, aber nicht allein.	☐	☐
3. Man muss auch genug Zeit für andere Aktivitäten haben.	☐	☐
4. Man muss immer aktiv sein.	☐	☐
5. In der „Freizeit" muss man auch viele Dinge erledigen.	☐	☐
6. Ich habe nicht genug Zeit für meine Freunde und Familie.	☐	☐

b „Arbeit ist das halbe Leben." – Wie ist das für Sie? Diskutieren Sie im Kurs.

Mein Problem ist, dass ich keine Arbeit habe.

Ich habe einen Job, der ...

Wenn man Arbeit hat, dann hat man keine Zeit und wenn man Zeit hat ...

Meine Mutter ist schon alt, ich brauche viel Zeit für ...

Ich spiele aktiv Badminton in einem Verein. Da ...

Wir haben drei kleine Kinder, die viel Zeit brauchen ...

Auf einen Blick

1 Fragen und Antworten zum Arbeitsplatz

Arbeitnehmer	Arbeitgeber
Ich rufe wegen Ihrer Anzeige in der Zeitung an. Ist die Stelle noch frei?	Ja, die Stelle ist noch frei. Nein, die Stelle ist leider schon besetzt.
Wie ist die Arbeitszeit?	Sie arbeiten von … bis … / … Stunden in der Woche / (nicht) am Wochenende.
Was verdient man (pro Stunde)? Wie hoch ist der Stundenlohn?	Wir zahlen … die Stunde.
Muss ich auch am Wochenende arbeiten?	Wir haben Schichtdienst / flexible Arbeitszeiten.
Wann kann ich mich vorstellen?	Haben Sie am … um … Uhr Zeit?
Wann kann ich anfangen?	Sie können sofort / am … anfangen.

2 Die Bewerbungsunterlagen

Zu den Bewerbungsunterlagen gehören immer:

- Anschreiben mit Unterschrift
- Schulabschlusszeugnis(se) (Kopie)
- Arbeitszeugnisse (Kopie)
- tabellarischer Lebenslauf mit Datum und Unterschrift
- aktuelles Passfoto (Rückseite mit Name und Datum)

TIPP
- Bewerbungsmappen gibt es in vielen Geschäften.
- Die Bewerbungsunterlagen immer korrigieren lassen.
- Das Anschreiben für jede Bewerbung neu machen und auf die Stellenanzeige eingehen.
- Die eigenen Stärken betonen: Was kann ich besonders gut? Warum braucht die Firma mich?
- Machen Sie von Ihrer Bewerbung eine Kopie. Dann wissen Sie, was Sie geschrieben haben, wenn Sie zu einem Vorstellungsgespräch eingeladen werden.

www   Suchwörter: Bewerbungsmappe Tipps, Bewerbungsunterlagen

---

3 Wo haben Sie gearbeitet? Was haben Sie gearbeitet?

Ich habe in einer Fabrik gearbeitet.	Ich war Aushilfe in der Verpackungsabteilung.
Ich habe Berufserfahrung auf dem Bau.	Ich habe drei Jahre als Elektriker gearbeitet.
Ich habe drei Jahre im Büro gearbeitet.	Ich war Sekretärin/Sachbearbeiterin …
Ich bin ausgebildete Erzieherin.	Zu Hause habe ich in einem Kindergarten gearbeitet.
Ich habe eine Lehrerausbildung.	Ich war zehn Jahre lang Mathematiklehrerin in den Klassen 6 bis 10.
Ich habe fünf Semester Maschinenbau studiert.	In dieser Zeit habe ich in einem Ingenieurbüro gejobbt.
Ich habe ein abgeschlossenes Biologiestudium.	Danach habe ich in einer Firma gearbeitet.

Im Alltag
EXTRA
▶ S. 260

Grammatik

1 Adjektive vor dem Nomen und nach: *der, das, die …*

N	Das ist	**der** neue Arbeitsplatz / **das** neue Büro / **die** neue Chefin.
A	Ich mag	**den** neuen Arbeitsplatz / **das** neue Büro / **die** neue Chefin.
D	Mir gefällt die Arbeit mit	**dem** neuen Kollegen / **der** neuen Kollegin / **dem** guten Gehalt.

	Maskulinum	Neutrum	Femininum	Plural
N	**der** neue Arbeitsplatz	**das** neue Büro	**die** neue Chefin	**die** neuen Arbeitsplätze
A	**den** neuen Arbeitsplatz	**das** neue Büro	**die** neue Chefin	**die** neuen Arbeitsplätze
D	**dem** neuen Arbeitsplatz	**dem** neuen Büro	**der** neuen Chefin	**den** neuen Arbeitsplätzen

⚠ hoch – das hohe Gehalt • teuer – der teure Computer • dunkel – das dunkle Büro

2 Nebensätze: Relativsatz
Gebrauch und Struktur

Wir bieten **einen Kurs** an. **?** **Einen Kurs**, der kostenlos ist.
Einen Kurs, den nur Männer besuchen.

Ein Relativsatz gibt mehr Informationen zu dem Nomen im Hauptsatz.

Hauptsatz	Relativsatz (Nebensatz) Relativpronomen		Verb
Ich organisiere die Kurse,	**die**	wir im Freizeitzentrum	anbieten.
Das ist ein Arbeitsplatz,	**den**	ich auch als Rentner	machen kann.

Bei Relativsätzen steht das konjugierte Verb immer am Ende.

Relativpronomen: Nominativ und Akkusativ

	Maskulinum	Neutrum	Femininum	Plural
N	der	das	die	die
A	den	das	die	die

Sie bietet einen **Kurs** an, **der** kostenlos ist.

Sie bietet einen **Kurs** an, **den** nur Männer besuchen.

Sie bietet einen Kurs an, **der** kostenlos ist. (N)

Sie bietet einen Kurs an, **den** nur Männer besuchen. (A)

Das **Genus** (*der, das, die*) vom Relativpronomen richtet sich nach dem Bezugswort im Hauptsatz.

Der **Kasus** (N, A, D) richtet sich nach dem Verb im Nebensatz.

Aussprache

Viele Konsonanten sprechen

Komposita haben häufig viele Konsonanten. Sie müssen jeden Laut sprechen.
Sprechen Sie die Wörter zuerst langsam und sehr klar, dann etwas schneller, dann normal.

der Ar-beits-platz   der Arbeits-platz   der Arbeitsplatz
der Be-rufs-wunsch   der Berufs-wunsch   der Berufswunsch

① Leipzig, die Stadt der friedlichen Revolution

Zehntausende Menschen gingen im Herbst 1989 nach den traditionellen Montagsgebeten in der Nicolaikirche zum öffentlichen Protest auf die Straße.

Die aufregenden Bilder von den „Montagsdemos" gingen um die ganze Welt: Die Menschen riefen „Wir sind das Volk." und forderten demokratische Rechte. Mit ihrer Kritik an den undemokratischen Verhältnissen in der DDR hatten sie großen Anteil an der Wiedervereinigung Deutschlands im Jahr 1990.

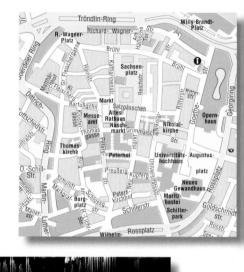

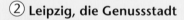

② Leipzig, die Genussstadt

Melitta® Seit über dreihundert Jahren gibt es in Leipzig das erste Kaffeehaus Sachsens. Es heißt „Zum Coffe Baum" und wurde im Jahr 1694 eröffnet. Die erste Filtertüte der Welt kommt aber aus Dresden! Frau Melitta Benz hat sie Anfang des 20. Jahrhunderts erfunden. In Leipzig steht auch eines der bekanntesten Gasthäuser Deutschlands: *Auerbachs Keller*. Er ist weltbekannt, weil hier eine Szene des berühmtesten deutschen Theaterstücks – Goethes „Faust" – spielt.

❶ Leipzig: ein Porträt

a Viele Städte in einer – Lesen Sie 1–5 und ordnen Sie die Texte den Fotos zu.

Bild	A	B	C	D	E
Text	____	____	____	____	____

⊙ 2.15 **b Hören Sie zu. Zu welchen Bildern passen die Aussagen?**

Bild	A	B	C	D	E
Aussage	____	____	____	____	____

③ Leipzig, die „Buchstadt"

Die Leipziger Buchmesse ist eine der ältesten auf der Welt. Vor 1945 hatte die Stadt die meisten Verlage Deutschlands.

Der Börsenverein der deutschen Buchhändler wurde 1825 in Leipzig gegründet. Seit 1917 sammelt die Deutsche Bücherei alle deutschsprachigen Veröffentlichungen und hat zurzeit etwa 5,5 Millionen Bücher.

④ Leipzig, die Kulturstadt

Das *Gewandhausorchester* ist seit 250 Jahren weltberühmt. Den Thomanerchor gibt es seit 800 Jahren. Der berühmte Komponist Johann Sebastian Bach lebte und arbeitete hier von 1723 bis 1750.

Seit fast zwanzig Jahren gibt es einen neuen Beitrag zur Kulturstadt Leipzig: die Malerei. Die sogenannte „Neue Leipziger Schule" um den Maler Neo Rauch und die Galerie *Eigen + Art* hat weltweit großes Aufsehen erregt.

⑤ Leipzig, die Messestadt

Durch seine günstige geografische Lage war Leipzig schon lange ein wichtiges Handelszentrum. Seit dem Mittelalter gibt es Messen in Leipzig. Und die berühmte „Leipziger Messe" ist heute über 500 Jahre alt.

Jährlich kommen Hunderttausende zum neuen Messegelände am Stadtrand und in die Messehäuser im Stadtzentrum. Im Laufe der Zeit hat sich die „Leipziger Messe" gewandelt: Früher wurden in erster Linie Konsumgüter, also Waren ausgestellt. Dann wurde sie zur ersten Mustermesse der Welt.

Projekt: Deutsche Städte

a Sammeln Sie Informationen zum Thema.

Was ist interessant in Ihrer Stadt / einer anderen Stadt in Deutschland?
Essen/Trinken • Kultur • Natur/Umgebung • Politik/Geschichte …

b Machen Sie in Gruppen Wandzeitungen oder kleine „Touristeninformationen".

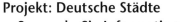

2 Leute

a Wählen Sie eine Person aus und erfinden Sie ihre Biografie. Arbeiten Sie zu dritt.

- Name, Alter, Schulbildung, Beruf
- Hobbys, Interessen
- verheiratet, ledig, geschieden
- Familie, Kinder
- Geschmack (Kleidung, Essen, Musik …)
- Eigenschaften (in/tolerant, un/kritisch, un/sympathisch …)
- ein wichtiges Ereignis in seinem/ihrem Leben
- Zukunftspläne

b Schreiben Sie die „Biografie" auf ein Plakat. Die anderen müssen raten, welche Person das ist.

Effektiv lernen

Deutsch im Alltag – ein Fragebogen
Beantworten Sie die Fragen und vergleichen
Sie dann im Kurs. Überlegen Sie:

Wer hat wie gelernt?
Wer kann was besser machen?
Wer kann wem helfen?

1. Wie viel Zeit (in Minuten) haben Sie in der
   letzten Woche außerhalb des Kurses ...

   – Deutsch gesprochen?   _____ Minuten

   – Deutsch gehört?   _____ Minuten

   – Deutsch gelesen?   _____ Minuten

   – Deutsch geschrieben?   _____ Minuten

2. Mit wem außerhalb des Kurses haben Sie Deutsch gesprochen?

   – Mit anderen Lernenden.   ☐

   – Mit anderen Personen.   ☐ In welchen Situationen? _____

   _____

   _____

3. Waren die Gespräche „erfolgreich"? ☐ ja   ☐ nein

   Wenn es Probleme gab: Welche?

   _____

   _____

4. Was haben Sie auf Deutsch gelesen? Wie war es (leicht/schwer, interessant/langweilig ...)?

   _____

   _____

5. Haben Sie etwas auf Deutsch geschrieben? Was? Wie war es?

   _____

   _____

6. Notieren Sie zehn Wörter, die Sie außerhalb des Unterrichts neu gelernt haben.

   _____

   _____

   Wo haben Sie sie gelernt?   _____

7. Welche Fortschritte haben Sie in der letzten Woche in Deutsch gemacht? Markieren Sie bitte
   (10 = große Fortschritte, 1 = fast keinen Fortschritt).

   10   9   8   7   6   5   4   3   2   1

8. Was möchten Sie in der nächsten Woche besonders üben (Lesen, Hören, Grammatik ...)?
   Wie wollen Sie das machen?

Raststätte

Video

Teil 1
Freizeitaktivitäten

a Welche Sportart macht Dezsö jeden Samstagnachmittag?

b Welche Aussage ist richtig? Vergleichen Sie mit dem Video.

1. Dezsö erzählt, …
- [a] dass er in einem Verein Fußball spielt.
- [b] dass er nicht so gut Deutsch spricht.
- [c] dass er Freizeit-Kicker ist.

2. Wo kann man am besten Leute kennenlernen?
- [a] Im Biergarten.
- [b] Beim Sport.
- [c] Im Deutschkurs.

Teil 2
Die Bewerbungsmappe

Welche Unterlagen gehören in eine Bewerbungsmappe?

Das Vorstellungsgespräch

a Ruth gibt Gasan wichtige Tipps. Welche? Markieren Sie.

1. Beim Begrüßen ist Augenkontakt wichtig!
2. Sag, dass du einen Kaffee möchtest.
3. Geh rein und warte erst mal, bis man dir einen Platz anbietet.
4. Frag zuerst nach den Fahrtkosten.
5. Teamerfahrung ist wichtig! Sag einfach, du spielst Fußball.
6. Sei ruhig selbstbewusst, aber bleib immer höflich!
7. Geh rein und setz dich gleich hin.

b Ordnen Sie die Tipps in die richtige Reihenfolge.

Geh rein und …

Was kann ich schon?

Machen Sie die Aufgaben 1–6 und kontrollieren Sie im Kurs.

1. Über Freizeit sprechen – Wählen Sie ein Thema und schreiben Sie drei Sätze.

   Freizeit/Sport • Geld • Verein • Freunde • Familie • Hobby

2. Beschreiben Sie Ihren besten Freund / Ihre beste Freundin.

   Aussehen • Alter • Wohnen • Familie • Beruf

3. Sie möchten Informationen über eine neue Arbeitsstelle haben. Fragen Sie:

   Arbeitszeit • Gehalt • Termin für ein Gespräch

4. Welche Informationen gehören in einen tabellarischen Lebenslauf?

   Schulabschluss ...

5. Komplimente machen

   – Ihre Lehrerin war im Urlaub.
   – Ihr Partner / Ihre Partnerin trägt ein neues Kleidungsstück.

6. Sie planen ein Picknick mit Freunden. Was fragen Sie?

   Ort • Zeit • Personen • Essen und Trinken

Mein Ergebnis finde ich: ☺ ☹ ☹

Ich über mich

Das mache ich gerne. Schreiben Sie Ihren Text.

Ich mache gerne Sport! Ich sitze den ganzen Tag im Büro und muss mich bewegen. Am Dienstag und Donnerstag treffen wir uns nach der Arbeit zum Volleyball. Im Sommer spielen wir im Park, im Winter in einer Turnhalle. Wir sind kein Verein, wir machen Freizeit-Sport.
Vor drei Jahren hat mich eine Kollegin mitgenommen. Seitdem komme ich regelmäßig. Und ich habe viele nette Leute kennengelernt. Einige sind heute richtig gute Freunde. Wir machen oft etwas zusammen: Wir gehen ins Kino, ins Konzert oder kochen auch zusammen.

Ich bin 48, ledig und arbeite halbtags in einem Supermarkt. Ich verdiene nicht viel, aber es reicht. Und ich habe Zeit. Früher konnte ich nichts damit anfangen. Aber seit einem Jahr arbeite ich am Nachmittag in einem Hort. Wir spielen zusammen, wir arbeiten im Garten oder ich helfe den größeren Kindern bei den Hausaufgaben. Mein Leben ist jetzt irgendwie sinnvoller. Ich habe selbst keine Kinder, aber von Montag bis Freitag eine große bunte Familie.

Alltag und Medien

Lernziele

• über Medien sprechen
• eine Statistik verstehen
• über Fernsehgewohnheiten
  sprechen
• Argumentieren
• Texte über Medien verstehen

1 Bilder und Wörter

a Ordnen Sie die Wörter und Ausdrücke den Bildern zu. Kennen Sie noch andere Wörter?

der Anhang • der Blog • das Buch • der Chat • die E-Mail • der Fernseher • die Festplatte •
der Film • das Handy • das Internet • der MP3-Player • das Radio • die Sendung • die SMS •
das Telefon • der USB-Stick • die Zeitung • die Zeitschrift ...

abschicken • anrufen • anschalten • ausschalten • empfangen • fernsehen • googeln • herunterladen • hören • mailen • online sein • skypen • telefonieren • twittern • umschalten • zappen •
ziehen (auf) ...

Ruf mich bitte zurück. • Ich ruf dich später noch mal an. • Es war immer besetzt. • Sprich mir auf den
Anrufbeantworter / die Mailbox. • Ich schreibe dir eine SMS. • Ich habe dir eine Mail geschickt. •
Ich komme zurzeit nicht ins Netz. • Hast du schon den neuen Blog gelesen? • Kannst du mir den
Anhang herunterladen? • Ich ziehe mir die Musik auf den MP3-Player. ...

> Bild 1: das Radio, anschalten, hören

.16–18 **b** Sie hören drei Alltagsbeschreibungen. Welche passt zu den Bildern?

c Hören Sie noch einmal. Welche Medien benutzen die beiden anderen Personen?

> Mädchen: Radio ...

d Welche Medien benutzen Sie im Alltag? Schreiben Sie und erzählen Sie im Kurs.

Morgens um sechs klingelt mein Radiowecker. Ich wache gern mit Musik auf.
Wenn ich ins Bad gehe, ...
Beim Frühstücken lese/höre/sehe ich ...
Auf dem Weg zur Arbeit habe ich immer meinen MP3-Player dabei.
Bei der Arbeit ... / Nach der Arbeit ...
Am Wochenende ...
...

2 Die Deutschen und die Medien
Lesen Sie die Statistik und ergänzen Sie die Sätze.

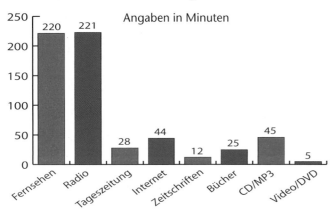

Angaben in Minuten

Fernsehen 220, Radio 221, Tageszeitung 28, Internet 44, Zeitschriften 12, Bücher 25, CD/MP3 45, Video/DVD 5

Quelle: ARD/ZDF-Langzeitstudie Massenkommunikation (Stand 05)

1. Am meisten benutzen die Deutschen …
2. Die Deutschen sitzen jeden Tag …
3. Im Internet …

4. Video sehen sie …
5. Ein Buch lesen sie laut Statistik …
6. Zeitschriften lesen sie nur …

3 Statistik
a Welche Medien benutzen Sie? Schreiben Sie die Minuten pro Tag in die Tabelle.

	bei der Arbeit	zu Hause
Buch		
CDs/MP3		
Computer		
Internet		
Fernsehen		
Handy/Telefon		
Radio		
Video/DVD		
Zeitschrift/Zeitung		
Papier/Stift		

b Lesen Sie die Dialoge und sprechen Sie im Kurs.

Dialog 1
● Hörst du jeden Tag Radio?↗
○ Klar.↘
● Wann?↗
○ Morgens beim Frühstück.↘
● Und warum?↗
○ Ich höre Nachrichten und Musik.↘

Dialog 2
● Wie viel Zeit sitzt du am Computer?↗
○ Vielleicht zwei, drei Stunden am Tag.↘
● Bei der Arbeit oder privat?↘
○ Bei der Arbeit brauche ich keinen.↘ Aber privat bin ich lange im Internet.↘ Ich schreibe E-Mails oder ich skype mit Freunden in den USA.↘

c Machen Sie eine Kursstatistik.

4 Das neue Handy

2.19 **a Hören und lesen Sie Teil 1. Was kann das Handy?**

● Welches Handy findest du <u>bes</u>ser:↘ <u>dies</u>es oder <u>das</u> da?↘
○ <u>Dies</u>es ist viel besser:↘ <u>Touch</u>screen, großes <u>Dis</u>play und ein super MP<u>3</u>-Player.↘
● <u>Schön</u>, aber viel zu <u>teu</u>er!↘
○ Welchen <u>Ta</u>rif hast du eigentlich?↗
● Ähm, <u>Ta</u>rif?↗ Was <u>meinst</u> du?↗
○ Was <u>kos</u>tet dein Handy im Monat?↗ Welchen Ver<u>trag</u> hast du?↗ Bei welchem <u>An</u>bieter bist du?↗
● Tja, also, ich <u>ha</u>be noch kein Handy …↘
○ Ich <u>glaub's</u> nicht!↘ Dann fangen wir noch mal von <u>vor</u>ne an.↘ Fotogra<u>fierst</u> du viel?↗ Dann ist die <u>Frage</u>: Welche <u>Ka</u>mera hat das Handy?↘ Hörst du viel Mu<u>sik</u>?↗ Dann ist die <u>Frage</u>: Welchen MP<u>3</u>-Player hat das Handy?↘ Schickst du <u>Mails</u>?↗ Dann …
● Ich möchte einfach nur tele<u>fo</u>nieren.↘
○ Sag mal, in welcher Zeit <u>lebst</u> du eigentlich?↗

2.20 **b Hören Sie Teil 2. Was ist richtig? Kreuzen Sie an: a, b oder c.**

1. Der Tarif …

a ist die Gebühr für das Telefonieren.
b ist ein besonders günstiger Handy-Anbieter.
c ist ein Vertrag für zwei Jahre.

2. Eine Flatrate …

a bekommt man am Kiosk oder bei der Post.
b bedeutet: Man zahlt jeden Monat das Gleiche.
c ist ein Programm zum Fotografieren.

3. Prepaid bedeutet, …

a dass man mit dem Handy auch Musik hören kann.
b dass man keinen Handy-Anbieter braucht.
c dass man ohne Vertrag ein Guthaben fürs Handy kauft.

c Ergänzen Sie die Sätze wie im Beispiel.

1. ● W*elcher* Tarif ist günstig?　　○ D*ieser*＿＿ ist der billigste!
2. ● W＿＿＿＿ Flatrate kostet am wenigsten?　　○ D＿＿＿＿! Nur 49 Euro.
3. ● W＿＿＿＿ Anbieter hat Tarife für Studenten?　　○ Ich glaube, d＿＿＿＿.
4. ● W＿＿＿＿ Handy hat Internet?　　○ D＿＿＿＿.
5. ● W＿＿＿＿ Kamera macht gute Bilder?　　○ D＿＿＿＿ hier.

der MP3-Player
Welcher? – Dieser.

das Handy
Welches? – Dieses.

die Kamera
Welche? – Diese.

5 Aussprache: Rückfragen

2.21 **a Hören Sie den Dialog. Was ist das Problem?**

b Fragen und Antworten – Ordnen Sie zu und hören Sie zur Kontrolle noch einmal.

1. <u>Wer</u> spricht da bitte?↗　　＿＿ a) Eine Fernsehzeitschrift.

2. <u>Was</u> möchten Sie verkaufen?↗　　＿＿ b) In einer halben Stunde.

3. <u>Was</u> möchten Sie wissen?↗　　＿＿ c) Ich bin im Stau.

4. <u>Wie</u> bitte?↗　　＿＿ d) Peter Brinkmann.

5. <u>Wann</u> wollen Sie zurückrufen?↗　　＿＿ e) Haben Sie schon eine Fernsehzeitschrift?

6. <u>Wo</u> sind Sie jetzt?↗　　＿＿ f) Die Verbindung ist schlecht.

6 Fernsehgewohnheiten

Wählen Sie drei Fragen aus. Machen Sie Interviews und berichten Sie im Kurs.

1. Wann siehst du meistens fern?
2. Welche Fernsehsender siehst du häufig?
3. Welche Programme siehst du gern?
4. Welche Sendungen magst du nicht? Warum?
5. Hast du schon Fernsehprogramme auf Deutsch gesehen? Welche?
6. Es ist Samstag, 20 Uhr, dein Fernseher ist plötzlich kaputt. Was machst du?

> Magdalena hat gesagt, dass sie meistens abends fernsieht.

> Sie sieht meistens TVE, weil das auf Spanisch ist. Sie hat aber auch ...

7 Nachrichten und Informationen

a Welches Stichwort passt zu A–D?

Verkehrsmeldung   Wetterbericht   Politik   Sport

A

B

C

D

⊙ 2.22   **b Sie hören vier Aussagen. Ordnen Sie sie den Bildern zu.**

A

B

C

D

c Hören Sie noch einmal. Kreuzen Sie an: richtig oder falsch?

	R	F
1. Ich spiele jeden Samstagabend mit Freunden Fußball.	☐	☐
2. Ich sehe gern Fußball zusammen mit Freunden.	☐	☐
3. Ich lese jeden Tag die regionalen Nachrichten.	☐	☐
4. Ich lese täglich die Zeitung von vorne bis hinten.	☐	☐
5. Ich schreibe E-Mails mit dem Handy.	☐	☐
6. Mein Handy benutze ich für alle möglichen Informationen.	☐	☐
7. Man braucht immer noch Fernsehen und Radio.	☐	☐
8. Ich bekomme alle Informationen aus dem Internet.	☐	☐

d Wie informieren Sie sich? Sprechen Sie im Kurs.

> Ich sehe jeden Abend die Nachrichten im Fernsehen, weil ...

> Ich bin immer online, weil ...

> Wenn ich mit dem Auto unterwegs bin, dann ...

8 Pro und Contra

a Lesen Sie die Thesen.
Welche finden Sie wichtig? Welche nicht?

Neun Thesen

1. Jeder Bürger muss einen kostenlosen Internetanschluss haben.
2. Ein fernsehloser Tag pro Monat ist wichtig für die Familien.
3. Der Computerunterricht muss schon im Kindergarten beginnen.
4. Mit zehn Jahren braucht jedes Kind ein Handy.
5. Täglich fünf Stunden am Computer sitzen macht die Kinder krank.
6. Die Rechnungen vom Online-Shopping sind für viele nicht mehr kontrollierbar.
7. Online-Shopping ist praktisch und spart Zeit und Geld.
8. You Tube, My Video usw. machen die Privatsphäre der Menschen kaputt.
9. You Tube, My Video usw. bringen die Menschen in Kontakt.

b Wählen Sie drei Thesen aus und notieren Sie Ihre Meinung. Begründen Sie Ihre Meinung.

☺	Ich finde/meine, dass …, weil …	☹	Ich finde nicht, dass …, weil …
☺	Es ist doch klar, dass …	☹	Das glaube ich nicht. Ich …
☺☹	Das stimmt! Aber …	☹☹	Das ist Unsinn. Ich glaube, dass …
☺☺	Das ist eine ganz gute / gute/super Idee.	☺	Man muss doch nicht …

Argumente
– Das Internet ist Privatsache.
– Damit kommen alle an wichtige Informationen.
– Ich will selbst bestimmen, wann ich fernsehe.
– Man kann die Leute dann immer erreichen.
– Das ist viel zu teuer.
– Die Kinder können damit gar nicht umgehen.

– Man kann doch nicht alles verbieten.
– Dann haben alle mal Zeit für die Familie.
– Es gibt auch viele interessante Sendungen.
– Aber nur, wenn man selbst mitmacht.
– Kinder sollen draußen spielen.
– …

Ich finde, das ist eine gute Idee, weil damit alle an wichtige Informationen kommen.

Ich finde, dass das Internet Privatsache ist.

Man muss doch nicht alles regeln.

c Fragen Sie im Kurs. Suchen Sie Kollegen/Kolleginnen, die die gleiche Meinung vertreten.

Projekt: Medien und Sprachenlernen

Welche Möglichkeiten zum Sprachenlernen gibt es in den Medien?

– Wie können Zeitungen/Radio/Fernsehen/Internet/Video … beim Lernen helfen?
– Welche Medien gibt es in Ihrem Sprachinstitut?
– Wo findet man Sprachlernprogramme? Was gibt es im Internet dazu?

9 Thema „Fernsehen"

a Lesen Sie die Textabschnitte schnell. Welche Überschrift passt zum ganzen Text?

> **Leben ohne Fernsehen? Undenkbar!**

> **Die Geschichte des Fernsehens in Deutschland**

> **Fernsehkonsum macht Jugendliche krank**

b Lesen Sie die Textabschnitte und bringen Sie sie in eine logische Reihenfolge.

1 ☐

1952 wurde vom Nordwestdeutschen Rundfunk täglich ein dreistündiges Programm gesendet. Eine Stunde am Nachmittag für Kinder und Jugendliche und zwei Stunden am Abend. Aber fast niemand hatte ein eigenes Gerät, weil Fernsehapparate für Normalbürger noch nicht bezahlbar waren. „Fernsehen" konnte man in Gaststätten, Turnhallen, Gemeindesälen oder im Freien. Zwei Programmhöhepunkte gab es damals: 1953 die Krönung der britischen Königin Elisabeth II – übrigens die erste Sendung der

Eurovision – und 1954 das Endspiel der Fußballweltmeisterschaft, das Deutschland gewonnen hat. Fernsehen wurde danach populär. 1957 gab es schon über eine Million Fernsehapparate und 1960 schon 3 Millionen. Ein Gerät kostete damals ungefähr 400 Euro und die „Rundfunkgebühren" gerade mal 2 1/2 Euro. Seit 1963 gibt es auch ein 2. Programm (ZDF) und bis 1964 stieg die Zahl der Fernsehempfänger auf zehn Millionen. Ab 1967 wurden die Bilder dann farbig. Die Farbfernseher kamen auf den Markt.

2 ☐

Das Fernsehen hat unser Leben verändert. Heute sitzen die Deutschen im Durchschnitt fast vier Stunden vor der „Flimmerkiste". Sie können aus mehr als 30 Programmen auswählen, rund um die Uhr. Wie hat das eigentlich alles angefangen? Im März 1935 wurde in Deutschland, als erstem Land der Welt, ein regelmäßiges Fernsehprogramm ausgestrahlt. Jeden Montag, Mittwoch und Samstag gab es

zwei Stunden Programm: Wochenschauen, Nachrichten und Unterhaltung. Aber zum „Fernsehen" musste man in eine „Fernsehstube" gehen. Die erste Fernsehstube wurde in Berlin eingerichtet. Bis zu 100 Zuschauer hatten Platz und der Eintritt war frei. 1936 wurde zum ersten Mal „live" gesendet. 150 000 Zuschauer erlebten die Olympischen Spiele in 28 Berliner Fernsehstuben. Private Fernsehgeräte hatten damals nur 50 Haushalte.

3 ☐

In den neuen Bundesländern, der ehemaligen DDR, startete das Fernsehen offiziell erst 1956. Die Programme wurden staatlich kontrolliert und zensiert. Darum schauten viele Leute meistens „Westfernsehen", was der Regierung zwar nicht gefiel, was sie aber nicht verhindern konnte.

In den 80er Jahren kamen private Fernsehanbieter auf den Markt, die ihre Programme ausschließlich aus Werbung finanzieren. Über Satellit oder Kabel können heute auch viele ausländische Programme empfangen werden.

Wurde früher der Tagesablauf durch das Fernsehprogramm bestimmt – pünktlich um 20 Uhr sah die Familie die „Tagesschau" und danach mussten die Kinder ins Bett –, so ist Fernsehen heute kein besonderes Ereignis mehr.

Eine neue Variante des gemeinsamen Fernsehens kam mit der Fußball-WM 2006. Beim *Public Viewing* konnten in vielen deutschen Großstädten die Zuschauer die Spiele live miterleben. Auf der Fan-Meile in Berlin sahen bis zu 750.000 Menschen das Spiel Deutschland–Schweden.

c Was passt zusammen? Ordnen Sie 1–6 und a–f zu.

1. Die erste Liveübertragung   ____ a) nur in „Fernsehstuben" fernsehen.

2. Viele Bürger der DDR haben   ____ b) waren sehr teuer.

3. Public Viewing ist   ____ c) seit Mitte der Achtzigerjahre.

4. Die ersten Fernsehgeräte   ____ d) war von den olympischen Spielen in Berlin.

5. Zuerst konnte man   ____ e) lieber West- als Ostfernsehen gesehen.

6. Privatfernsehen gibt es in Deutschland   ____ f) Fernsehen auf Großbildschirmen in der Öffentlichkeit.

d Gemeinsam fernsehen – Machen Sie das? Mit wem? Wann? Welche Sendungen?

Samstagabends ...

Das WM-Finale habe ich ...

Auf einen Blick

1 Über Medien sprechen

Ich lese regelmäßig die Zeitung.
Mit meinem Handy kann ich überall telefonieren, SMS schreiben und aktuelle Nachrichten lesen.
Skype finde ich toll, weil ich damit im Internet kostenlos telefonieren kann.
Blogs im Internet ersetzen immer mehr Artikel in Zeitungen.

Englische Wörter im Deutschen: Computer/Medien

Nomen	Verben
der Blog	bloggen
der Chat	chatten
die E-Mail	mailen, checken
das Internet	googeln, skypen, surfen …
die SMS	simsen (ugs. für SMS schicken)
der Computer	downloaden
der MP3-Player	
der USB-Stick	
(Fernsehen)	zappen

> **TIPP**
>
> Importierte englische Verben werden meist wie deutsche regelmäßige Verben konjugiert:
>
> | Infinitiv | googeln | chatten |
> |---|---|---|
> | ich | google | chatte |
> | du | googelst | chattest |
> | er/es/sie | googelt | chattet |
> | … | | |

2 Argumente und Gegenargumente äußern

Ich glaube, dass …
Das glaube ich nicht. Ich …
Ich finde/meine, dass …
Ich finde (nicht), dass …, weil …

Das ist eine ganz gute / gute/super Idee.
Das stimmt! Aber …
Es ist doch klar, dass …
Ich bin mir nicht sicher, aber ich glaube …

INFO: Rundfunkgebühren

Die öffentlich-rechtlichen Fernseh- und Radioprogramme (Das Erste, ZDF, WDR, SWR, ARTE, 3SAT …) werden in Deutschland durch Gebühren finanziert. Sie dürfen deshalb nur wenig Werbung senden. Jeder, der Radio hört oder fernsieht, muss monatlich eine Gebühr bezahlen.
Die öffentlich-rechtlichen Fernsehsender werden durch Aufsichtsgremien kontrolliert. Dort sitzen Vertreter von politischen Parteien und anderen wichtigen gesellschaftlichen Organisationen (Gewerkschaften, Kirchen …).
Es gibt auch viele private Fernsehsender. Sie verdienen ihr Geld mit Werbung.

Im Alltag
EXTRA
▶ S. 262

Grammatik

1 Welch...? Dies...

N/A/D	Maskulinum der/den/dem Tarif	Neutrum das/das/dem Handy	Femininum die/die/der Kamera	Plural die/die/den Tarife(n)
N	Welcher Tarif? Dieser.	Welches Handy? Dieses.	Welche Kamera? Diese.	Welche Tarife? Diese.
A	Welchen Tarif? Diesen.	Welches Handy? Dieses.	Welche Kamera? Diese.	Welche Tarife? Diese.
D	Mit welchem Tarif? Mit diesem.	Mit welchem Handy? Mit diesem.	Mit welcher Kamera? Mit dieser.	Mit welchen Tarifen? Mit diesen.

2 Wortbildung

Adjektive bildet man oft aus Nomen oder Verben mit diesen Endungen: *-ig, -isch, -lich, -bar, -los.*

-ig   farbig, regelmäßig, günstig
-isch   praktisch, typisch, italienisch, ausländisch
-lich   täglich, staatlich, pünktlich, sportlich
-bar   kontrollierbar, bezahlbar, tragbar, essbar
-los   fernsehlos, kostenlos, arbeitslos, kinderlos

un- + Adjektiv = das Gegenteil

bekannt	⟷	unbekannt	Aber z. B.:		
freundlich	⟷	unfreundlich	leise	⟷	laut
interessant	⟷	uninteressant	schön	⟷	hässlich
klar	⟷	unklar	gut	⟷	schlecht
möglich	⟷	unmöglich			
regelmäßig	⟷	unregelmäßig			
wichtig	⟷	unwichtig			
zufrieden	⟷	unzufrieden			

> **TIPP** Adjektive immer mit ihrem Gegenteil lernen.

hell   dunkel

Aussprache

Rückfragen: Satzmelodie und Akzent

Bei Rückfragen mit einem W-Wort wird meistens das W-Wort stark betont. Die Satzmelodie steigt.

<u>Wer</u> spricht da bitte?↗   <u>Was</u> möchten Sie verkaufen?↗   <u>Wo</u> sind Sie jetzt?↗

Die Politik und ich

23

Lernziele
- über Politik sprechen
- Meinungen begründen
- Wünsche äußern
- über Vergangenes sprechen
- einen Artikel über Ehrenamt verstehen

Der Bundesadler ist das Wappentier der Bundesrepublik.

Hier sitzen die Zuschauer / die Besucher.

Hier sitzt die Bundesregierung (der/die Bundeskanzler/in, die Minister / die Ministerinnen).

Hier sitzen die Abgeordneten der Parteien (SPD, CDU/CSU …).

Es gibt die Regierungspartei(en) und die Opposition.

Politikwörter

der Bund • der Bundestag • die Bundesregierung • die Koalition • die Bundestagswahl • der/die Bundespräsident/in • der/die Abgeordnete

die Länder • der Landtag • die Landesregierung • die Landtagswahl • der/die Ministerpräsident/in

die Städte und Gemeinden • der Stadtrat • die Stadtratswahl • der Gemeinderat • die Gemeinderatswahl • der/die Bürgermeister/in

Geschichte – Nach dem Zweiten Weltkrieg (1939–45) gab es von 1949 bis 1990 zwei deutsche Staaten. Von 1961 bis 1989 trennte eine Mauer Ost- und Westberlin. Man kam nicht oder nur mit großen Problemen über die Grenze von der BRD (Bundesrepublik Deutschland) in die DDR (Deutsche Demokratische Republik) oder umgekehrt. Durch die friedliche Revolution in der DDR kam es am 9. November 1989 zum Fall der Mauer. Die Grenze zwischen Ost und West wurde geöffnet. Die Bürger der DDR durften zum ersten Mal seit 1961 wieder frei reisen. 1990 sind die heutigen östlichen Bundesländer zur Bundesrepublik gekommen. Der 3. Oktober ist deshalb ein Feiertag: der „Tag der deutschen Einheit".

Die Bundesrepublik Deutschland ist ein Bundesstaat mit 16 Bundesländern. Das deutsche Parlament heißt Bundestag. Es hat seinen Sitz in Berlin im „Reichtagsgebäude". Alle vier Jahre wählen die Bürger und Bürgerinnen ihre Abgeordneten. Jedes Bundesland hat ein eigenes Parlament, den Landtag. In Hamburg, Bremen und Berlin heißt das Landesparlament „Senat". Wenn man 18 Jahre alt ist und einen deutschen Pass hat, darf man wählen.
Meistens bilden zwei Parteien die Regierung, weil eine allein nicht die Mehrheit im Parlament hat. Die anderen Parteien bilden dann die Opposition.
Das Parlament wählt den Bundeskanzler / die Bundeskanzlerin und diese/r wählt dann die Minister/innen aus. Staatsoberhaupt ist der/die Bundespräsident/in. Er/Sie muss alle Gesetze unterschreiben, hat aber nur wenig politische Macht.

www   www.bundestag.de • www.bundesregierung.de • www.bundesrat.de

1 Politikquiz

a Finden Sie die Informationen in den Texten.

1. Wie heißt das deutsche Parlament?
2. In welcher Stadt ist das Parlament?
3. Wie heißt der/die Chef/in der Regierung?
4. Wann ist der deutsche Nationalfeiertag?
5. Ab welchem Alter darf man wählen?
6. Die Bundesrepublik hat 16 …
7. Wie viele deutsche Staaten gab es bis 1990?
8. Seit wann ist die „Berliner Mauer" weg?
9. Wie oft finden Bundestagswahlen statt?
10. Wie heißt das Gegenteil: Regierung – …?

b Lesen Sie die Politikwörter auf Seite 126 und ordnen Sie sie den drei Kategorien zu.

1. die Parlamente/Institutionen   2. die Wahlen   3. die Personen

c Was möchten Sie noch zu dem Thema wissen? Schreiben Sie Fragen. Fragen Sie im Kurs.

Wer ist zurzeit …?   Wie viele …?   Seit wann …?   Was macht …?   Wo ist …?   Wie oft …?

2 Politische Parteien

a Sehen Sie die Texte und die Wahlplakate an. Ordnen Sie zu. Wie heißen die Parteien?

Christlich Demokratische Union / Christlich Soziale Union

Bündnis 90 / Die Grünen

Sozialdemokratische Partei Deutschlands

Die Linke

Freie Demokratische Partei

Es gibt noch viele andere Parteien, die mit den Bürgern diskutieren, aber sie bekommen bei den Wahlen zum Bundestag meistens nur wenige Stimmen.

www   www.parteien.de

1 ☐ Wer sich für die Natur engagiert, interessiert sich oft für diese Partei. Deshalb ist Grün ihre Parteifarbe. Sie ist gegen Atomenergie und für alternative Energien. Sie tritt für mehr demokratische Rechte auch für Zuwanderer ein und achtet auf die Gleichberechtigung von Männern und Frauen.

2 ☐ Diese Partei gibt es seit 1869. Früher war sie eine Arbeiterpartei. Rot ist die Farbe der Arbeiterbewegung. Ihr wichtigstes Thema ist noch heute die soziale Gerechtigkeit. Viele Mitglieder engagieren sich auch in den Gewerkschaften. Drei Bundeskanzler kamen bisher aus dieser Partei.

3 ☐ Diese zwei großen Parteien sind konservativ christlich orientiert. Die eine gibt es nur in Bayern, die andere in allen anderen Bundesländern. Wichtige Ziele für sie sind die Einheit Europas und der Schutz von Familie und Ehe. Bisher kamen vier Bundeskanzler und eine Bundeskanzlerin aus diesen Parteien.

4 ☐ Diese Partei engagiert sich für weniger staatliche Kontrolle. Sie will eine liberale Wirtschaftspolitik und kümmert sich um mehr Freiheit für den einzelnen Bürger. Sie tritt für niedrigere Steuern ein und will weniger Staatsausgaben.

5 ☐ Diese Partei kämpft für mehr soziale Gerechtigkeit und gegen den Abbau von Sozialleistungen (Arbeitslosengeld, Renten …). Sie will mehr Einfluss für den Staat in der Wirtschaft. Sie war zuerst nur im Osten Deutschlands stark, hat heute aber auch im Westen großen Einfluss.

⊙ 2.23   **b Hören Sie zu. Welche Parteien haben die drei Personen wahrscheinlich gewählt?**

Fritz: _____   Sandra: _____   Eva: _____

c Parteien und Politik in Ihrem Land – Fragen Sie im Kurs und berichten Sie.

Gibt es bei euch Parteien? Welche?

Wer darf wählen?

Wie heißt …?

Welche Partei regiert?

Gibt es ein Parlament?   Wie oft …?

Wie lange …?   Gibt es Wahlen?

Gibt es eine Opposition?

Seit wann ist er/sie an der Macht?

Weißt du, wie der Staatschef heißt?

Ist das ein Präsident oder ein König?

3 Ich interessiere mich für …

**a Markieren Sie diese Verben in den Texten auf Seite 128 und ergänzen Sie dann 1–5.
Es gibt mehrere Möglichkeiten.**

sich interessieren für • sich kümmern um • sich engagieren für • achten auf • diskutieren mit

1. Ich _____ mich nicht _____ Politik, aber _____ Sport.

2. „Amnesty International" _____ sich _____ politisch verfolgte Menschen.

3. Ich _____ mich sehr _____ meine Umwelt. Umweltpolitik finde ich wichtig.

4. Unser Kurs hat gestern eine Stunde _____ dem Bürgermeister _____.

5. _____ Sie _____ Ihre Gesundheit. Krankheit ist teuer!

b Wählen Sie vier Satzanfänge aus und schreiben Sie je einen Satz über sich selbst.

Ich engagiere mich (nicht) für … (A)   Ich denke an … (A)   Ich interessiere mich für … (A)
Ich achte (nicht) auf … (A)   Ich kämpfe (nicht) für … (A) Ich freue mich über … (A)
Ich ärgere mich über … (A)   Ich kümmere mich um … (A) Ich diskutiere mit … (D)

Ich kümmere mich um meine Kinder und um den Deutschunterricht. Das reicht.

c Was ist für Sie in der Politik wichtig? Warum? Schreiben Sie.

sehr wichtig • nicht so wichtig wie … •
wichtiger als … • unwichtig • am wichtigsten

Ich finde, dass es zu wenige Spielplätze gibt.
Für mich ist wichtig, dass Frieden ist.
Politik ist unwichtig. Die Politiker machen sowieso, was sie wollen.
Ich glaube, dass man mehr für Familien tun muss!
Schulen sind wichtiger als Straßen!
Migranten sollen auch wählen dürfen!

*Ich glaube, dass man mehr für Familien tun muss.
Schulen sind wichtiger als Straßen.
…*

4 Aussprache: Freundlich oder entschieden sprechen

2.24
**a Wie sprechen die Personen? Sehr entschieden oder freundlich/entgegenkommend?
Hören Sie und kreuzen Sie an.**

	sehr entschieden	freundlich/entgegenkommend
1. Da hast du recht. Die Familien brauchen Hilfe.	☐	☐
2. Das stimmt, das finde ich auch.	☐	☐
3. Darf ich bitte ausreden?	☐	☐
4. Im Gegenteil, das finde ich nicht so wichtig.	☐	☐
5. Ja, das glaube ich auch.	☐	☐
6. Kann sein, aber ganz so einfach ist das nicht.	☐	☐
7. So habe ich das nicht gesagt.	☐	☐

**b Hören Sie noch einmal und sprechen Sie laut. Imitieren Sie die Sprecher. Spielen Sie mit der
Lautstärke, Sprechgeschwindigkeit, Mimik und Gestik.**

5 Ich und die Politik

a Verteilen Sie die Wörter zwischen den Begriffen A–C. Es gibt viele Möglichkeiten.

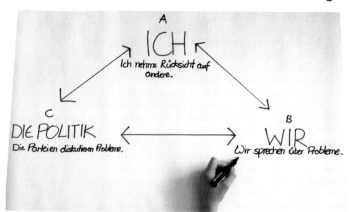

sich informieren über • Kontakte suchen • tolerieren • Rücksicht nehmen auf • Schulen bauen • Arbeitsplätze sichern • gegen Diskriminierung kämpfen • um Hilfe bitten • Hilfe anbieten • nachfragen • gegen Intoleranz kämpfen • die Sprache lernen • Unterschiede akzeptieren • sich um die Kinder kümmern • Gesetze machen • Menschen kennenlernen • über Probleme sprechen • das Fernsehen kontrollieren • die Zeitung lesen • Sprachunterricht bezahlen • Arbeitslose unterstützen • wählen • Probleme lösen • Steuern bezahlen • Geld sinnvoll ausgeben

b Ergänzen Sie eigene Wörter und vergleichen Sie im Kurs.

⊙ 2.25 **c Hören Sie zu. Kreuzen Sie an: richtig oder falsch?**

		R	F
1. Volkan sagt:	a) Die Leute müssen mehr von der Politik wollen.	☐	☐
	b) Meine Probleme muss ich selbst lösen.	☐	☐
2. Tanja glaubt,	a) dass die Politiker Probleme lösen müssen.	☐	☐
	b) dass sie zu viel Steuern bezahlt.	☐	☐
3. Bernd meint,	a) dass man nur gemeinsam etwas erreichen kann.	☐	☐
	b) dass die Gemeinderäte kein Geld haben.	☐	☐
4. Natascha findet:	a) Die Politiker interessieren sich nicht für die Leute.	☐	☐
	b) Man muss sich engagieren und etwas von der Politik fordern.	☐	☐

d Hören Sie noch einmal: Wer sagt was zu diesen Stichworten?

1. Schule/Eltern   2. Familie/Kollegen   3. Gesundheit/Arzt

6 Wünsche und Meinungen

a Schreiben Sie kleine Texte mit Begriffen aus Aufgabe 5a.

Ich wünsche mir ...   Wir alle ...   Man muss/kann ...   Die Politik kann/muss ...

> Man muss Unterschiede akzeptieren.
> Die Deutschen leben ganz anders als wir.
> ...

> Ich wünsche mir, dass die Politik unseren
> Kindern in der Schule hilft.
> ...

b Sprechen Sie über Ihre Texte.

Ich finde auch, dass ...	Ich finde nicht, dass ...
Das stimmt schon, dass ...	Das stimmt doch nicht, dass ...
Du hast vielleicht recht, aber ...	Ich bin anderer Meinung. Ich glaube, dass ...
Ich sehe das genauso, denn ...	

7 **Ich wartete und wartete ...**

a Lesen Sie die Geschichte von Jim und beantworten Sie die Fragen 1–3.

1. Was ist das Problem?   2. Warum gibt es das Problem?   3. Wie hat der Mann das Problem gelöst?

„Das ist doch Diskriminierung", dachte ich und war wütend. Im März stellte ich einen Antrag auf Kindergeld und dann wartete ich und wartete. Zwei Monate – keine Reaktion! Ende April ging ich zum Amt und fragte, aber man gab mir keine richtigen Informationen. Man wusste nichts von meinem Antrag. Dann half mir ein Kollege und sprach mit dem Amt. Und was war los? Man konnte dort meine Anmeldung in Augsburg nicht finden. Wir wohnten erst seit vier Monaten hier. Ohne Anmeldung konnte man meinen Antrag nicht bearbeiten. Einen Tag später war die Anmeldung da und der Kindergeldantrag wurde schnell bearbeitet.

b Markieren Sie alle Verbformen im Text. Ordnen Sie sie den Infinitiven zu.

werden • warten • wissen • denken •
fragen • gehen • können • wohnen •
sein • geben • stellen • helfen • sprechen

dachte – denken

Präteritum

Regelmäßige Verben		Unregelmäßige Verben	
ich	fragte	gab	dachte
du	fragtest*	gabst*	dachtest*
er/es/sie	fragte	gab	dachte
wir	fragten	gaben	dachten
ihr	fragtet*	gabt*	dachtet*
sie/Sie	fragten	gaben	dachten

* Diese Formen braucht man selten.

TIPP   Die Präteritumformen der unregelmäßigen Verben immer einzeln lernen.

c Schreiben Sie diesen Text im Präteritum.

Vor zwei Monaten: Frau Weck stellt einen Antrag auf Wohngeld, aber das Amt antwortet nicht. Letzte Woche: Sie geht zum Amt, aber man gibt ihr keine konkrete Auskunft. Vorgestern: Sie geht noch einmal zum Amt und spricht mit der Beamtin. Ihr Antrag ist weg. Sie stellt einen neuen Antrag. Gestern: Der Antrag wird genehmigt.

Vor zwei Monaten stellte Frau Weck einen Antrag auf Wohngeld, aber ...

d Haben Sie auch schon einmal eine Erfahrung wie Jim und Frau Weck gemacht? Erzählen Sie. Schreiben Sie einen kurzen Text.

Vor ein paar Wochen war ich ... • Letzte Woche / Letztes Jahr ... • Ich war einmal ...

Projekt: Wie funktioniert unsere Stadt / unser Dorf?

– Welche Parteien sitzen im Gemeinderat?
– Wo und wann tagt er?
– Welche Themen diskutiert er?
– Kontaktadressen/Telefonnummern ...
– Wie heißt der/die Bürgermeister/in?
– In welcher Partei ist er/sie?
– Gibt es einen Ausländerbeirat? Was macht er?
– Gibt es eine/einen Ausländerbeauftragte/n?

8 **Ehrenamt**

a Schlagen Sie das Wort „Ehrenamt" im Wörterbuch nach. Ordnen Sie dann die Wörter aus der Liste zu, die Ihrer Meinung nach passen.

viel Geld verdienen • Karriere machen • helfen • freiwillig • in der Freizeit • der Beruf • sich engagieren • sozial • bezahlen • sich kümmern um • der Arbeitsplatz • unterstützen • allein

> in der Freizeit
> Ehrenamt
> helfen

b Lesen Sie den Text. Zu welchen Abschnitten passen die Abbildungen?

Ehrenamt geehrt

Am Samstag wurde in Mainz der Brückenpreis verliehen. Damit werden Projekte, Organisationen und Menschen geehrt, die das Miteinander von Menschen fördern. So z. B. den
5 Dialog zwischen jungen und alten Menschen, das Zusammenleben mit den europäischen Nachbarn oder die Integration von Menschen mit unterschiedlicher Herkunft, Sprache und Hautfarbe. Die Preisträger bekommen jeweils
10 2000 Euro für ihre Projekte.

82 Organisationen und Projekte haben sich für den Preis beworben. Die Gewinner wurden von einer Jury ausgewählt. Bei der Preisverleihung sagte der rheinlandpfälzische Minister-
15 präsident, dass ihm der ‚Brückenpreis' sehr wichtig ist, weil er eine wichtige Aufgabe des Ehrenamts in den Mittelpunkt stellt: das Engagement, das Brücken zwischen den verschiedenen Gruppen in der Gesellschaft baut und
20 so die Gesellschaft zusammenhält.

Das Forum Eine Welt erhielt den Brückenpreis für seinen Einsatz für den Dialog zwischen Migranten und Deutschen. Die Gruppe will durch Vorträge, Diskussionen, Lesungen, Musikveran-
25 staltungen und vor allem durch das jährliche „Fest der Nationen" den interkulturellen Dialog fördern und ein solidarisches, gewaltfreies und respektvolles Miteinander entwickeln. Das Fest der Nationen in der Gemeinde Gerolstein
30 wird jedes Jahr von Tausenden Menschen besucht.

Die Bürgerstiftung Pfalz bekam den Preis für Projekte, die mit einer großen Zahl von ehrenamtlichen Mitarbeitern und Mitarbeiterinnen
35 Grundschülern bei den Hausaufgaben und beim Lernen helfen und sich für bessere Ausbildungschancen für Hauptschüler einsetzen. Die Hauptschüler erhalten auch Hilfe bei der Berufsberatung und bei der Suche nach Berufs-
40 praktika.

c Lesen Sie den Text noch einmal. Was passt zusammen?

1. Der Brückenpreis ist ein Preis für Menschen, ___ a) helfen Schülern beim Lernen.

2. Organisationen, Projekte und Einzelmenschen ___ b) jedes Jahr ein großes Fest.

3. Viele ehrenamtliche Mitarbeiter/innen ___ c) bekommt man 2000 Euro.

4. Wenn man den Preis gewinnt, ___ d) können den Preis bekommen.

5. Das Forum Eine Welt organisiert ___ e) die sich für andere Menschen engagieren.

d Zu welchen grünen Wörtern im Text passen die Erklärungen?

1. friedlich, ohne Aggression
2. für andere Menschen oder für eine Sache etwas tun
3. der Chef der Regierung von einem Bundesland (Rheinland-Pfalz, Saarland …)
4. das Zusammenleben, gemeinsam leben und arbeiten
5. vergeben, ausgeben, übergeben

9 Aussagen zum Ehrenamt

2.26 **a Sie hören vier Aussagen. Über welche Tätigkeiten sprechen die Leute?**

b Lesen Sie die Sätze a–f. Hören Sie noch einmal und entscheiden Sie beim Hören: Welcher Satz passt zu welcher Aussage? Zwei Sätze passen nicht.

1	2	3	4
b			

a) Auch viele Jugendliche arbeiten ehrenamtlich.
b) Kranke Menschen brauchen das Gespräch mit Menschen zum Gesundwerden.
c) Immer mehr Arbeitslose arbeiten ehrenamtlich, weil man da etwas Geld verdient.
d) Wenn das Ehrenamt staatliche Leistungen ersetzt, dann ist das nicht gut.
e) Ehrenamtliche Tätigkeiten können Arbeitsplätze kaputt machen.
f) Ohne ehrenamtliches Engagement könnten die Sportvereine nicht leben.

c Gibt es etwas wie Ehrenamt oder freiwillige Arbeit in Ihrer Heimat? Wie ist das organisiert?

Projekt: Ehrenamt in meiner Stadt/Region
Suchen Sie Projekte und stellen Sie sie vor.

Ich möchte das Rote Kreuz vorstellen …

Auf einen Blick

1 Meinungen äußern und begründen

Ich glaube, dass man mehr Geld für die Schulen
ausgeben muss, denn …
Ich finde, dass es zu wenige Spielplätze gibt.
Bei uns …
Ich meine, dass man nichts machen kann, weil …
Ich denke, wir müssen uns alle mehr engagieren.
Ich halte viele Politiker für kompetent,
aber manche …

2 Zustimmen und widersprechen

Das stimmt. / Das ist richtig.
Ich glaube das auch (nicht).
Sie haben recht. / Du hast recht.
Das sehe ich auch so.
Ich bin auch der Meinung, dass …

Das stimmt nicht. / Das ist nicht richtig.
Das glaube ich nicht.
Im Gegenteil …
Das sehe ich anders.
Ich bin anderer Meinung.

3 Unsicherheit ausdrücken

Vielleicht. / Kann sein.
Ich weiß nicht.
Wie kann ich das sagen?
Ich weiß darüber nichts.

4 Vergleiche

wichtig	Politik ist wichtig, auch wenn man sie oft nicht mag.
wichtiger als	Kultur ist für mich wichtiger als die Politik.
genauso wichtig wie	Ich finde Kultur genauso wichtig wie Politik. Das kann man nicht trennen.
nicht so wichtig wie	Aber sie sind beide nicht so wichtig wie Familie und Freunde.
am wichtigsten	Am wichtigsten finde ich, dass man glücklich ist.
(sehr) wichtig	Sehr wichtig finde ich, dass man sich informiert.
unwichtig	Politik ist unwichtig. Die da oben machen, was sie wollen.

Aus dem Grundgesetz der Bundesrepublik Deutschland:

Grundrechte
Artikel 1 (1): Die Würde des Menschen ist unantastbar. […]
Artikel 2 (1): Jeder hat das Recht auf die freie Entfaltung
seiner Persönlichkeit […]
Artikel 3 (1): Alle Menschen sind vor dem Gesetz gleich. […]
Artikel 4 (1): Die Freiheit des Glaubens, des Gewissens und
die Freiheit des religiösen und weltanschau-
lichen Bekenntnisses sind unverletzlich. […]
Artikel 5 (1): Jeder hat das Recht, seine Meinung in Wort,
Schrift und Bild frei zu äußern. […]

Grammatik

1 Verben mit Präpositionen (▶ Liste S. 271)

Manche Verben kommen oft mit Präpositionen vor. Hier einige Beispiele:

sich engagieren für (A)	sich freuen über (A)	achten auf (A)
sich interessieren für (A)	sich ärgern über (A)	denken an (A)
kämpfen für/gegen (A)	sich kümmern um (A)	diskutieren mit (D)

Die Präposition bestimmt den Kasus.

Viele ehrenamtliche Mitarbeiter/innen engagieren sich **für den** (Akkusativ) interkulturellen Dialog.
Wir haben eine Stunde **mit dem** (Dativ) Bürgermeister und **der** (Dativ) Bürgermeisterin diskutiert.

> **TIPP** Verben immer mit Präpositionen lernen.

2 Präteritum (▶ S. 27 Modalverben)

Regelmäßige Verben			Unregelmäßige Verben	
Infinitiv	fragen	warten*	gehen	denken
ich	fragte	wartete	ging	dachte
du	fragtest	wartetest	gingst	dachtest
er/es/sie	fragte	wartete	ging	dachte
wir	fragten	warteten	gingen	dachte
ihr	fragtet	wartetet	gingt	dachtet
sie/Sie	fragten	warteten	gingen	dachte

*Bei Verben auf -t (*warten, arbeiten* …) kommt vor der Endung noch ein -e-.
Die 2. Person Singular und Plural braucht man bei Verben ganz selten, aber bei *sein*, *haben* und den Modalverben fast immer.

> **TIPP** Die unregelmäßigen Verben immer so lernen: kommen, er kommt, er kam, er ist gekommen
> Arbeiten Sie mit der Liste auf Seite 270 und lernen Sie jeden Tag drei Verben.

Aussprache

Emotional sprechen

Experimentieren Sie mit Wörtern, Sätzen, Texten. Sprechen Sie leise, laut, langsam, schnell, sachlich, emotional. Üben Sie verschiedene Ausdrucksweisen.

freudig

ärgerlich

ungeduldig

ängstlich

überrascht

gelangweilt

feierlich

liebevoll

A

B

C

D

Lernziele

- über gutes und schlechtes Benehmen sprechen
- über Einladungen sprechen
- über Höflichkeitsregeln sprechen
- interkulturelle Vergleiche machen

1 Da stimmt etwas nicht.

a Sehen Sie die Bilder an. Was machen Sie auch und was nicht?

> Ich bringe nie zu einer Einladung meinen Hund mit.

> Vielleicht …

> Ich denke, dass …

> Bei uns telefoniert man …

⊙ 2.27 **b Hören Sie die Dialoge. Zu welchen Bildern passen sie?**

Dialog	1	2	3	4	5
Bild	__	__	__	__	__

c Schreiben Sie eigene Dialoge. Sie können auch einen der Dialoganfänge benutzen.

1
● Schön, dass Sie doch noch gekommen sind. Wir dachten schon, es ist etwas passiert.
○ Aber nein …
● …

2
● Hi Max! Ich sitze gerade im Kino. Der Film ist voll gut. Was machst du noch heute Abend?
○ …

2 Schlechtes Benehmen

a Was sind für Deutsche die schlimmsten Verhaltensweisen? Raten Sie. Machen Sie eine Liste von 1–10 und vergleichen Sie im Kurs.

Bei einer Umfrage haben Deutsche die zehn schlimmsten Verhaltensweisen genannt:

a) Gesprächspartner nicht ausreden lassen
b) Älteren Menschen keinen Platz anbieten
c) Anderen keine Hilfe anbieten, z. B. beim Tragen vom Kinderwagen
d) Auf der Straße ausspucken
e) In der Nase bohren
f) Zu spät kommen
g) Mitten im Gespräch eine SMS versenden/lesen
h) Hand beim Husten oder Gähnen nicht vor den Mund halten
i) Handy bei Veranstaltungen eingeschaltet lassen
j) Am Tisch rülpsen oder schmatzen

b Was ist für Sie schlechtes Benehmen? Machen Sie eine Liste im Kurs.

c Welche Fehler haben Sie selbst schon einmal gemacht oder erlebt?

> *Ich habe mal eine Flasche Wodka mitgebracht, aber der Gastgeber hat keinen Alkohol getrunken.*

> *Ja, ich bin auch mal 30 Minuten zu spät zum Essen gekommen. Das war sehr peinlich.*

Umfrageergebnisse zu 2a: 1. 88 % c • 2. 85 % j • 3. 80 % d • 4. 79 % h • 5. 77 % b • 6. 75 % e • 7. 74 % i • 8. 72 % f • 9. 71 % g • 10. 59 % a

3 Einladungen

a Lesen Sie die Texte. Welche Fotos passen?

Susanne Arndt
Wenn ich Leute zum Abendessen einlade, bereite ich das genau vor. Bevor ich mit der Planung beginne, frage ich meine Gäste, was sie gern essen und was gar nicht. Manche essen kein Fleisch oder trinken keinen Alkohol. Manche sind gegen irgendetwas allergisch. Zu einem guten Essen gehört bei mir eine schöne Tischdekoration. Vieles bereite ich schon einen Tag vorher vor. Nach dem Kochen mache ich mich schön. Dann mache ich Musik an und warte auf die Gäste.

Heinz Buballa
Seit einem Jahr gehe ich nach der Arbeit oft zu Freunden zum Abendessen. Meistens bringe ich eine Flasche von meinem Lieblingswein mit. Ich ziehe mich nicht besonders an. Bei einer feierlichen Einladung trage ich aber schon Anzug und Krawatte und bringe Blumen oder ein kleines Geschenk mit. Mit meinen Einladungen warte ich meistens, bis der Sommer kommt. Dann hole ich den Grill aus der Garage und wir sitzen fast jedes Wochenende draußen und grillen.

b Wer sagt was? Notieren Sie A (Arndt) oder B (Buballa).

1. Zu einer Feier ziehe ich etwas Besonderes an. _____

2. Die Vorbereitungen dauern lange. _____

3. Ich habe fast nur im Sommer Gäste. _____

4. Ich decke den Tisch mit dem guten Geschirr. _____

5. Kurz bevor die Gäste kommen, höre ich Musik. _____

6. Im Winter lade ich selten Leute ein. _____

c Beschreiben Sie eine Einladung bei Ihnen: Uhrzeit, Vorbereitung, Kochen, Kleidung, Gastgeschenke …

4 Präpositionen mit Dativ: Zusammenfassung

a Markieren Sie die Präpositionen und die Dativformen in den Texten oben.

> mit der Planung

b Ergänzen Sie die Präpositionen *von, aus, bei, mit, nach, seit, zu* und die Dativendungen.

1. Wein kaufe ich meistens _bei_ mein_em_ Freund Yussuf. Ich gehe _____ d____ Arbeit zu ihm.

2. _____ mein_____ Freund bekomme ich immer besondere Schokolade _____ Geburtstag.

3. _____ ein_____ Jahr gehe ich oft _____ mein_____ Kollegen _____ d___ Firma Sport machen.

5 Schön, dass Sie da sind

a Eine Einladung – Was sagen die Gäste (G) und was die Gastgeber (GG)?

1. _GG_ Bitte nehmen Sie doch noch etwas.

2. ___ Bitte nehmen Sie Platz / setzen Sie sich.

3. ___ Danke, ich würde gerne …

4. ___ Danke, ich trinke keinen Alkohol.

5. ___ Könnte ich noch etwas Reis/Nudeln haben?

6. ___ Bedienen Sie sich doch.

7. ___ Gibt es etwas, das Sie nicht essen?

8. ___ Herzlich willkommen.

9. ___ Hier ist die Garderobe.

10. ___ Ich esse alles / kein Fleisch / keinen Fisch.

11. ___ Könnten Sie mir bitte das Salz geben?

12. ___ Ja gerne. / Nein, danke.

13. ___ Möchten Sie noch etwas / ein Glas Wein?

14. ___ Möchten Sie noch etwas …?

15. ___ Schön, dass Sie gekommen sind.

16. ___ Selbstverständlich. Gerne.

17. ___ Trinken Sie einen Saft oder ein Bier?

18. ___ Vielen Dank für die Einladung.

19. ___ Vielen Dank, es hat sehr gut geschmeckt.

20. ___ Wo kann ich meinen Mantel aufhängen?

21. ___ Der Nachtisch ist wunderbar. Würden Sie mir das Rezept geben?

b Schreiben Sie Dialoge mit den Sätzen aus a und spielen Sie.

c Fünf Tipps – Verbinden Sie 1–5 und a–e.

1. Die Gastgeber laden ein und der Gast
2. Man gibt den Gastgebern
3. Man beginnt mit dem Essen,
4. Wenn Sie essen, behalten Sie
5. Man schneidet nicht das ganze Fleisch

a) den Blumenstrauß ohne Papier.
b) auf einmal in kleine Stücke.
c) keine Hand unter dem Tisch.
d) wenn alle etwas auf dem Teller haben.
e) bedankt sich mit einem kleinen Geschenk, z. B. einem Blumenstrauß.

d Deutsche sind zu Gast bei Ihnen. Sammeln Sie Tipps im Kurs.

6 Zeitgefühl

a Was ist für Sie lang, kurz, oft, selten, alt, jung …? Lesen Sie die Aussagen und kreuzen Sie an: 3 = stimme voll zu, 0 = stimme nicht zu.

	3	2	1	0
1. Vier Stunden Deutschunterricht am Stück sind kurz.	☐	☐	☐	☐
2. Eine Stunde Fahrt zu einem Freund ist kurz.	☐	☐	☐	☐
3. Drei Monate Sommer sind lang.	☐	☐	☐	☐
4. Eine Stunde warten beim Arzt ist kurz.	☐	☐	☐	☐
5. Eine halbe Stunde spazieren gehen ist kurz.	☐	☐	☐	☐
6. Zwei Stunden einkaufen gehen ist kurz.	☐	☐	☐	☐
7. Eine Stunde lang zu Abend essen ist kurz.	☐	☐	☐	☐
8. Eine Frau mit 45 Jahren ist jung.	☐	☐	☐	☐
9. Eine Frau bekommt ihr erstes Kind mit 31. Das ist spät.	☐	☐	☐	☐
10. Ein Mann mit 45 Jahren ist alt.	☐	☐	☐	☐

b Machen Sie eine Kursstatistik.

Aussage	Gesamtpunktzahl
1	8

Bei Aussage 1 habe ich 0 Punkte gegeben.
Ich finde vier Stunden Unterricht sehr lang.

7 Bertolt Brecht: Vergnügungen

2.28 **Hören Sie das Gedicht und betrachten Sie die Bilder. Welches passt für Sie besser?**

Vergnügungen

Der erste Blick aus dem Fenster am Morgen
Das wiedergefundene alte Buch
Begeisterte Gesichter
Schnee, der Wechsel der Jahreszeiten
Die Zeitung
Der Hund
Die Dialektik
Duschen, Schwimmen
Alte Musik
Bequeme Schuhe
Begreifen
Neue Musik
Schreiben, Pflanzen
Reisen
Singen
Freundlich sein

Oskar Kokoschka, Der Marktplatz zu Bremen

8 **Aussprache: Einen Text sprechen üben**

2.29 **a Hören Sie den Anfang von Brechts „Vergnügungen" und lesen Sie mit.**

Der erste Blick | aus dem Fenster | am Morgen↘||

Das wiedergefundene | alte Buch↘||

Begeisterte Gesichter↘||

Schnee,↘|| der Wechsel | der Jahreszeiten↘||

Gabriele Münter, Staffelsee

b Bereiten Sie das Lesen vor.

1. Sprechen Sie zunächst einzelne Teile bis zur nächsten Pause.
2. Sprechen Sie dann den ganzen Satz.
3. Sprechen Sie mit verschiedenen Emotionen (träumerisch, sachlich, begeistert ...)

c Üben Sie jetzt den Text mit einem Partner / einer Partnerin.

1. Sie lesen/sprechen und der Partner / die Partnerin hört zu.
2. Schauen Sie Ihren Partner / Ihre Partnerin an (am Satzende): Blickkontakt!
3. Wählen Sie eine „Stimmung" aus und sprechen Sie mit Emotion.
4. Sprechen Sie vor Publikum.

Bertolt Brecht (*1898) ist einer der wichtigsten deutschsprachigen Schriftsteller. Berühmt sind vor allem seine sozialkritischen Theaterstücke und seine Gedichte. 1933 musste er vor den Nazis ins Ausland fliehen. Nach seiner Rückkehr lebte und arbeitete er bis zu seinem Tod 1956 in Ostberlin (DDR). Bertolt Brechts Bild und Stimme können Sie im Internet (z. B. bei You Tube) finden.

www   Suchwort: Bertolt Brecht

9 Gedichte von Lernern und Lernerinnen

2.30　**a Machen Sie die Augen zu und hören Sie.**

b Lesen Sie. Welcher Text passt am besten zu Ihnen? Warum?

Vergnügungen
Christian (Ecuador), 19

Ein Traum
Ein Motorrad kaufen
Aufstehen
Der erste Blick aus dem Fenster
　　am Morgen
Dunkler Himmel
Ein Buch lesen
Lernen
Duschen
Musik hören
Schlafen
Fernsehen
Einkaufen
Spazieren gehen

Vergnügungen
Aynur (Türkei), 29

Ich denke an ein Land
Wo alle Leute frei sind
Wo es keinen Krieg und
　　keinen Hunger gibt
Wo alle in Frieden leben
Wo das Wetter im Sommer
　　warm, im Winter kalt ist
Die Kinder
Die Vögel
Die Sonne
Neue Musik
Schlafen
Essen
Andere Menschen treffen

Vergnügungen
Min-Ah (Korea), 24

Der Sonnenschein am
　　Morgen
Der Duft von Kaffee
Schöne klassische Musik
　　hören
Die Kinder
Der Hund
Das Herbstlaub
Ein Film
Ein schönes Kinder-
　　märchen
Das Mondlicht – der Mond
Für meinen Mann kochen
Schöne Kleidung, Parfüm
Das Küssen im Bett am
　　Morgen
Beim Untergang der Sonne
Duschen

c Sprechen Sie: Was mögen die Personen? Was ist ihnen wichtig?

> Christian träumt von einem Motorrad. Er ...

> Für Aynur ist Politik wichtig. Sie möchte ...

... träumt von ...	Für ... ist ... wichtig, wie ...
... mag ...	Für ... ist ... wichtig, dass ...
... findet schön, wenn ...	... möchte in einem Land leben, wo ...
... genießt ...	
gerne ... trinken	Musik mögen
ihren Mann lieben	romantisch sein
gerne mit ... zusammen sein	gerne zu Hause sein
Politik wichtig sein	mit Menschen zusammen sein
in Frieden leben	die Jahreszeiten / bunte Blätter / die Natur mögen
gerne ... gehen / Musik hören	

d Ihre Vergnügungen – Schreiben Sie Ihr Gedicht oder Ihren Text. Lesen Sie vor.

Der gute Ton

Ⓐ Männer und Frauen
Die Frauen haben sich auf vielen Ebenen gleiche Rechte erkämpft. Sie verlangen Respekt und Anerkennung und lassen sich keine Vorschriften machen. Manche Männer müssen lernen, dass eine Frau „Nein" meint, wenn sie „Nein" sagt.

Ⓑ Anrede: *du* und *Sie*
Prinzipiell gilt, dass man alle Erwachsenen zunächst mit „Sie" und „Herr" oder „Frau" plus Nachname anredet. Anders als in vielen anderen Ländern ist die Anrede mit Sie auch bei Arbeitskollegen üblich, die man schon seit Jahren kennt. Nur unter Freunden sind die Deutschen weniger distanziert. Hier ist das Duzen normal.

Ⓒ Handy
Fast alle Deutschen, die über 12 Jahre alt sind, besitzen heute ein Handy und benutzen es auch oft. Aber es gibt Regeln: Wenn man im Restaurant angerufen wird, sollte man aufstehen und rausgehen. Im Theater, Konzert und Kino schaltet man das Handy aus. Handygespräche in der Öffentlichkeit, z. B. in der Straßenbahn, sollten kurz sein und die anderen Leute nicht stören.

Ich heiße Kurt und Sie?

Ⓓ Kleidung
Die Kleiderordnungen sind in Deutschland ziemlich locker: Man zieht an, was einem gefällt. Aber sauber und ordentlich muss die Kleidung sein! In vielen Büros werden Jeans akzeptiert. Schmutzige oder kaputte Kleidung ist nicht akzeptabel. Auch wenn Sie nicht darauf angesprochen werden, müssen Sie wissen, dass unordentliches Aussehen negativ bewertet wird.

Ⓔ Weltmeister in der Mülltrennung
In Deutschland wird mehr als in vielen anderen Ländern recycelt. Wegwerfen ist „out", die Mülltrennung gehört zum guten Ton. Man findet fast überall Container für Altpapier, Glas und Plastikabfälle. In fast allen Haushalten gibt es mehrere Mülleimer: einen für Bio-Müll (z. B. Speisereste), einen für „Restmüll" und einen für Papier und Plastik.

Herr Müller, könnten Sie uns bitte einen Kaffee machen?

10 Texte verstehen

a Lesen Sie und ordnen Sie die Texte und Bilder zu.

b Zustimmung und Widerspruch – Zu welchen Texten von Seite 142 passen die Sätze 1–5?

1. ___ Stimmt, die meisten Deutschen sind nicht so locker wie Menschen in anderen Ländern.

2. ___ Also, ich meine, der Zwang zum Recycling ist heute schon schlimmer als das Müllproblem.

3. ___ Das Telefonieren im Restaurant finde ich unhöflich und unmöglich!

4. ___ Also, wir haben im Betrieb eine strenge Kleiderordnung. Männer müssen Krawatte tragen.

5. ___ Ich halte meiner Frau die Tür auf und helfe ihr in den Mantel. Wir finden das beide normal.

11 Fünf Meinungen

⏺ 2.31 **a** Hören Sie zu. Über welche Texte sprechen die Personen?

Silke Paulsen
Text: _____

Ron Winter
Text: _____

Kirsten Bock
Text: _____

Irina Lewy
Text: _____

Rainer Stauch
Text: _____

b Hören Sie noch einmal. Wer stimmt dem Text zu und wer widerspricht?

Silke Paulsen widerspricht der Aussage, dass …	Sie sagt, dass …
Sie findet nicht, dass …	Sie findet auch, dass …

c Was sind Ihre Erfahrungen? Sammeln Sie im Kurs.

12 Höflich und freundlich sein

a Mit *bitte*, Modalverben und dem Konjunktiv II kann man Aufforderungen höflicher und freundlicher machen. Schreiben Sie die Sätze wie im Beispiel.

1. Trag den Müll runter.
2. Macht die Musik leiser.
3. Macht das Fenster zu.
4. Trennen Sie Ihren Müll.

5. Telefonieren Sie draußen.
6. Macht euer Handy aus.
7. Kauf nach der Arbeit etwas zu essen ein.
8. Wascht euer Geschirr ab.

1. Trag bitte den Müll runter. Kannst du bitte den Müll runtertragen? Könntest du bitte den Müll runtertragen?

⏺ 2.32 **b** Am Ende macht der Ton die Musik. Sie hören vier Sätze von a je zweimal. Was passiert hier? Notieren Sie für jeden Satz: „f" für freundlich oder „u" für unfreundlich.

c Sprechen Sie Ihre Sätze aus a freundlich und unfreundlich.

Auf einen Blick

1 Bei Einladungen

● = Gastgeber   ○ = Gäste

● Herzlich willkommen.
Schön, dass Sie gekommen sind.
○ Vielen Dank für die Einladung.

● Bitte nehmen Sie Platz / setzen Sie sich.
○ Danke.

● Trinken Sie einen Wein/Saft / ein Bier …?
○ Zuerst ein Glas Wasser, bitte.

● Möchten Sie noch etwas / ein Glas Wein?
○ Danke, gerne. / Danke, ich trinke keinen Alkohol.

● Gibt es etwas, das Sie nicht essen?
○ Ich esse alles / kein Fleisch / keinen Fisch …

● Bitte nehmen Sie doch noch etwas.
○ Danke, ich würde gerne …

● Möchten Sie noch etwas …?
○ Ja, gerne. / Nein, danke.

○ Wo kann ich meinen Mantel aufhängen?
● Hier ist die Garderobe.

○ Könnte ich noch etwas Reis/Nudeln haben?
● Aber natürlich, bedienen Sie sich.

○ Könnten Sie mir bitte das Salz geben?
● Selbstverständlich. Hier, bitte.

○ Vielen Dank, es hat sehr gut geschmeckt.
● Das freut mich.

○ Der Nachtisch ist wunderbar. Würden Sie mir das Rezept geben?
● Selbstverständlich. Gerne.

○ Vielen Dank für den schönen Abend.
● Auf Wiedersehen, es war nett, dass Sie da waren.

2 Sich entschuldigen

Leider kann ich nicht zum Fest kommen. Meine Tochter ist krank.
Es tut mir leid, dass wir so spät sind.
Sind wir zu spät? Entschuldigung.
Das Essen dauert leider noch ein bisschen. Kann ich Ihnen schon etwas zum Trinken anbieten?

3 Höflichkeit und Freundlichkeit – weitere Tipps

Pünktlichkeit
ist ein Zeichen von Höflichkeit. Zeigen Sie Respekt für die Zeitplanung von anderen. Wenn Sie zu spät kommen, dann sollten Sie anrufen.

Fehler
Wenn Sie merken, dass Sie einen Fehler gemacht haben, dann sollten Sie sich ent-schuldigen.

Straßenbahn/Bus/Bahn
Wenn jemand Probleme hat, dann sollte man Hilfe anbieten.

Danke sagen
Man sagt lieber einmal zu viel „Danke" als einmal zu wenig.

Kontakte herstellen
Wenn sich bei Ihnen Leute treffen, die sich nicht kennen, dann stellen Sie die Leute vor. So kommt man leichter ins Gespräch.

Heide, das ist Elmar Gans, wir singen zusammen im Chor. Er ist auch Jazzfan wie du.

Darf ich vorstellen? Das ist Heide Mack, eine Arbeitskollegin von mir.

Grammatik

1 Präpositionen mit Dativ (Zusammenfassung)

Diese Präpositionen stehen immer mit Dativ.

aus	Ich komme meistens erst um acht Uhr **aus der** Firma.
bei	Sonntags sind wir immer **bei meinen** Eltern zum Essen eingeladen.
mit	Ich koche gern **mit meiner** Freundin zusammen.
nach	**Nach dem** Essen gibt es immer einen Nachtisch.
seit	Ich esse **seit einem** Jahr nicht mehr in der Kantine, weil es mir nicht schmeckt.
von	Ich komme gerade **von der** Arbeit und muss noch einkaufen gehen.
zu	Samstags kommen oft meine Freunde **zu mir** und wir grillen zusammen.

TIPP   So kann man sich diese Präpositionen gut merken:

Herr **VON NACHSEITZU**
und Frau **AUSBEIMIT**
bleiben mit dem Dativ fit.

---

2 Nebensätze: Übersicht

Warum?	Ron kauft Blumen**,** **weil** er zum Essen eingeladen ist.	Grund
Wann?	(Immer) **Wenn** Anne abends Wein trinkt, schläft sie schlecht.	Wiederholung
Wenn ...	**Wenn** sie nicht bald kommen, (dann) wird das Essen kalt.	Bedingung
Wann?	**Bevor** ich ins Bett gehe, lese ich noch etwas.	Reihenfolge
Bis wann?	Sie wartet, **bis** es an der Tür klingelt.	*jetzt* → Zeitpunkt in der Zukunft
	Ich bin der Meinung, **dass** die Deutschen gar nicht so pünktlich sind.	dass-Satz
	Fast alle Deutschen, **die** über zwölf Jahre alt sind, haben heute ein Handy.	Relativsatz
	Der Mülleimer, **den** du benutzt hast, ist für Bio-Müll.	

Aussprache

Einen Text sprechen üben

– Markieren Sie den Text und sprechen Sie einzelne Abschnitte.
– Sprechen Sie immer laut.
– Variieren Sie das Sprechen (Tempo, Gestik, Mimik, verschiedene Rollen/Emotionen ...)
– Üben/Sprechen Sie mit einem Partner / einer Partnerin.
– Denken Sie an Pausen.
– Schauen Sie in den Sprechpausen die Zuhörer an. Blickkontakt ist sehr wichtig!

① **Leben in Frankfurt**

a Eine E-Mail von Brigitte – Lesen Sie, betrachten Sie die Fotos und ordnen Sie zu.

VON: b.beuwink@zdt.de
AN: swetlana.bw@yadu.dom

Liebe Swetlana,

in zwei Wochen ist es so weit und du kommst mich endlich in Frankfurt besuchen! Ich freue mich schon sehr.

Damit du ein bisschen was über Frankfurt weißt, schreibe ich dir ein paar Informationen über meine Lieblingsstadt und hänge ein paar Fotos an!

Frankfurt ist eine Metropole im Kleinformat – und gerade das macht die Stadt am Main so lebenswert und so liebenswert! Die Stadt ist schnell und dynamisch, aber nicht so stressig wie andere Großstädte.

Rund 660.000 Frankfurterinnen und Frankfurter leben in der Stadt am Taunus. (___)
Shopping machst du am besten in Frankfurts beliebtester Einkaufsmeile, der Zeil. Hier findest du alle bekannten Kaufhäuser. Die Zeil ist übrigens eine der umsatzstärksten Einkaufsstraßen Europas. Schau dir auf jeden Fall unsere Architektur-Attraktion in der Zeil an, das Einkaufszentrum „My Zeil", mit der spektakulären Fassade. (___)
Frankfurt ist aber auch gemütlich. Zum Beispiel in den Apfelweinkneipen in Alt-Sachsenhausen. (___) Auf langen Bänken an Holztischen trinkt man „Ebbelwoi",
so heißt hier der Apfelwein. (___) Wenn du internationale Küche magst, gehen wir zum Frankfurter Bahnhof. Da kann man an jeder Ecke türkisch, italienisch, indisch, chinesisch oder pakistanisch essen. Meine Metropole ist bunt. 180 Nationen leben hier friedlich zusammen, fast jeder Dritte hat keinen deutschen Pass.

Im August gibt es bei uns ein ganz tolles Fest am Main! (___) Nimm unbedingt deinen Fotoapparat mit. Ich checke noch den genauen Termin.
Ach ja, weil wir gerade bei den Superlativen sind:
In Frankfurt ist die weltweit größte Bücherschau zu Hause. Die Buchmesse gibt es seit über 500 Jahren. Der Börsenverein des Deutschen Buchhandels verleiht jedes Jahr den Friedenspreis in der Paulskirche. (___) Das ist der Ort, an dem 1848 der Grundstein für die deutsche Demokratie gelegt wurde! Und bei Büchern muss natürlich auch der berühmteste Sohn der Stadt genannt werden: Johann Wolfgang von Goethe wurde am 28. August 1749 in Frankfurt geboren! Darum gibt es hier einen Goetheplatz, eine Goethestraße und eine Goethe-Universität. (___)
Weil ich ja meine Brötchen als Informatikerin in einer Bank verdiene, noch eine Information zum Schluss: Frankfurt ist das Finanzzentrum von Europa. Es gibt über 300 Banken. Die Deutsche Bundesbank und etwa 190 internationale Finanzinstitute sind hier. Auch die Europäische Zentralbank ist in Frankfurt. Und über 100 Hochhäuser, meist Bank- oder Bürogebäude haben Frankfurt den Namen „Mainhattan" gegeben. (___)
Schreib mir bitte, wann du ankommst. Ich hole dich ab! Und dann kaufen wir gleich eine Frankfurt Card. (___) Damit kannst du kostenlos mit allen Linien im Stadtgebiet inklusive Flughafen fahren. Und es gibt Eintrittsermäßigung für Frankfurter Museen, den Zoo, den Palmengarten ...

Bis bald und herzliche Grüße
deine Brigitte

P.S.: Ach ja, nimm bitte bequeme Schuhe mit!
Wir müssen einen Ausflug in den Taunus machen –
zum Kaffeetrinken nach Königsstein.

Ⓘ

b Hören Sie zu. Von welchem Fest spricht die Moderatorin? Kreuzen Sie an.

☐ Buchmesse ☐ Mainfest ☐ Museumsuferfest ☐ Dippemess ☐ Weihnachtsmarkt

c Hören Sie noch einmal und notieren Sie.

Beginn: Ende: Anfahrt:

Projekt:
Wie kann man eine Stadt entdecken?
allein • mit Freunden • eine Führung machen • Reiseführer • Internet ...

2 Sprechen üben – Informationsaustausch

a Wählen Sie ein Foto aus und berichten Sie Ihrem Partner / Ihrer Partnerin.

– Was sehen Sie auf dem Foto?
– Was für eine Situation zeigt dieses Bild?

b Erzählen Sie im Kurs: Wie ist das in dem Land, aus dem Sie oder Ihre Eltern kommen?

3 Gemeinsam etwas planen

a Ihr Kind geht in die Kindertagesstätte „Robinson". Sie möchten mit den anderen Eltern ein Fest machen. Sammeln Sie Ideen.

> Wann soll das Fest sein?
> Essen und Trinken
> Was kostet das?
>
> Was brauchen Sie noch? (Musik, Spiele ...)
> Wer macht was?
> ...

b Stellen Sie Ihre Ideen im Kurs vor.

Effektiv lernen

Tipps für die Prüfungsvorbereitung

1. Aus welchen Teilen besteht der Test?
   Wie viele Punkte bekommt man für jeden Teil?
   Wie viele Punkte brauche ich?

Hören		Lesen
Teil 1	5 Punkte	...
Teil 2		
Teil 3		

2. Was kann ich sehr gut / gut / nicht so gut?
   a) Notieren Sie ++/+/0 in Ihrer Tabelle.
   b) Kontrollieren Sie im Testtraining 1–4.

3. Was, wann, wie lange, wie, wo muss ich lernen?

Problem	Übungen
Hören Teil 3	Testtraining 3 + 4
Lesen Teil 2	Testtraining 2 + 4, Kapitel 10, A8

4. Machen Sie einen Lernplan:
   Was möchte ich verbessern?
   Wo finde ich Übungen?

5. Machen Sie einen Zeitplan.

- Fangen Sie früh genug an.
- Arbeiten Sie jeden Tag etwas.
- Denken Sie an Pausen – nicht zu lange lernen!
- Denken Sie auch an körperlichen Ausgleich: joggen, spazieren gehen, Fahrrad fahren …

6. Wie lernen Sie gut/gern? Kreuzen Sie an. Überlegen Sie dann: Was möchten und können Sie ändern?

	ja	nein	manchmal
Ich lerne allein.	☐	☐	☐
Ich höre Musik beim Lernen.	☐	☐	☐
Ich brauche regelmäßige Lernzeiten.	☐	☐	☐
Ich mache Lernplakate.	☐	☐	☐
Ich lerne mit Lernkarten.	☐	☐	☐
Ich höre viel Radio / sehe viel fern.	☐	☐	☐

7. Suchen Sie sich Lernpartner/innen.
   Gemeinsam lernen hilft!

> **TIPP** Prüfungsangst?
> Das beste Mittel gegen Prüfungsangst ist eine gute Vorbereitung!

VIDEO

Teil 1
Alltag und Medien

Welche Medien benutzt Felice wann?

> *Am Morgen:*   *Im Büro:*   *Nach der Arbeit:*   ...
> *Radio ...*

Teil 2
Lesen Sie den Text und ordnen Sie die Bilder zu. Vergleichen Sie mit dem Video.

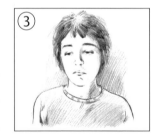   

Die Arche Noah

[3] Ich kam mit meiner ganzen Familie, Mutter, Vater und Schwester aus Belgrad, damals Jugoslawien, nach Deutschland. Ich war damals fünf Jahre alt. Wir hatten keine Verwandten in Deutschland. Die Großen hatten in der Schule ein bisschen Deutsch gelernt. Ich konnte kein einziges Wort.

☐ In unserer Wohnung in München wurde mir bald langweilig. Ich stand immer öfter am Fenster
☐ und schaute sehnsüchtig auf den Hinterhof, in dem viele Kinder spielten. Ich traute mich einfach nicht herunterzugehen, denn ich konnte ja ihre Sprache nicht sprechen.

☐ Die Sehnsucht nach Freunden war stärker als die Scham. Wie viele Tage vergingen, bis ich den ersten Kontakt aufnahm, weiß ich nicht mehr. Aber wie ich es tat, weiß ich heute noch genau. Ich öffnete das Fenster und bellte wie ein Hund nach unten zu den Kindern.

☐ Nach der ersten Überraschung kam bald ein Bellen zu mir zurück. Und dann wurde der „Wortschatz" schnell erweitert. Dem Hund antwortete eine „Katze" mit „Miau", der Katze antwortete ein Pferd und dem Pferd muhte die „Kuh" zurück. Nach ein paar Tagen war die Arche Noah voll.

☐ Meine Eltern sagten später, dass ich in weniger als einem Monat fließend Deutsch sprechen gelernt hatte. Ich selbst kann mich nicht erinnern, wie ich die Sprache gelernt habe.

Was kann ich schon?

Suchen Sie sich fünf Aufgaben aus. Notieren Sie je ein Beispiel (Aussagen/Fragen) dazu.
Vergleichen Sie im Kurs.

Ich kann …

1. … nach dem Weg fragen / einen Weg beschreiben.

2. … meine Meinung sagen: zustimmen/widersprechen.

3. … nach einem Datum fragen.

4. … im Café etwas bestellen.

5. … etwas begründen.

6. … jemandem einen Ratschlag geben.

7. … einen Vorschlag machen.

8. … meine Wohnung beschreiben.

9. … mich über eine Wohnung informieren.

10. … sagen, was ich gestern gemacht habe.

11. … zwei Dinge (z. B. Kleidung) vergleichen.

12. … meinen Beruf beschreiben.

13. … ein Wort / einen Gegenstand erklären.

14. … Wünsche äußern.

15. … eine Bitte sehr freundlich formulieren.

16. … sagen, warum ich etwas tue.

17. … sagen, was ich gerne mache.

18. … mein Land und Deutschland vergleichen.

zu 13: Eine Kaffeemaschine ist eine Maschine, die Kaffee macht.

Ich über mich

Schreiben Sie über Ihr „Sprachenlernen".

Ich komme aus Lodz und spreche Polnisch. Das ist meine Muttersprache. In der Schule habe ich auch Englisch gelernt. Ich bin jetzt seit 8 Monaten in Berlin. Am Anfang habe ich nur Englisch gesprochen. Aber seit einem halben Jahr bin ich im Deutschkurs an der VHS. Wir sind fast am Ende von Niveau A2. Ich arbeite halbtags in einem Drogeriemarkt. Meine Kolleginnen haben unterschiedliche Muttersprachen, deshalb unterhalten wir uns auf Deutsch. So habe ich viel Übung und lerne viele neue Wörter. Manche sind richtig kompliziert: Feinwaschmittel, Waldbeerenmüsli, Zahnpflegekaugummi …

Ich bin als kleines Kind mit meinen Eltern aus der Türkei nach Deutschland gekommen. Im Kindergarten habe ich schnell Deutsch gelernt wie meine zweite Muttersprache. In der Schule habe ich noch Englisch und Spanisch gelernt. Heute arbeite ich in einem großen Verlag im Marketing. Sprachkenntnisse sind dabei sehr wichtig, denn ich bin viel im Ausland. Mit meinen Eltern spreche ich immer nur Türkisch. Sie sprechen wenig Deutsch. Aber jetzt wollen sie einen Sprachkurs machen.

Das steht dir gut!

1 **Kleidung – Ein Kreuzworträtsel**

Waagerecht:
1. Es ist kalt. Zieh bitte deine J… an.
2. So bleibt die Hose oben.
3. Man trägt sie auf dem Kopf. Sie hilft bei Kälte im Winter.
4. Das kann man am Ohr tragen.
5. Bei Frauen heißt es Bluse, bei Männern …
6. Man braucht ihn vor allem im Winter.
7. Ich kann ohne sie nicht lesen.
8. Man trägt sie unter der Hose.

9. Das zieht man an die Füße.
10. Es sind Strümpfe wie eine Hose.
11. Man hat sie immer dabei und weiß, wie spät es ist.
12. Sie kommt aus Kalifornien. Heute trägt sie fast jeder.
13. Man trägt sie beim Sport oder in der Freizeit.
14. Männer tragen Hosen. Frauen tragen auch Hosen oder einen …

Senkrecht: Ein Gegenstand in der Wohnung für die Kleider.

2 **Was tragen Sie …? – Was trägst du …?**

⊙ 3.2   **2.1 Interviews – Hören Sie und ergänzen Sie die Tabelle. Wir haben vier Personen gefragt.**

1. Was tragen Sie in Ihrer Freizeit?
2. Was tragen Sie bei der Arbeit?
3. Was tragen Sie oft und was tragen Sie nie?

Ⓐ   Ⓑ   Ⓒ   Ⓓ

Frage	Thomas Urich	Daniela Schittger	Bernhard Schmitt	Silke Klein
1.	_____	_____	_____	_____
2.	_____	_____	_____	_____
3.	_____	_____	_____	_____

2.2 Beschreiben Sie Ihren Lehrer / Ihre Lehrerin. Was trägt er/sie ...?

immer • oft • manchmal • selten • nie

> *Frau Wohlfahrt trägt immer einen Rock.*
> *Herr Schuhmann trägt manchmal eine Krawatte.*

3 Orientierung im Kaufhaus

3.1 Wie heißen die Wörter? Schreiben Sie.

Herrenm__ __ __ __ __ • Wur__ __ • Bleist__ __ __ • But__ __ __ • Druc__ __ __ •

Kä__ __ • Blu__ __ • Fernse__ __ __ • U__ __ • Ob__ __ • Mi__ __ __ • Kraw__ __ __ __ •

Toma__ __ • Sche__ __ • Gür__ __ __ • Com__ __ __ __ __ • Sports__ __ __ __ •

Soft__ __ __ __ • Br__ __ • Strumpf__ __ __ __ • Han__ __ • Pullo__ __ __ • Ku__ __

3.2 Was passt wohin? Schreiben Sie die Wörter mit Artikel.

Lebensmittel	Kleidung/Accessoires	Büro/Elektronik
	der Herrenmantel	

4 Kleidung kaufen

4.1 Ergänzen Sie die Sätze und schreiben Sie dann den Dialog ins Heft.

groß • Meter • Winter • ~~weiß~~ • Größe • nicht • tun • dahinten • braucht • helfen

1. Das __weiß__ ich nicht.

2. Für den _____?

3. Ja, aber _____ zu warm.

4. Ja, was kann ich für Sie _____?

5. Meine Tochter _____ eine Jacke.

6. Dann schauen Sie mal _____.

7. Entschuldigung, können Sie mir _____?

8. Wie _____ bist du?

9. Welche _____?

10. Einen _____ 44.

> ● *Entschuldigung, können Sie mir helfen?*   ○ *Ja, was kann ...*

4.2 Wer sagt was? – Ordnen Sie zu: Verkäufer/in (V) oder Kunde/Kundin (K).

1. __ Eher etwas Festliches.

2. __ Für die Freizeit?

3. __ Ich suche einen Rock.

4. __ Dahinten rechts.

5. __ Welche Größe haben Sie?

6. __ Kann ich Ihnen helfen?

7. __ Dann schauen Sie mal dahinten.

8. __ Wo kann ich das anprobieren?

9. __ Hier ist das Kleid in Größe 44.

10. __ Nein, das ist zu teuer.

11. __ Das weiß ich leider nicht.

12. __ Schauen Sie im 3. Stock.

4.3 Schreiben Sie Minidialoge mit Sätzen aus 4.2. Es gibt zum Teil mehrere Möglichkeiten.

1. ● Entschuldigung, wo finde ich Blusen?

   ○ _____

2. ● _____

   ○ Die Umkleidekabinen sind hinten rechts.

3. ● Kann ich Ihnen helfen?

   ○ _____

4. ● Guten Tag, ich suche eine Hose.

   _____

5 Wie gefällt Ihnen der Anzug?

5.1 Personalpronomen im Dativ – Ergänzen Sie den Dialog.

● Guten Morgen, Herr Schnelle, kann ich _Ihnen_ helfen?

○ Danke, ich habe schon etwas gefunden. Was meinen Sie? Steht _____ diese Farbe?

● Na ja, das ist mal etwas anderes. Ich finde dieses Grün steht _____ besser.

○ Das ist ein guter Tipp. Ich danke _____. Das gefällt _____ auch sehr gut.

5.2 Personalpronomen im Dativ – Ergänzen Sie die Sätze.

1. Das ist unsere Tasche.

2. Ist das euer Auto?

3. Sind das deine Schuhe?

4. Das ist mein Handy.

5. Ist das Marias Mantel?

Die Tasche gehört _____.

Gehört das Auto _____?

Gehören die Schuhe _____?

Das Handy gehört _____.

Gehört der Mantel _____?

6 Die Anprobe

6.1 Ergänzen Sie.

● Suchst du et__ __ __ Bestimmtes, Linda?

○ Ja, i__ __ brauche ei__ __ __ Rock.

● Ku__ __ oder la__ __?

○ Etwas län__ __ __ als d__ __ Jeansrock hi__ __.

● Dann pro__ __ __ __ doch m__ __ den hi__ __. Der si__ __ __ klasse a__ __.

○ Der i__ __ doch zu e__ __, Sabine. Gi__ __ es d__ __ nicht et__ __ __ weiter?

● In Gr__ __ __ 38 gibt es n__ __ den.

○ Gut, i__ __ probier i__ __ mal an.

● D__ __ steht d__ __ super.

○ Ab__ __ er i__ __ mir zu e__ __. Ich sc__ __ __ mal bei den Hosen.

● Ich de__ __ __, du suc__ __ __ einen Ro__ __.

○ Ja, ab__ __ ich fi__ __ __ doch nic__ __ __.

   …

6.2 Demonstrativpronomen (N, A, D) – Ergänzen Sie.

Dialog 1

● Gehst du mit Lukas in die Disco?

○ Nein, _____ (N) ist zu langweilig.

● Und Ron?

○ Mit _____ (D) gehe ich nie aus.

● Dann frag doch deinen Bruder!

○ Steffen? _____ (N) ist doch viel zu jung!

Dialog 2

Käse! Käse!

● Iss doch noch etwas Gemüse!

○ _____ (A) mag ich aber nicht.

● Dann nimm doch noch Salat.

○ _____ (A) will ich auch nicht.

● Hier ist noch Wurst.

○ _____ (N) schmeckt mir nicht.
   Ich will Käse.

Dialog 3

● Wie findest du die Schuhe?

○ _____ (N) sehen gut aus.

Dialog 4

● Der Pulli ist schön.
   _____ (N) passt gut zu deiner Hose.

○ Aber _____ (N) ist mir viel zu weit,
   _____ (A) kann ich nicht anziehen.

7 Aussprache: Satzakzente

⊙ 3.3 **7.1 Hören Sie und markieren Sie den Satzakzent wie im Beispiel. Sprechen Sie laut.**

Ich kaufe meine Strümpfe immer im Supermarkt.   (nicht: im Kaufhaus)

Ich kaufe meine Strümpfe immer im Supermarkt.   (nicht: manchmal)

Ich kaufe meine Strümpfe immer im Supermarkt.   (nicht: meine Hosen)

Ich kaufe meine Strümpfe immer im Supermarkt.   (nicht: Peter)

7.2 Schreiben Sie andere Sätze und üben Sie wie in 7.1.

8 Vergleichen

8.1 Adjektive – Suchen Sie ein Gegenteil.

eng • praktisch • schnell • klein • kalt • krank • hart • interessant • neu • laut • billig • einfach

groß	*klein*	langweilig	
langsam		warm	
gesund		teuer	
leise		weit	
weich		alt	
kompliziert		unpraktisch	

8.2 Komparation – Schreiben Sie die passenden Formen in die Tabelle.

regelmäßig		regelmäßig + Umlaut	
schön		groß	*größer*
modern		lang	
praktisch		kurz	
kreativ		hart	
billig		gesund	
weit		warm	
⚠ teuer		alt	

unregelmäßig

gut ⚠	*besser*	
viel ⚠		
gern ⚠		

8.3 *Wie* und *als* – Was passt zusammen? Ergänzen Sie und ordnen Sie zu.

lieber • kälter • mehr • billiger • gesünder • besser • genauso • genauso • genauso

Jeans finde ich	1		a	als der Mantel.
Ich trage Röcke	2		b	als ein T-Shirt.
Ein Hemd steht dir	3	*kälter*	c	als in Freiburg.
Die Jacke ist 50 €	4		d	als Jeans.
Ein Fahrrad ist in der Stadt oft	5		e	als Pommes frites.
In Bielefeld ist es oft 10 °C	6		f	gern wie Döner.
Mein neuer Job macht mir	7		g	schnell wie ein Auto.
Hamburger esse ich	8		h	schön wie Anzüge.
Obst ist	9		i	Spaß als der alte.

8.4 Vergleiche – Ergänzen Sie die Komparativformen.

lang • schnell • langsam • ~~groß~~ • viel • wenig

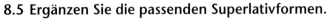

1. Berlin ist _**größer als**_ Hamburg.

2. In Deutschland wohnen _____ Menschen _____ in Frankreich.

3. Die Deutschen essen _____ Reis _____ Kartoffeln.

4. Der Winter in Deutschland ist _____ _____ der Sommer.

5. Von München nach Hamburg ist der Zug _____ _____ das Auto.

6. In der Stadt ist das Auto meistens _____ _____ die Straßenbahn.

8.5 Ergänzen Sie die passenden Superlativformen.

1. Ich lerne immer viel, aber vor einer Prüfung lerne ich _**am meisten**_ .

2. Blau steht dir auch gut, aber Grün sieht bei dir _____ aus.

3. Ich fahre gern Fahrrad, aber _____ gehe ich spazieren.

4. Abends mache ich gern Sport. _____ gehe ich ins Fitness-Studio.

5. Ich gebe viel Geld für Kleidung aus, _____ für Hemden und Hosen.

Effektiv lernen

Redemittel lernen und wiederholen

Sie haben jetzt schon Redemittel für viele Situationen im Alltag gelernt.
So können Sie schwierige Redemittel sammeln und wiederholen:

Vorderseite   Rückseite

> Hose kaufen
> – Preis?
> – teuer!

> Wie viel kostet die Hose?
> Die ist mir zu teuer. Haben Sie auch
> andere?

> Familie/Verwandte
> – wie viele?
> – Eltern treffen / wie oft?

> Hast du viele Verwandte?
> Wie oft triffst du deine Eltern?

Machen Sie einmal pro Woche einen Wiederholungstag für Redemittel.

Sortieren Sie dann Ihre Karten:
Stapel 1: Das habe ich gekonnt.
Stapel 2: Das habe ich nicht gekonnt.

TIPP   Sie können auch Karten im Kurs mit anderen tauschen.

14 Feste, Freunde, Familie

1 Erinnerungen an Feste

1.1 Schreiben Sie die Glückwünsche zu den Bildern.

A _____ B _____ C _____

1.2 Wie heißen die Wörter? Ergänzen Sie. 🔊↓

1. Bei der _____ trägt die Braut ein _____ und ihr Mann einen Anzug.

2. Zu W_____ haben die Kinder viele _____. Aber manche

   G_____ sind auch Überraschungen.

3. Unsere Hochzeit haben wir mit vielen V_____ und F_____ gefeiert.

🔊 Verwandten • Wünsche • Freunden • Hochzeit • Brautkleid • Weihnachten • Geschenke

1.3 Ergänzen Sie die Verben. 🔊↓

1. Am 24. Dezember s_____ wir morgens den Weihnachtsbaum.

2. Silvester f_____ wir immer mit Freunden.

3. Vor Ostern b_____ wir Eier. An Ostern s_____ die Kinder die Eier.

4. Weihnachten, das ist anderen etwas s_____, etwas Schönes a_____

   und vor allem gut e_____.

🔊 anziehen • bemalen • essen • feiern • schenken • schmücken • suchen

2 Feste bei Ihnen

P

Schreiben Sie eine E-Mail an eine deutsche Freundin. Schreiben Sie über folgende vier Punkte:

– Was ist für Sie ein wichtiges Fest?
– Wer feiert zusammen?
– Gibt es Geschenke?
– Wie lange dauert das Fest?

man lädt ... ein und alle ...   das wichtigste Fest bei uns ist ...
liebe Grüße ...   Die ... bringen Geschenke mit.
        Meistens ...
Liebe ...   das Fest beginnt ... und ist ... zu Ende.

3 **Wir heiraten.**
Lesen Sie die Meldungen und Mitteilungen und lösen Sie die Aufgaben 1–4.

Wir sagen ja!
Unsere Hochzeit feiern wir am
5. Mai
mit unseren Familien und Freunden.
Kirchliche Trauung:
11 Uhr in der Waldkirche
Danach essen und tanzen wir
im Restaurant Bergfried.
Zu unserem Fest laden wir euch herzlich ein.
Ihr kommt doch?

Bitte sagt bis zum 31. März Bescheid.

Alexandra und Stefan
Standesamt: 4. Mai, 10 Uhr

(A)

VON: t.bunk@zet.de
AN: alexandrakempf@yadu.com

Liebe Alexandra,

ich habe mich so auf eure Hochzeit gefreut und nun kann ich nicht kommen. Unsere Firma beginnt ein neues Projekt in Polen und ich muss heute Nachmittag noch nach Warschau. Gestern war ich noch in der Stadt und habe mir ein tolles Kleid gekauft. Und als ich nach Hause gekommen bin, war die Nachricht von der Firma auf meinem Anrufbeantworter. Schade, aber ich kann nichts machen. Der Termin ist sehr wichtig.
Euer Geschenk bekommt ihr aber! Ich gebe es Katrin und Gerd mit. Ich hoffe, ihr habt so etwas noch nicht und könnt es brauchen. Ich bin in zwei Wochen wieder aus Warschau zurück. Wie lange sind eure Flitterwochen? Danach komme ich euch besuchen.
Ich wünsche euch ein schönes Fest und schöne Flitterwochen und alles Gute und Liebe für euer Leben zu zweit,
eure

Tamara

1. Tamara kommt zur Hochzeit.　　Richtig　　Falsch

2. Tamara sagt:
a Sie kauft in Polen ein Geschenk.
b Sie bleibt zehn Tage in Polen.
c Sie hat ein Kleid für die Hochzeit.

(B) *Hausfest * Hausfest * Hausfest * Hausfest * Hausfest * Hausfest * Hausfest * Hausfest * Hausfest * Hausfest *

Liebe Mitbewohnerinnen und Mitbewohner,

auch in diesem Jahr wollen wir wieder unsere traditionelle Hausparty organisieren. Wir haben alle Mieterinnen und Mieter gefragt und alle machen mit. Die meisten Mitbewohner waren für den Termin am 30. Juni. Die Party beginnt wie jedes Jahr um 17 Uhr und der offizielle Teil ist um 23 Uhr zu Ende. In den nächsten Tagen bekommen Sie alle eine Liste. Auf dieser Liste können Sie notieren, was Sie zu essen machen wollen. Getränke und Sonstiges kosten wie im letzten Jahr 10 Euro pro Person. Kinder zahlen natürlich nichts. Musik vom MP3-Player haben wir oder kennt jemand eine Band, die bei uns Live-Musik machen kann?

Liebe Grüße
Sandra Berger (Hausmeisterin)

3. Das Hausfest findet abends statt.　　Richtig　　Falsch
4. Sandra Berger schreibt:
a Sie hat alle Hausbewohner gefragt.
b Alle wollen am 30. Juni feiern.
c Getränke bringt jeder selbst mit.

4 Ich schenke dir eine Rose.

4.1 Wiederholung: Personalpronomen – Ergänzen Sie die Tabelle und die Sätze.

Nominativ	ich	du	er	es	sie	wir	ihr	sie/Sie
Akkusativ	mich							
Dativ	mir							

1. ● Hörst du m_____? ○ Ja, ich höre d_____ gut.

2. ● Was kannst du m_____ als Geschenk für meinen Chef empfehlen? ○ Schenk i_____ Wein.

3. Mein Vater gibt u_____ immer Geld und er bekommt von u_____ Rotwein.

4. Ich war im Urlaub am Bodensee. Ich kann e_____ das nur empfehlen.

4.2 Possessivartikel im Akkusativ oder Dativ – Ergänzen Sie die Endungen.

1. Mein er Mutter gefallen deine Ohrringe.

2. Was willst du dein_____ Kindern zu Weihnachten kaufen?

3. Rudolf möchte sein_____ Sohn einen MP3-Player zum Geburtstag schenken.

4. Meine Frau telefoniert jeden Tag mit ihr_____ Mutter in Lima.

5. Wir haben unser_____ Eltern seit zwei Jahren nicht mehr gesehen.

6. Sie trifft ihr_____ Bruder nur einmal im Jahr.

4.3 Schreiben Sie Sätze mit *schenken* oder *kaufen* wie im Beispiel.

1. ich → (mein Mann) / zum Geburtstag eine Waschmaschine

Ich schenke meinem Mann zum Geburtstag eine Waschmaschine.

2. wir → (sie) / zu Ostern nichts

Wir

3. ich → (meine Tochter) / ein Fahrrad zum Geburtstag

_____

4. Peter → (seine Freundin) / zum Hochzeitstag eine Reise nach Berlin

_____

5. ich → (du) / zur bestandenen Prüfung ein Wochenende in Wien

_____

6. Tamara → (Alexandra und Stefan) / eine Kaffeemaschine zur Hochzeit

_____

7. Helge und Lea → (wir) / zu Weihnachten zehn Mal Rasenmähen

_____

8. meine Mutter → (mein Vater) / ein Handy zum Geburtstag

_____

4.4 Schreiben Sie die Ja/Nein-Fragen zu den Antworten.

1. ● (du / Schwester / eine Kette) *Schenkst du deiner Schwester eine Kette?*
   ○ Nein, ich schenke ihr ein Armband.

2. ● (Rudi / Frau / Pralinen) _____
   ○ Nein, er hat ihr eine Bluse gekauft.

3. ● (du / Ralf / eine DVD) _____
   ○ Nein, ich schenke ihm ein Buch.

4. ● (du / Sandra / Parfüm) _____
   ○ Ja, und sie bekommt auch noch einen Blumenstrauß von mir.

5. ● (Sarah / Sohn / ein Computerspiel) _____
   ○ Nein, sie schenkt ihm einfach Geld.

5 Familie und Freunde

5.1 Lesen Sie die zehn Fragen. Fünf Fragen sind falsch. Korrigieren Sie sie.

1. Sind Sie verheiratet?
2. Mit wem feiern Sie Ihren Geburtstag? ③ _____
3. Wen gehört zu Ihrer Familie?
4. Wie oft treffen Sie Ihre Verwandten? ☐ _____
5. Wie lange Freunde haben Sie?
6. Wohin wohnen Ihre Eltern? ☐ _____
7. Wer sprichst du über Probleme?
8. Hast du Kinder? ☐ _____
9. Wem schenkst du etwas zu Weihnachten?
10. Wie alt macht ihr Familienfeste? ☐ _____

5.2 W-Fragetraining – Wie viele W-Fragen können Sie in drei Minuten schreiben? Vergleichen Sie im Kurs.

Wer • Was • Mit wem • Wen • Wann • Wie lange • Wie oft • Wo • Wohin • Woher • Um wie viel Uhr …

Wer hat im Mai Geburtstag?

○ 3.4

5.3 Interview mit Frau Füllemann – Sie hören ein Gespräch. Zu dem Gespräch lösen Sie vier Aufgaben. Kreuzen Sie die richtige Antwort an.

1. Frau Füllemann ist …
   [a] Studentin.
   [b] Lehrerin.
   [c] Hausfrau.

2. Die Kinder sind …
   [a] zwischen 13 und 21 Jahren alt.
   [b] zwischen 3 und 13 Jahren alt.
   [c] alle über 18.

3. Frau Füllemann macht Geschenke …
   [a] zu allen Festen.
   [b] zu Weihnachten und Geburtstagen.
   [c] immer bei Einladungen.

4. Frau Füllemanns Wünsche sind meistens …
   [a] Süßigkeiten.
   [b] Bücher und CDs.
   [c] Blumen oder Pralinen.

6 Aussprache: Satzmelodie

⊙ 3.5 **6.1 Hören Sie und notieren Sie die Satzmelodie.**

1. Bist du verheiratet? (↗) Lebst du allein? ( )
   Bist du verheiratet ( ) oder lebst du allein? ( )

2. Feierst du mit Freunden? ( ) Bleibst du zu Hause? ( )
   Feierst du mit Freunden ( ) oder bleibst du zu Hause? ( )

3. Schenken wir den Gutschein zusammen? ( ) Möchtest du Meike alleine etwas schenken? ( )
   Schenken wir den Gutschein zusammen ( ) oder möchtest du Meike alleine etwas schenken? ( )

6.2 Sprechen Sie die Sätze laut und üben Sie weitere Sätze zu zweit.

Kaufen wir Blumen oder Pralinen?   Zahlst du bar oder mit Karte?
Wirst du heute neunzehn oder zwanzig? ...

7 Die Zeiten ändern sich.

7.1 Wiederholung: Modalverben – Wählen Sie das passende Modalverb aus und schreiben Sie die Sätze.

1. ich / schon ein bisschen / Deutsch sprechen / (können/müssen)

   _____

2. Sie / hier nicht parken / (dürfen/müssen)

   _____

3. du / am Sonntag / arbeiten / ? / (müssen/dürfen)

   ● _____

   nein, / ich / ausschlafen / (können/müssen)

   ○ _____

4. ihr / uns bitte helfen / ? / (können/dürfen)

   _____

5. wir / schreiben / einen Brief auf Deutsch / (wollen/können)

   _____

7.2 Was passt? Markieren Sie.

1. Meine Mutter **konnte** / musste schon mit vier Jahren gut lesen, ich erst mit sieben.

2. Mein Vater **wollte** / musste gern Lehrer werden, aber er **konnte** / musste nicht studieren, denn seine Eltern hatten zu wenig Geld.

3. Mein Onkel **musste** / wollte auch schon mit 14 Jahren arbeiten gehen, denn sein Vater **konnte** / musste die Schule nicht bezahlen.

4. Ich **durfte** / wollte früher am Sonntag nie mit Freunden spielen. Der Sonntag war Familientag.

5. Wir **wollten** / mussten am Sonntagmorgen mit meinen Eltern in die Kirche gehen.

8 Früher und heute

8.1 Ergänzen Sie die passenden Modalverben. Es gibt mehrere Möglichkeiten.

1. ● Was? Du konntest mit 12 schon Auto fahren?

   ○ Mit 12 ___*wollte*___ ich Auto fahren, aber ich ___*durfte*___ nicht. Mit 17 habe ich dann den Führerschein gemacht.

2. ● Fährst du gern Fahrrad?

   ○ Ja, heute sehr gern. Als Kind _____ ich nie mit dem Fahrrad zur Schule fahren, aber ich _____ immer fahren, auch bei Regen und Kälte. Ich _____ lieber die Straßenbahn nehmen.

3. ● Warst du schon mal in Afrika?

   ○ Leider nein, mit 20 _____ ich eine Reise nach Südafrika machen, aber es hat nicht geklappt.

4. ● Sprechen alle in deiner Familie Fremdsprachen?

   ○ Nein, meine Oma _____ keine Fremdsprache sprechen, meine Mutter eine und ich _____ jetzt zwei, Englisch und Deutsch. Nächstes Jahr _____ ich Spanisch lernen.

5. ● _____ ihr mit 13 schon Partys feiern?

   ○ Nein, unsere Mutter hat das nie erlaubt.

6. ● Seit wann _____ du Klavier spielen?

   ○ Ich _____ schon mit vier Jahren jede Woche zum Klavierunterricht gehen. Ich _____ das zuerst nicht, aber heute spiele ich gern.

8.2 Schreiben Sie vier Sätze über sich wie im Beispiel. Vergleichen Sie im Kurs.

können • wollen • dürfen • müssen

> *Früher konnte ich nur Englisch, aber heute kann ich auch Deutsch sprechen.*

Schwierige Wörter

3.6 ① Hören Sie und sprechen Sie langsam nach. Wiederholen Sie die Übung.

Ge<u>sch</u>enkgutschein↘	einen Ge<u>sch</u>enkgutschein↘	Ich möchte einen Ge<u>sch</u>enkgutschein.↘
Gebur<u>ts</u>tagswunsch↘	mein Gebur<u>ts</u>tagswunsch↘	Das ist mein Gebur<u>ts</u>tagswunsch.↘
Ho<u>chz</u>eitsgeschenk↗	ein Ho<u>chz</u>eitsgeschenk↗	Hast du schon ein Ho<u>chz</u>eitsgeschenk?↗

② Welche Wörter sind für Sie schwierig? Schreiben Sie drei Lernkarten und üben Sie mit einem Partner / einer Partnerin.

15 Miteinander leben

1 Vier Personen, vier Erfahrungen

1.1 Ergänzen Sie den Text.

Ich ha__ __ Deutsch gel__ __ __ __ und ei__ __ Ausbildung

gem__ __ __ __. Die Fam__ __ __ __ hat m__ __ sehr da__ __ __

geholfen. 1995 wol__ __ __ ich in me__ __ __ Heimat zur__ __ __, aber

da__ __ habe i__ __ meinen Ma__ __ kennengel__ __ __ __ und w__ __

haben gehei__ __ __ __ __. Liebe ma__ __ __ die Integ__ __ __ __ __ __ __

viel leic__ __ __ __! Viele Einwa__ __ __ __ __ __ __ können si__ __ nur

sch__ __ __ an d__ __ neue La__ __ und an d__ __ andere Kul__ __ __ gewöhnen.

1.2 Schreiben Sie Sätze ins Heft.

1. 1970/BIN/ICH/MITMEINERFRAUNACHSTUTTGARTGEKOMMEN

2. AMANFANGWARDASLEBENINDEUTSCHLANDNICHTEINFACHABERESHATSICHVIELVERÄNDERT

3. WIRHABENDEUTSCHGELERNTUNDUNSERENACHBARNSINDNACHSPANIENINDENURLAUBGEFAHREN

4. HEUTEVERBRINGENWIRUNSEREFREIZEITOFTMITUNSERENNACHBARNODERMITKOLLEGEN

5. WENNIHREKINDERPROBLEMEINSPANISCHHABENHELFEICHIHNEN

6. ICHFINDEMANKANNINEINEMANDERENLANDLEBENUNDSEINEKULTURBEHALTEN

1.3 Was verbinden Sie mit Heimat? Schreiben Sie wie im Beispiel.

H ochzeit

E ssen

I nternet

M utter

A uto

T elefonieren

H _____

E _____

I _____

M _____

A _____

T _____

2 Gefühle ausdrücken
Was ist richtig: a, b oder c? Kreuzen Sie an.

1. Ich bin nach Deutschland gegangen und habe dort Arbeit …
   - [a] gemacht.
   - [b] gesucht.
   - [c] findet.

2. An der Volkshochschule habe ich dann einen Sprachkurs …
   - [a] gehabt.
   - [b] gemacht.
   - [c] zahlen.

3. Ich konnte kein Deutsch.
   - [a] Das nicht leicht war.
   - [b] Das ist nicht leicht.
   - [c] Das war nicht leicht.

4. Ich lebe in der Familie von meinem Mann.
   - [a] Zu Hause wir nur Türkisch sprechen.
   - [b] Sprechen wir zu Hause nur Türkisch?
   - [c] Zu Hause sprechen wir nur Türkisch.

5. Mein Mann kommt immer ganz spät von der Arbeit …
   - [a] zu Hause.
   - [b] im Haus.
   - [c] nach Hause.

6. Bald kommt mein Sohn in die Schule.
   - [a] Ich kann ihn beim Lernen nicht helfen.
   - [b] Ich kann ihm beim Lernen nicht helfen.
   - [c] Ich ihm beim Lernen nicht helfen können.

3 Etwas begründen – weil
Markieren Sie die Verben und schreiben Sie wie im Beispiel.

Miteinander leben

1. Ich bin nach Deutschland gegangen. Ich habe Arbeit gesucht.

Ich bin nach Deutschland gegangen, weil ich Arbeit gesucht habe.

2. Am Anfang war es nicht leicht. Ich konnte kein Deutsch.

_____

3. Ich habe schnell gelernt. Der Sprachkurs hat Spaß gemacht.

_____

4. Bin ich ein Deutscher? Ich lebe in Deutschland.

_____

5. Ich spreche nicht gut Deutsch. Wir sprechen zu Hause nur Türkisch.

_____

6. Ich hatte nie Probleme in der Schule. Ich finde schnell Freunde.

_____

7. Ich habe Angst vor dem Bewerbungstermin. Ich habe das noch nie gemacht.

_____

8. Ihre Tipps sind ganz praktisch. Sie hat diese Erfahrungen alle selbst gemacht.

_____

9. Er geht zurück in die Heimat. Er fühlt sich hier nicht wohl.

_____

Im Kurs

10. ● Warum hast du Angst vor der Prüfung?   ○ Ich habe nicht gut gelernt.

Weil ich nicht gut gelernt habe.
_____

11. ● Warum möchtest du Deutsch lernen?   ○ Ich möchte in Deutschland studieren.
_____

12. ● Warum bist du heute so spät gekommen?   ○ Ich hatte einen Termin beim Arzt.
_____

13. ● Warum gehst du freitags schon um 12 Uhr?   ○ Ich helfe meinem Vater im Restaurant.
_____

14. ● Warum schreibst du so viele Lernkarten?   ○ So lerne ich die Wörter am besten.
_____

15. ● Warum benutzt du kein Wörterbuch?   ○ Ich habe kein Wörterbuch.
_____

4 Konfliktsituationen – Verschiedene Sprechweisen

⊙ 3.7 **4.1 Hier spricht Juri ruhig und sachlich. Hören Sie zu und sprechen Sie wie Juri.**

○ Jetzt am <u>Wo</u>chenende?↗

○ Das geht nicht, weil ich da auf dem <u>Schul</u>fest bin.↘

○ <u>Doch</u>, für mich ist das <u>sehr</u> wichtig, weil ich bei der Organi<u>sa</u>tion mitarbeite.↘

○ Tut mir <u>leid</u>, ich kann wirklich nicht.↘ Hast du <u>Jo</u>hann schon gefragt?↗

⊙ 3.8 **4.2 Hier spricht Juri aufgeregt und ärgerlich. Hören Sie zu und sprechen Sie wie Juri.**

○ <u>Jetzt</u>?↗ Am <u>Wo</u>chenende?↗

○ Das <u>geht</u> nicht, weil ich da auf dem <u>Schul</u>fest bin!↘

○ <u>Doch</u>!↘ Für mich ist das <u>sehr</u> wichtig, weil ich bei der Organi<u>sa</u>tion mitarbeite.↘

○ Tut mir <u>leid</u>, ich kann <u>wirk</u>lich nicht.↘ Hast du <u>Jo</u>hann schon gefragt?↗

P **4.3 Eine Mitteilung schreiben – Wählen Sie eine Aufgabe aus: Aufgabe A oder B. Zeigen Sie, was Sie können. Schreiben Sie möglichst viel.**

Aufgabe A
Am Wochenende müssen Sie arbeiten. Sie können aber nicht. Fragen Sie Ihren Kollegen Johann. Die Bezahlung ist sehr gut (Überstunden). Er soll Ihnen bis morgen Bescheid sagen.

Schreiben Sie über folgende Punkte:
• Grund für Ihr Schreiben
• Was ist das Problem?
• Welche Frage haben Sie an ihn?
• Wann soll er sich melden?

Aufgabe B
Sie schreiben nach dem Geburtstag an Frau Gruber. Sie bitten sie um Entschuldigung und fragen nach ihrer Gesundheit. Sie berichten vom Geburtstag und laden sie zum Kaffee/Tee ein.

Schreiben Sie über folgende Punkte:
• Grund für Ihr Schreiben / Entschuldigung für den Lärm
• Frage nach der Gesundheit
• Was möchten Sie machen?
• Termin für die Einladung

5 **Sabahetas Tipps**

5.1 Wiederholung – Schreiben Sie Imperativformen.

1. Können Sie bitte langsamer sprechen?

Bitte sprechen Sie langsamer.   *Sprich bitte langsamer.*

2. Können Sie das bitte wiederholen?

3. Können Sie mir mit dem Formular helfen?

4. Können Sie mir ein Wörterbuch geben?

5. Können Sie bitte den Brief korrigieren?

5.2 Was passt nicht? Markieren Sie.

1. eine Auskunft   brauchen – fragen – bekommen

2. eine Frage   haben – kennen – notieren

3. Konflikte   vermeiden – haben – absagen

4. Kontakt   haben – finden – besprechen

5. einen Termin   absagen – bringen – haben

6. ein Fest   feiern – einladen – absagen

5.3 *Wenn …, dann …* – Schreiben Sie wie im Beispiel.

Gesundheit

1. Ich habe Fieber. Ich lege mich ins Bett.

Wenn ich Fieber habe, dann lege ich mich ins Bett.

2. Agnes möchte abnehmen. Sie isst keine Schokolade.

3. Klaus will etwas für seine Gesundheit tun. Er geht täglich joggen.

4. Ich habe Husten. Ich nehme Hustensaft.

5. Frau Kleist kann nicht schlafen. Sie nimmt eine Tablette.

Freizeit

6. Wir grillen im Garten. Wir laden meistens unsere Nachbarn ein.

7. Es ist heiß. Wir gehen ins Schwimmbad.

8. Du hast Zeit. Wir treffen uns heute Nachmittag im Park.

9. Du hast Lust. Wir gehen heute Abend in die Disco.

10. Ich habe Zeit. Ich putze meine Wohnung.

6 Aussprache: r

6.1 Wann sprechen Sie r? Markieren Sie.

Ich habe mir immer Fragen notiert.

Können Sie bitte langsamer sprechen?

Können Sie das einfacher sagen?

Das Zauberwort *bitte* öffnet Türen. Dann geht alles leichter.

⊙ 3.9 **6.2 Hören Sie zur Kontrolle.**

6.3 Kennen Sie die Regel? Schauen Sie auf Seite 268 nach.

7 Konflikte besprechen

P **Welche Wörter passen hier? Kreuzen Sie an: a, b, oder c.**

○ Guten Tag, Herr Wilking, mein Name ① Beckard, ich wohne oben.

● Hallo, Frau Beckard.

○ Im Flur ② zu viele Fahrräder. Unser Kinderwagen hat keinen Platz.

● Wir sind vier Personen, zwei Räder stellen wir immer ③ den Keller und zwei stehen im Flur. Wo sollen wir sie hinstellen?

○ Das weiß ich nicht. Wo soll ich ④ Kinderwagen hinstellen? Ich kann ihn nicht nach oben tragen.

● Natürlich nicht, das verstehe ich. Wie viele Fahrräder stehen denn da?

○ Ich glaube, vier oder fünf. Drei Kinderräder und …

● Das stimmt, das ⑤ nicht. Vielleicht ist Besuch da – ich frage mal meinen Sohn. Normalerweise passen zwei Fahrräder und der Kinderwagen in den Flur. Da ist genug Platz.

○ ⑥ wir vielleicht ein Schild in den Flur machen?

● Ja, das ist eine gute Idee, das kann mein Sohn auch machen.

1. [a] sein
   [b] ist
   [c] haben

2. [a] steht
   [b] stellt
   [c] stehen

3. [a] in
   [b] an
   [c] im

4. [a] mein
   [b] meine
   [c] meinen

5. [a] geht
   [b] läuft
   [c] kann

6. [a] Möchten
   [b] Können
   [c] Darf

Effektiv lernen

Deutsch lernen und Deutschland kennenlernen beim Fernsehen

> **TIPP** Sie können auch Karten im Kurs mit anderen tauschen.

Fernsehserien

Suchen Sie sich eine Fernsehserie aus und sehen Sie sie möglichst regelmäßig. In Fernsehserien wiederholen sich viele Situationen. Sie kennen mit der Zeit die Personen und wissen, wie sie sprechen. Das hilft beim Verstehen. Wenn Sie mit Freunden gemeinsam fernsehen, können Sie sich gegenseitig beim Verstehen helfen.

Spielfilme

Sehen Sie sich Spielfilme im Kino oder im Fernsehen auf Deutsch an, wenn Sie sie schon in Ihrer Muttersprache gesehen haben. Am Anfang sind Spielfilme mit viel „Action" und wenigen Dialogen gut (z. B. James Bond o. Ä.).

DVD

Bei DVDs können Sie oft die Sprache auswählen. Wenn Sie sich einen Film in Ihrer Muttersprache angesehen haben, dann sehen Sie ihn später noch einmal auf Deutsch an. Oft können Sie auch den Ton auf Deutsch hören und gleichzeitig die Untertitel lesen.

Nachrichten

Informieren Sie sich über die Ereignisse vom Tag in Ihrer Sprache. Sehen Sie sich danach die Nachrichten auf Deutsch an.

Der DVD-Recorder

Wenn Sie einen Videorekorder haben, dann nehmen Sie Fernsehsendungen auf. Sehen Sie sich dann die Videoaufnahme an. Wenn Sie etwas nicht verstanden haben, dann sehen Sie sich die Szene noch einmal an. Zu zweit kann man sich gegenseitig helfen.

In vielen Ländern der Welt können Sie die Deutsche Welle empfangen. Das Programm finden Sie im Internet unter www.dw-world.de

DEUTSCHE WELLE

Testtraining in *Berliner Platz 2 NEU*

Die vier Testtrainings in *Berliner Platz 2 NEU* bereiten Sie systematisch auf die A2-Prüfung vor.
Die Prüfung besteht aus vier Teilen: *Hören*, *Lesen*, *Schreiben* und *Sprechen*.
In den Testtrainings 5–7 üben Sie verschiedene Teile der Prüfung.
In Testtraining 8 finden Sie dann einen kompletten A2-Test.

Allgemeine Tipps für Prüfungen

1. Keine Panik! In der Ruhe liegt die Kraft!
2. Leichte Aufgaben zuerst lösen, schwere Aufgaben am Ende.
3. Unsicher? Immer etwas ankreuzen – es gibt keine Minuspunkte für falsche Antworten!
4. Arbeiten Sie mit Hör- und Lesestrategien: Sie müssen für die Lösung der Aufgaben nicht jedes Wort in den Texten verstehen!

Hören – Telefonansagen

Sie hören fünf Ansagen am Telefon.
Zu jedem Text gibt es eine Aufgabe.
Ergänzen Sie die Telefonnotizen.
Sie hören jeden Text **zweimal**.

Beispiel

⊚ 3.10 **(0)** Adresse vom Einwohnermeldeamt

Rathaus: *Hauptstraße 69*

⊚ 3.11 **(1)** Hamburg – Kiel

Abfahrt: 9:30

Preis: _____

⊚ 3.12 **(2)** Geburtstagsfeier

Bei Boris.

Wann? _____

⊚ 3.13 **(3)** Ärztin

Dr. Kallmeyer

Rufnummer: _____

⊚ 3.14 **(4)** Tante Annemarie zurückrufen

Treffen: wann?

Morgen oder _____

⊚ 3.15 **(5)** Berlin-Immobilien

3-Zimmer Wohnung

Preis: _____

Maximale Punktzahl: 5 / Meine Punktzahl: _____

Tipps für den Prüfungsteil Lesen

1. Lesen Sie zuerst die Aufgabe und dann den Text.
2. Suchen Sie im Text ähnliche Wörter wie in der Aufgabe, z. B. *Jugendgruppe – Gruppe, früher – am Anfang*
3. Sie müssen nicht jedes Wort im Text verstehen!
4. Suchen Sie in den Texten nur die Antwort auf die Aufgabe, der Rest ist nicht wichtig.

Lesen – Zeitungsmeldung

Lesen Sie den Text und die Aufgaben 1–5.

Sind die Sätze 1–5 Richtig oder Falsch ? Kreuzen Sie an.

Interkultureller Preis „Junior-Kosmopolita" für Olga Rapina aus der Ukraine

Bürgermeisterin Waltraud Schmidt hat am Samstag zum ersten Mal eine junge Frau mit dem Preis „Junior-Kosmopolita" ausgezeichnet. Diesen Preis bekommen Personen, die viel für ein gutes Miteinander von Menschen aus verschiedenen Kulturen getan haben.

Olga Rapina ist vor zehn Jahren aus der Ukraine nach Deutschland gekommen. Obwohl es für sie hier am Anfang sehr schwer war, hat sie vielen anderen Menschen geholfen, die auch als Ausländer nach Deutschland gekommen sind.

Seit sechs Jahren leitet sie eine internationale Gruppe für Mädchen aus der ganzen Welt.

Sie organisiert verschiedene Aktivitäten, von Modenschauen bis zu Theaterstücken, die die Mädchen selbst schreiben.

Olga Rapina hat vor ein paar Wochen mit einer guten Note ihr Abitur geschafft. Das war sehr harte Arbeit für sie, erzählt sie, aber es hat sich gelohnt: Jetzt kann sie ab Herbst Sozialarbeit studieren. Das will sie schon lange, denn dann kann sie den Menschen noch besser helfen.

Aus: Die Stadtteilzeitung

Beispiel

(0) Den Preis bekommen Mädchen, die viele Sprachen sprechen. | Richtig | | ~~Falsch~~ |

(1) Olga Rapina ist nicht in Deutschland geboren. | Richtig | | Falsch |

(2) Olga Rapina hatte es in den ersten Jahren in Deutschland nicht leicht. | Richtig | | Falsch |

(3) Olga Rapina organisiert eine Jugendgruppe für deutsche Mädchen. | Richtig | | Falsch |

(4) Sie geht mit der Gruppe oft ins Theater. | Richtig | | Falsch |

(5) Olga Rapina möchte auch in Zukunft viel für andere tun. | Richtig | | Falsch |

Maximale Punktzahl: 5 / Meine Punktzahl: _____

Schreiben – Formular

Ihr Bekannter Rupak Chaurasia aus Indien braucht für zwei Monate ein Zimmer in Dresden. Er hat im Internet schon ein interessantes Angebot gefunden.
Helfen Sie Rupak und schreiben Sie die fünf fehlenden Informationen in das **Formular** der Mitwohnzentrale im Internet oder kreuzen Sie an.

In der Prüfung müssen Sie am Ende Ihre Lösung auf einen **Antwortbogen** schreiben.

Familienname: *Chaurasia*

Vorname: *Rupak*

geb. am: *1.1.1988*

in: *Madras*

Kontaktadresse:
c/o Softwarehaus Dresden
Brückenstr. 1
01157 Dresden

Rupak Chaurasia

Informatik-Student
University of Madras

E-Mail:
chaurasia@university_madras.web

Rupak macht zwei Monate lang ein Praktikum im Softwarehaus Dresden. Er braucht vom 1.9. bis zum 31.10. ein möbliertes Zimmer im Stadtzentrum. Er ist Nichtraucher und hat eine Allergie gegen Katzenhaare.
Er bittet die Mitwohnzentrale um Nachricht an seine E-Mail-Adresse chaurasia@university_madras.web.

www.mitwohnzentrale-dresden.de

Name:	*Chaurasia*	0
Vorname:	*Rupak*	
Adresse		
Straße:	*Brückenstraße 1*	
Postleitzahl:	*01157*	
Stadt:	_____	1
Geburtsdatum:	_____	2
Nationalität:	*Indisch*	
Sie möchten ein Zimmer vermieten. Sie suchen ein Zimmer.	☐ ☐	3
Datum:	Vom _____ bis zum _____	4
Wie möchten Sie wohnen?	☒ möbliert ☐ unmöbliert	
Sonstiges:	*Bitte keine Haustiere!*	
Kontakt bitte	☐ per E-Mail ☐ per Telefon	5

Maximale Punktzahl: 5 / Meine Punktzahl: _____

Sprechen – Sich vorstellen

3.16

> *Wir sitzen hier in einer Prüfung und möchten uns kurz kennenlernen. Erzählen Sie uns bitte, wer Sie sind. Formulieren Sie bitte sechs Sätze. Als Hilfe haben Sie hier einige Stichwörter. Als Erstes stelle ich mich vor. Mein Name ist … Ich bin … Jahre alt. Ich komme aus … und lebe in … Ich bin seit vielen Jahren Deutschlehrerin. Ich arbeite bei … Ich spreche Deutsch und … Meine Hobbys sind …*

Name? _____

Alter? _____

Land? _____

Wohnort? _____

Sprachen? _____

Beruf? _____

Hobby? _____

Maximale Punktzahl: 3 / Meine Punktzahl: _____

Tipps zur Vorbereitung auf die mündliche Prüfung

1. Notieren Sie sich Begrüßungs- und Frageformeln auf Lernkarten: vorne Ihre Sprache, hinten Deutsch.

Bom dia. Meu nome é …

Guten Tag. Mein Name ist …

2. Üben Sie vor einem Spiegel.

3. Nehmen Sie sich selbst auf.

4. Üben Sie mit Freunden.

5. Üben Sie regelmäßig.

Schule und danach

1 Schule in Deutschland
Ergänzen Sie die fehlenden Wörter im Text.

Klasse • Berufsschule • kostenlos • Ausbildung • Grundschule • Erwachsene • Gymnasium • Abitur • Universität • neun • Schulpflicht • Abendschule

In Deutschland gibt es die _____ .

Das heißt, Kinder müssen mindestens

_____ Jahre in die Schule gehen.

Die staatlichen Schulen sind _____ .

Vier bis sechs Jahre gehen alle Kinder in die

_____ . Danach gibt es die Haupt-

schule, die Realschule, das _____

oder die Gesamtschule.

Nach der 9. oder 10. Klasse machen viele Jugend-

liche eine _____ in einem Betrieb und gehen gleichzeitig in die

_____ . Wenn man nach der 12. _____ das _____

besteht, kann man an einer _____ studieren.

Auch für _____ gibt es viele Angebote. Wer einen Beruf hat, kann an der

_____ weiterlernen und auch als Erwachsener noch das Abitur machen.

2 Schule und Ausbildung in Ihrem Land
2.1 Wählen Sie Aufgabe A oder B. Zeigen Sie, was Sie können: Schreiben Sie möglichst viel.

> **TIPP** A ist ein privater Text und B ein offizielles Schreiben. Vergessen Sie nicht die Anrede, das Datum und den Gruß am Ende.

A Ein deutscher Freund möchte wissen:
„Wie ist das in deinem Land mit der Schule?"
Schreiben Sie über folgende Punkte:
– Beginn und Ende der Schulzeit
– Schularten
– Abschlüsse
– Berufsausbildung/Studium

B Sie möchten einen Weiterbildungskurs
für die Arbeit mit dem Computer machen.

Schreiben Sie etwas über folgende Punkte:
– Grund für Ihr Schreiben
– Vorkenntnisse
– eigener Computer
– Kosten und Zeit

2.2 Korrigieren und besprechen Sie Ihre Texte im Kurs.

3 Meinungen

3.1 Wiederholung: Nebensätze mit *wenn* und *weil* – Schreiben Sie die Sätze im Heft. Zwischen *Wenn/Weil*-Satz und Hauptsatz ist ein •.

1. kann / Wenn / gut Deutsch / ich / , •
   gehe / auf die Abendschule / ich / .
2. bin / nicht gern / ich / in die Schule / Früher / gegangen, •
   die Lehrer / weil / waren / so streng / .
3. lerne / Ich / gern, •
   ein Thema / wenn / mich / interessiert / .
4. auch noch / Mein Freund / Englisch lernen, / will •
   im Beruf / er / Englisch / braucht / weil / .
5. den Schulabschluss / habe, / Wenn / ich •
   will / dann / bei einer Bank / machen / ich / eine Ausbildung / .

1. Wenn ich gut Deutsch kann, gehe ...

3.2 Nebensätze mit *dass* – Schreiben Sie die Sätze. Der *dass*-Satz beginnt immer nach dem •.

1. Ich / wichtig, / finde • in die Schule / alle Kinder / dass / gehen müssen / .

2. Mein Mann / gut, / findet • schreiben / dass / regelmäßig Tests / die Kinder / .

3. nicht gut, / Unser Sohn / findet • machen muss / er / dass / so viele Hausaufgaben / .

4. auch nicht, / gefällt mir / Es • die Kinder / lernen müssen / zu Hause / noch / dass / .

5. Es / richtig, / ist / • die Schule / dass / kostenlos / ist / .

6. habe / Ich / gehört, • keine Schuluniform / dass / tragen muss / man / in Deutschland / .

7. gut / Es / ist, • nach der Berufsausbildung / gehen kann / dass / man / weiter zur Schule / .

8. alle, / meinen / Wir • der Sportunterricht / dass / ist / besonders wichtig / .

3.3 Schreiben Sie die Sätze zu Ende. Die Themen bestimmen Sie. Vergleichen Sie im Kurs.

Ich finde, dass … • Es ist wichtig, dass … • Es ist gut, dass … • Ich hoffe, dass … •
Ich habe gehört, dass …

Ich finde, dass es in Deutschland zu kalt ist.

4 Berufsausbildung

4.1 Wortfelder _Ausbildung_ und _Beruf_ – Ordnen Sie zu. Schreiben Sie die Nomen mit Artikel.

Abitur • Arbeitszeit • Gehalt •
Universität • Gleitzeit •
Grundschule • Hausaufgabe •
Jahresurlaub • Lehre • Lehrer •
Noten • Personalbüro •
Schulabschluss • Schulpflicht •
Sport • Wochenendarbeit • Betrieb •
Büro • Zeitarbeitsfirma •
Weiterbildung • Schulfächer •
Gehalt • Fortbildung • Überstunden •
Stundenlohn

Ausbildung	Beruf
das Abitur	

4.2 Wiederholung: Perfekt – Schreiben Sie die Sätze im Perfekt.

1. Ich gehe nicht in die Schule. _Ich bin nicht in die Schule gegangen._

2. Ich fahre zum Deutschkurs. _____

3. Lea kommt um acht nach Hause. _____

4. Frau Rot telefoniert zwei Stunden. _____

5. Herr Rot steht um 6 Uhr auf. _____

6. Das Telefon klingelt. _____

7. Sylvia zieht um. _____

4.3 Partizip II – Schreiben Sie die Partizipien von diesen Verben in die Tabelle.
Die Wortliste auf Seite 272 hilft.

abschließen • anfangen • arbeiten • aufstehen • bekommen • bleiben • besuchen • dauern •
fahren • feiern • gehen • heiraten • helfen • kennenlernen • kochen • kommen • machen •
nehmen • organisieren • schwimmen • sehen • sein • stehen • studieren • telefonieren •
übernehmen • umziehen • weiterbilden • werden

ge-...-(e)t ge-...-en	...-ge-...-(e)t ...-ge-...-en	...-t ...-en
gearbeitet	abgeschlossen	besucht

TIPP Verben immer so lernen: _bleiben, er bleibt, er ist geblieben_

5 Aussprache: Satzakzent – neue Information

3.17 **Hören Sie und markieren Sie die Satzakzente. Sprechen Sie laut.**

1. a In zwei oder drei <u>Jah</u>ren / mache ich die Meisterprüfung. //

   Dann / möchte ich / einen eigenen Malerbetrieb haben. //

   b In zwei oder drei Jahren mache ich die Meisterprüfung. //

   Dann möchte ich einen eigenen Malerbetrieb haben. //

2. a Jetzt / bin ich Schwesternschülerin / im zweiten Ausbildungsjahr //

   und möchte dann / Kinderkrankenschwester werden. //

   b Jetzt bin ich Schwesternschülerin im zweiten Ausbildungsjahr //

   und möchte dann Kinderkrankenschwester werden. //

6 Was haben Sie nach der Schule gemacht?
Ergänzen Sie die Fragen mit den passenden Perfektformen.

dauern • gehen • studieren • machen • schreiben • lernen • aussuchen • bezahlen • arbeiten

1. Wie viele Jahre _____ Sie zur Schule _____ ?

2. Was _____ Sie nach der Schule _____ ?

3. _____ Sie einen Beruf _____ ?

4. _____ du deinen Beruf selbst _____ ?

5. Wer _____ deine Ausbildung _____ ?

6. Wie viele Jahre _____ deine Ausbildung _____ ?

7. _____ Sie viele Tests _____ ?

8. _____ Sie in Ihrem Beruf schon _____ ?

9. Wie lange _____ Sie an der Universität _____ ?

BERUFSAUSBILDUNG

REALSCHULE

GRUNDSCHULE

7 Zukunftspläne

7.1 Schreiben Sie die Sätze mit den Zeitangaben wie im Beispiel. Markieren Sie die Verben.

1. Peter macht eine Weiterbildung. (nächsten Monat)

   Peter (macht) nächsten Monat eine
   Weiterbildung.

2. Olga geht in Urlaub. (bald)

3. Rainer fängt eine neue Stelle an. (im April)

4. Er arbeitet in Frankfurt. (ab Juni)

5. Sylvia macht keine Überstunden mehr. (im nächsten Jahr)

6. Sie bekommt ein Kind. (im Herbst)

7. Er fährt immer mit dem Fahrrad. (in Zukunft)

8. Er kauft ein neues Fahrrad. (nächste Woche)

9. Frau Kohl macht eine Weiterbildung. (vom 1. bis 8.4.)

10. Wir machen einen Fotokurs. (im Frühling)

7.2 Schreiben Sie die Sätze 1–6 aus 7.1 mit der Zeitangabe am Satzanfang. Markieren Sie die Verben.

1. Nächsten Monat (macht) Peter eine Weiterbildung.

7.3 Anzeigen – Lesen Sie zuerst die Aufgaben 1–5 und suchen Sie dann in den Anzeigen A–H: Welche Anzeige passt zu welcher Situation? Für eine Aufgabe gibt es keine Lösung. Kreuzen Sie für diesen Fall X an.

1. Mareike Eckardt ist Deutschlehrerin und will nach Freiburg ziehen. Sie sucht einen Job. ☐
2. Silke Fesen (18) hat gerade das Abitur gemacht. Sie will ein Jahr ins Ausland. ☐
3. Norbert Prang möchte seine Kenntnisse in Computer-Design verbessern. ☐
4. Pjotr Michalak möchte ein Praktikum in einem Fotostudio machen. ☐
5. Heike Bolle ist Studentin und sucht einen Sommerjob. ☐

(A)
PRAKTIKUM ONLINE-REISEBÜRO
Wir freuen uns auf Sie! Es erwarten Sie ein moderner Arbeitsplatz im Herzen von Hamburg und ein internationales Team. Als Dauer für ein solches Praktikum sehen wir 4 bis 6 Monate vor. Ihre aussagekräftige E-Mail-Bewerbung (Lebenslauf, Zeugnisse) senden Sie bitte an:
bewerbung@hhtour.de

(B)
Wir suchen
Verkaufsprofis
als freie Handelsvertreter.

Wir bieten:
– beste Schulung
– gute Arbeitsbedingungen
– beste Verdienstmöglichkeiten

Wir erwarten:
– Teamfähigkeit
– Erfolgsorientierung
– Computerkenntnisse
E-Mail: info@cotas-bonn.de
Tel: 01 80 / 3 24 96 74

(C)
Wir sind eine **deutschsprachige Familie** und leben seit zehn Jahren in **Wellington, Neuseeland.** Für unsere zwei Kinder (5 und 8) suchen wir schnellstmöglich:

Au-pair-Mädchen/Jungen, Alter 18–20 Jahre.

Wir bieten ein gutes Taschengeld, viel Freizeit und einen Englisch-kurs.

(D)
Fotografie und Kunst
Sommerakademie
im Haus Weitblick
1.–14. August

10 Abende für anspruchsvolle Fotoamateure – Prof. Valcarcel führt in die Grundlagen der künstlerischen Fotografie ein. Wichtiger Teil der Akademie ist die Besprechung eigener Arbeiten.
Voraussetzung:
Computer, Bildbearbeitungsprogramm, Internet
Kontakt/Anmeldung:
seminare@weitblick.de · Tel. 0721 / 3468 91 12

(E)
Ist Ihre Muttersprache Deutsch oder Englisch? Wir suchen zum nächstmöglichen Termin zwei LehrerInnen für Englisch und eine/n für Deutsch als Fremdsprache.

Windsor-College-Freiburg
Kontakt: wcf@info.de

(F)
Semesterferien? Sie brauchen Geld?
Sie haben eine gute Telefonstimme?
Wir bieten einen 400-Euro-Job im August/September.
Kein Verkauf!
Interesse? Melden Sie sich per Telefon unter:
0 62 25 / 2 45 83 56 89

(G)
Reinigungskraft als Teilzeit
(dreimal pro Woche je 3 Stunden)

Sie sind verantwortlich für die Reinigung der Büros (Fußböden, Mülleimer, Bäder, Schreibtische …)
Sie sind selbstständig, freundlich und zuverlässig?
Dann rufen Sie an: 0 30-8 64 23 70 – oder schicken Sie uns eine Mail: info@limpo.de

(H)

Info-Kolleg-Köln
Die neuen Kurse beginnen am 10. Mai.
– In-Design für Anfänger und Fortgeschrittene
– Pixel-Meister Grundkurs
– Photoshop, Niveau 3
Anmeldung:
Düsseldorfer Straße 23, Tel: 02 21 / 6 94 12 34,
Mail: info@infokolleg.de · www.infokollegköln.de

8 Pläne und Wünsche für die Zukunft

🔊 3.18 **8.1 Berufsperspektiven – Sie hören drei Aussagen. Zu jeder Aussage lösen Sie zwei Aufgaben. Kreuzen Sie die richtige Antwort an.**

1. Franz Hintermann arbeitet für Radio- und Fernsehsender.

Richtig Falsch

3. Sara Weekly hat in Deutschland Kunst studiert.

Richtig Falsch

5. Michael Krüger wollte eigentlich Automechaniker werden.

Richtig Falsch

2. Er hat …
a kein Abitur gemacht.
b bei einem Fernsehsender gelernt.
c ein eigenes Tonstudio.

4. Was macht sie jetzt?
a Ein Studium in London.
b Eine Ausbildung in Landshut.
c Ein Praktikum bei einem Fotografen.

6. In ein paar Jahren will er …
a ein eigenes Café haben.
b einen Partyservice aufmachen.
c Rita heiraten.

8.2 Welche Wörter passen hier? Kreuzen Sie die richtige Lösung an: a, b oder c.

Sehr geehrte Damen und Herren,

in der Zeitung habe ich ① Anzeige für Weiterbildungskurse in Open Office ②. Ich interessiere mich für den Kurs, ③ ich Open Office für ④ Beruf brauche. Aber ich möchte gerne noch ein paar Informationen: Wie viele Stunden hat der Kurs? Wann ist er genau zu Ende und wie viel kostet er? Brauche ich ⑤ eigenen Computer?

Mit freundlichen Grüßen

Regina Jin

1. a Deine
   b Ihre
   c Eure

2. a gelesen
   b lese
   c liest

3. a wenn
   b denn
   c weil

4. a seinen
   b deinen
   c meinen

5. a einen
   b ein
   c eine

Schwierige Wörter

🔊 3.19 **① Hören Sie und sprechen Sie langsam nach. Wiederholen Sie die Übung.**

Berufsausbildung↗   die Berufsausbildung↗   Wie lange dauert die Berufsausbildung?↗

Zukunftspläne↘   viele Zukunftspläne↘   Sie hat viele Zukunftspläne.↘

Abschlusszeugnis↗   ein Abschlusszeugnis↗   Hast du ein Abschlusszeugnis?↗

② Welche Wörter sind für Sie schwierig? Schreiben Sie drei Lernkarten und üben Sie mit einem Partner / einer Partnerin.

17 Die neue Wohnung

1 Wohnungssuche

1.1 Lesen Sie die Anzeigen und hören Sie zu.
Zu welchen Anzeigen passen die 2 Telefongespräche?

☐ (A) Wunderschöne, helle Dach-
wohnung, ca. 85 qm,
3 Zimmer, Küche, Diele, Bad.
Kaltmiete 500 Euro. Sehr zentral.
Nur an ruhiges Paar oder
Einzelperson. Tel. 03 02 / 56 98 69 34

☐ (B) 2-Zimmer-Wohnung,
Küche, Bad, Balkon, 65 qm,
teilw. möbliert. Kaltmiete
520 Euro, Stellplatz 60 Euro,
Nebenkosten 110 Euro.
Tel. 0 35 05 / 7 34 51 32

☐ (C) 3-Zimmer-Wohnung, Küche, Diele, Bad, WC, 81,5 qm Wohnfläche,
Mietpreis einschließlich NK-Vorauszahlung 730 Euro. Einbauküche
muss übernommen werden. VHB 2200 Euro. Tel. 03 01 / 3 03 87 47

3.21

1.2 Hören Sie Telefonat 2 noch einmal und kreuzen Sie an: a, b oder c.

1. Frau Stetzer …
☐a ist die Vermieterin.
☐b will eine Wohnung mieten.
☐c hat keine Wohnung.

2. Magda Malewitsch sucht …
☐a ein Zimmer.
☐b eine möblierte Wohnung.
☐c eine billige Wohnung.

3. Magda Malewitsch kann …
☐a die Küche von Stetzers benutzen.
☐b die Waschmaschine benutzen.
☐c bei Stetzers fernsehen.

4. Magda muss …
☐a alle Möbel neu kaufen.
☐b einen Küchentisch kaufen.
☐c keine Vorhänge kaufen.

1.3 Auf eine Anzeige antworten

**Dalia und Paul Mbecki haben diese Anzeige in der Zeitung gefunden. Sie schreiben einen
Brief an die Chiffrenummer. Ordnen Sie die Elemente und schreiben Sie den Brief.**

☐ freuen uns auf Ihre Antwort.
☐ gern anschauen und
☐ in der Ausgabe vom 27. Juli gesehen.
☐ Mit freundlichen Grüßen
☐ Dalia und Paul Mbecki
☐1 Sehr geehrte Damen und Herren,
☐ haben eine kleine Tochter.
☐ Wir arbeiten hier in Landshut.
☐2 wir haben Ihre Anzeige
☐ Wir möchten die Wohnung
☐ Wir sind 27 und 33 Jahre alt und

> **2-Zimmer-Wohnung**, Küche, Diele, Bad, WC,
> 61,5 qm Wohnfläche. Mietpreis einschließlich
> NK-Vorauszahlung 680 Euro. Chiffre 10290-2

Dalia & Paul Mbecki
Rennweg 8
84034 Landshut
Telefon (08 71) 90 00 31

Landshuter Zeitung
– Chiffre 10290-2 –
Altstadt 89
84028 Landshut

Sehr geehrte Damen und Herren,

1.4 Schreiben Sie einen Brief.

Sie haben eine Anzeige für eine Wohnung gelesen (Chiffre 3867-1).

Schreiben Sie etwas über folgende Punkte:

– Grund für das Schreiben
– Sie möchten die Wohnung ansehen.
– Wie ist Ihre Familiensituation?
– Was arbeiten Sie?

2 Einrichtung
2.1 Möbel – Schreiben Sie die Wörter mit den Artikeln.

1. *der Stuhl*
2. _____
3. _____
4. _____
5. _____
6. _____
7. _____
8. _____
9. _____
10. _____
11. _____
12. _____
13. _____
14. _____
15. _____

2.2 Wiederholung: Komposita – Wie viele Komposita finden Sie? Schreiben Sie wie im Beispiel.

waschen • spülen • essen • schlafen • wohnen • stehen •
die Küchen (*Pl.*) • die Bücher (*Pl.*) • die Kinder (*Pl.*) •
der Tisch • der Schrank • der Sessel • der Kaffee • der Stuhl • die Maschine •
die Lampe • das Zimmer • das Regal

waschen + die Maschine → die Waschmaschine
der Kaffee + die Maschine → die Kaffeemaschine
wohnen + das Zimmer → das Wohnzimmer + der Schrank → der Wohnzimmerschrank

2.3 Lesen Sie die Mitteilung und lösen Sie die Aufgaben 1 und 2.

Biwak
Wohnungsverwaltung
14432 Potsdam

Potsdam, den 30.10.2011

Sehr geehrter Herr Gade,

seit fünf Jahren konnten wir den Mietpreis stabil halten. In dieser Zeit haben sich die Kosten
für Reparaturen und Renovierungsmaßnahmen um fast 20 Prozent erhöht. Diese Kosten
müssen wir nun zum Teil an unsere Mieter weitergeben. Deshalb werden wir die Miete zum
ersten Januar nächsten Jahres anpassen.
Ihr Mietpreis beträgt zurzeit 650 Euro. Hinzu kommt die Nebenkostenpauschale von 125 Euro.
Nach der Erhöhung um 10 % beträgt Ihre Miete ab dem 1. Januar 715 Euro. Die Nebenkostenpauschale bleibt bei 125 Euro.
Bitte ändern Sie Ihre Banküberweisung zum Januar entsprechend auf 840 Euro.

Mit freundlichen Grüßen
Ihre Hausverwaltung

1. Im nächsten Jahr ist die Miete höher. | Richtig | | Falsch |

2. Herr Gade ...
   - [a] hat fünf Jahre zu wenig Miete bezahlt.
   - [b] muss mehr Nebenkosten bezahlen.
   - [c] zahlt ab Januar mehr als 700 Euro Miete.

3 Toms E-Mail
Bei etwa jedem dritten Wort fehlt die Hälfte.
Ergänzen Sie.

VON: tomtom@jadu.de
AN: sylviatritsch@wanadoo.com

Liebe Sylvia,

es hat lange gedauert, aber seit zwei Woc__ __ __ haben Peter u__ __ ich die ne__ __ Wohnung. Er i__ __

gestern einge__ __ __ __ __. Mein Zimmer renov__ __ __ __ __ wir jetzt u__ __ ich ziehe näc__ __ __ __

Woche ein. Me__ __ Zimmer ist sc__ __ __ __. Ich habe me__ __ Bett rechts an d__ __ Wand gestellt u__ __

davor einen Tisch. Den Schreibt__ __ __ __ habe i__ __ an das Fen__ __ __ __ gestellt. So ha__ __ ich

immer vi__ __ Licht beim Ler__ __ __. Auf d__ __ Tisch stelle i__ __ später meinen Comp__ __ __ __. An

der rec__ __ __ __ Wand steht e__ __ Regal und i__ __ Regal will i__ __ meine Musikanlage u__ __ auch ein

pa__ __ Bücher stellen. Zue__ __ __ wollten wir gar kei__ __ Teppiche a__ __ den Boden le__ __ __, aber

nun wi__ __ uns die Vermi__ __ __ __ __ __ einen Tep__ __ __ __ schenken! Sie sa__ __, man hört d__ __

Schritte zu la__ __, wenn kein Tep__ __ __ __ auf dem Bo__ __ __ liegt.

Peter hat eine Kaffee__ __ __ __ __ __ __ __ gekauft. Die haben w__ __ jetzt in d__ __ Küche gestellt.

Anfang August mac__ __ __ wir eine Pa__ __ __. Wahrscheinlich am 3. Kommst du? So, und jetzt muss ich

weiterarbeiten. Wir tapezieren gerade.

Liebe Grüße

Tom

4 Mäuse in der Küche
4.1 Welche Präposition passt? Markieren Sie.

1. ● Wo ist das Besteck? ○ Es liegt schon **im/am** Schrank oder es ist noch **im / über dem** Karton.

2. ● Wo sind die Blumen? ○ Sie liegen **über/auf** dem Regal oder sie sind schon **in/neben** der Vase.

3. ● Wo sind die Stühle? ○ Sie stehen schon **auf dem / im** Wohnzimmer.

4. ● Hast du meine Brille gesehen? ○ Ich glaube, sie liegt **auf/in** deiner Jacke oder **neben/über** der Zeitung.

5. ● Wo ist mein Handy? ○ Es liegt **zwischen/an** den Zeitungen oder **in/auf** deiner Tasche.

6. ● Ich suche den Schlüssel. ○ Er liegt **in/an** der Küche **zwischen/auf** dem Regal.

4.2 Ergänzen Sie die Artikel im richtigen Kasus.

1. ● Sind die Tassen noch in _____ Spülmaschine? ○ Nein, ich habe sie in _____ Schrank gestellt.

2. ● Bitte setz dich auf _____ Sofa, das ist bequemer. ○ Nein, danke, ich sitze lieber auf _____ Stuhl.

3. ● Hast du die Regale schon an _____ Wand gehängt? ○ Nein, die stehen noch i_____ Flur.

4. ● Hast du die Hosen in _____ Waschmaschine gelegt? ○ Nein, sie liegen noch auf _____ Bett.

5. ● Hast du die Schlüssel auf _____ Kühlschrank gelegt? Bitte häng sie an_____ Schlüsselbrett.

4.3 Den Tisch decken – Ergänzen Sie die Präpositionen. 🔊↓

Legen Sie zuerst eine Tischdecke ___*auf*___ den Tisch. Stellen Sie dann die Teller _____ den Tisch. Die Gabel kommt links und das Messer rechts _____ den Teller. Der Esslöffel kommt rechts _____ das Messer und der Dessertlöffel _____ den Teller. Stellen Sie das Glas rechts oben _____ den Teller. Die Serviette können Sie _____ oder rechts _____ den Teller legen.

🔊 auf • auf • auf • neben • neben • neben • vor • vor

4.4 Wo ist was? Ergänzen Sie die Sätze.
1. Bruno sitzt ___*auf dem Sofa*___ .
2. _____ steht eine Vase.
3. _____ sind Blumen.
4. Die Zeitschriften liegen _____ der Vase.
5. _____ hängt ein Bild.
6. Das Regal hat er links _____ gestellt.
7. Die alte Uhr hat er _____ Tür _____ Wand gehängt.
8. Sein Hund Max liegt _____.

5 Wohnzimmer

5.1 Adjektive in Paaren lernen – Ergänzen Sie das passende Gegenteil. Probleme? 🔊↓

1. neu   *alt*
2. warm
3. groß
4. eng
5. günstig

6. dunkel
7. modern
8. schön
9. unpraktisch
10. gemütlich

🔊 alt • altmodisch • hässlich • hell • kalt • klein • praktisch • teuer • ungemütlich • weit

5.2 Wohnungsbeschreibungen – Ordnen Sie zu und schreiben Sie die Sätze.

1. Meine Wohnung ist nicht groß,
2. Die Wohnung ist ziemlich voll,
3. Meine Lieblingsfarbe ist Weiß,
4. Mein liebstes Möbelstück
5. Ich habe kein Bett,
6. Am liebsten bin ich in der Küche,
7. Ich habe keine Badewanne,
8. Ich brauche keine Waschmaschine,

a) ein Sofa. / aber / Nachts ist es ein Bett.
b) auch Blau und Grün. / ich mag / aber
c) ich / da frühstücke / auch immer.
d) es / gibt. / weil / Waschmaschinen / im Keller
e) 60 qm. / sie / nur / hat / denn
f) sehr gut. / ist / meine Dusche / aber
g) habe. / ich / viele Möbel / weil
h) mein Sessel. / ist / Ich habe ihn vom Flohmarkt.

> 1. + e   Meine Wohnung ist nicht groß, denn sie hat nur 60 qm.

5.3 Wiederholung: Nebensätze mit *wenn ..., (dann)* ... – Schreiben Sie die Sätze.

1. heute / zu Ende sein / der Kurs – ich / in die Disco gehen
Wenn der Kurs heute zu Ende ist, gehe ich in die Disco.

2. Geburtstag haben / ich – ich / euch alle einladen
_____ .

3. die Prüfung / bestanden haben / wir – wir / ein Fest machen
_____ .

4. einen Sessel / finden / ich – ich / ihn / sofort kaufen
_____ .

5. einen Teppich / auf den Boden legen / Sie – ich / die Schritte nicht hören
_____ .

6. den Schreibtisch / unter das Fenster / stellen / du – du / mehr Licht haben
_____ .

7. eine Wohnung / mieten / Sie – Sie / den Mietvertrag genau lesen / müssen
_____ .

8. dir / gefallen / das Bild – du / es behalten / können
_____ .

6 Aussprache: Rhythmus

6.1 Markieren Sie den Rhythmus und sprechen Sie laut. Hören Sie zur Kontrolle. *3.22*

wohnen und Zimmer
● ● ● ● ●

das Wohnzimmer
● ● ● ●

Bücher und Regal

das Bücherregal

Wohnzimmer und Tisch

der Wohnzimmertisch

Miete und Preis

der Mietpreis

6.2 Bilden Sie Komposita und sprechen Sie wie in 6.1.

essen und Tisch • Kinder und Zimmer • schlafen und Zimmer • baden und Zimmer •
Teppich und Boden • Dach und Wohnung • Haus und Flur • waschen und Maschine

7 Wünsche

Schreiben Sie die Wünsche mit der *würde*-Form oder mit *hätte* + *gern* ins Heft.

Beruf/Arbeit
1. im Team arbeiten (Jonas).
2. viel im Internet surfen (Peter und Tom).
3. einen sicheren Arbeitsplatz haben (ich).
4. im Ausland arbeiten (du)?
5. eine nette Chefin haben (wir).

Reise/Freizeit
6. ein Ferienhaus haben (ihr)?
7. in den Bergen wandern (Ruth).
8. eine Weltreise machen (Josef und Tim).
9. viel mehr Zeit für ihre Familie haben (Rosa).
10. ein Flugticket nach ... haben (ich).

> *Jonas würde gern im Team arbeiten.*

> **TIPP** Wünsche/Träume drückt man mit der *würde*-Form + *gern* oder mit *hätte* + *gern* aus.

Effektiv lernen

Übungen selbst machen: zwei Beispiele

① Kopieren Sie einen Text aus dem Buch und schneiden Sie ihn in mehrere Teile. Nach drei Tagen nehmen Sie den Text wieder und ordnen ihn. Kontrollieren Sie mit dem Buch.

Meine Familie kommt aus der Türkei und lebt seit über 30 Jahren in Deutschland. Ich bin in

ich heiße, wie ich heiße, und aussehe, wie ich aussehe, bin ich für manche nie einer von ihnen.

Türke? Ist Deutschland meine Heimat oder die Türkei?

Für meine Verwandten in der Türkei bin ich „der Deutsche". Das kann ich verstehen, weil ich ja nur

Deutscher, wenn man den deutschen Pass hat. Auch gut Deutsch sprechen ist nicht genug. Weil

manchmal zu Besuch komme. Aber für viele Deutsche bleibe ich immer „der Türke". Man ist für viele Deutsche noch lange kein

Deutschland geboren und aufgewachsen. Ich habe einen deutschen Pass. Bin ich nun Deutscher oder

② Wenn Ihnen 1 zu einfach ist, können Sie auch Zeitungsartikel nehmen.

Verpackung des Geräts noch daneben. Die Fenster waren verschlossen. Die Polizei geht unter Berufung auf einen Arzt davon aus, dass die Frau an einer Kohlenmonoxid-

Eine Frau hat einen neuen Holzkohlegrill in ihrer Wohnung getestet - und dies mit dem Leben bezahlt. Die 48-Jährige wurde bereits am Mittwoch tot in ihrer Wohnung in Bad Wiessee gefunden, teilte die Polizei am Donnerstag mit. Im Grill lag kalte Asche, die

Frau testet Grill in Wohnung und stirbt

vergiftung starb. Die Mutter der Frau hatte die Polizei alarmiert, nachdem ihre Tochter nicht zu einem Treffen gekommen war.

> **TIPP** Tauschen Sie Ihre Übungen im Kurs.

Mobil in der Stadt

1 Verkehrsmittel

1.1 Ergänzen Sie die Sätze mit den passenden Verbformen.

machen • haben • tragen • fahren • kaufen • parken • lesen •
ziehen • finden • aussteigen • benutzen • tanken • bekommen

1. Ich fahre heute mit dem Bus, weil mein Fahrrad einen Platten _hat_ .

2. Beim Fahrradfahren _____
   ich immer einen Helm.

3. Du musst den Radweg _____.
   Die Straße ist viel zu gefährlich.

4. Kannst du mir am Bahnhof eine Fahrkarte
   _____?

5. Hast du den Fahrplan _____?
   Weißt du, wann unser Zug fährt?

6. Sie müssen bei der nächsten Station
   _____. Das Rathaus ist dann gleich rechts.

7. Bei uns _____ die Straßenbahnen meistens
   pünktlich.

8. Ich habe meinen Führerschein 2007 in den USA
   _____. Darf ich hier fahren?

9. Ich _____ im Parkhaus, weil ich gestern einen
   Strafzettel _____ habe.

10. Wenn du hier dein Auto abstellst, musst du am
    Automat einen Parkschein _____.

11. Ich war bei der Tankstelle und habe _____.

12. Ich fahre immer mit den Bus in die Stadt, weil man
    im Zentrum keinen Parkplatz _____.

Überweisung/Zahlschein

LHST MÜNCHEN, VERKEHRSÜBERWA
000 004 7233   701
STADTSPARKASSE MÜNCHEN
IBAN-Nr. DE 897015000000000047233
BIC: SSKMDEMM   EUR

VERWARNUNGSNUMMER
60142664 19081
KENNZEICHEN
M PD 1766
SIE HABEN AM
24.06.09
VON/BIS
17:43–17:56 UHR
IN MÜNCHEN
WINZERERSTR.
GEGENÜBER NR.
43
FOLGENDE OWI BEGANGEN:
SIE PARKTEN IM BEREICH EINES PARKSCHEINA
UTOMATEN OHNE GÜLTIGEN PARKSCHEIN ODER O
HNE DEN PARKSCHEIN VON AUSSEN GUT LESBAR
IM ODER AM FAHRZEUG ANGEBRACHT ZU HABEN
LÄNGER ALS 30 MINUTEN.
ENDE AUF PARKSCHEIN:17:14
VERWARNUNGSBETRAG:
10 EURO
IM AUFTRAG: A.I.VOD.
IRMER
VR 06 HR 10
MDE-Geräte-Nummer
01040090

⊙ 3.23
P

1.2 Sie hören jetzt Ansagen am Telefon oder per Lautsprecher. Zu jedem Text gibt es eine Aufgabe. Kreuzen Sie die richtige Antwort an.

1. Wann kommt die
   S-Bahn?
   a In 2 Minuten.
   b In 20 Minuten.
   c In 22 Minuten.

2. Was sollen die
   Fahrgäste tun?
   a Zu Bahnsteig 3
     gehen.
   b Auf Bahnsteig 3
     bleiben.
   c Einsteigen.

3. Herr Palme hatte …
   a einen Unfall.
   b einen Termin.
   c ein Problem mit
     dem Auto.

4. Wann ist das Amt
   donnerstags auf?
   a Von 9–12 Uhr.
   b Von 9–17 Uhr.
   c Von 12–17 Uhr.

1.3 Silbenrätsel: Thema „Verkehr" – Schreiben Sie die Nomen mit Artikel. Sie können bis zu 13 Wörter bilden.

kreu   mo   fahr   park   de   kar   rad   te   gen
le   kar   te   ge   mo   straf
aus   ra   bahn   stei   haus   aus   nats
stei   stel   hal   schein   ein   tel   schein
gen   tor   rer   zet   zung   te   steig   füh

der Bahnsteig

2 Mobilität

2.1 Lesen Sie zuerst die Aufgaben 1–3 und suchen Sie dann die Informationen im Text.

Monatskarte für Erwachsene

19270248 60002 P

IsarCard Abo - monatliche Zahlung
Kd.Nr. 75045954-1
10 x mtl. 42,00 EUR
Ringe 01-02
01.02.2009 bis
01.03.2010
200907310901

Was hat die Monatskarte zu bieten?
Die Monatskarte berechtigt in den freigegebenen Tarifgebieten zu beliebig vielen Fahrten in allen MVG-Verkehrsmitteln.
Die Monatskarte ist übertragbar. Sie kann von mehreren Personen benutzt werden, aber immer nur eine Person pro Fahrt.

Wie lange gilt die Monatskarte?
Die Monatskarte für Erwachsene gilt vom ersten Gültigkeitstag bis zum gleichen Kalendertag des Folgemonats.
Der Starttermin ist frei wählbar; lediglich am Fahrkartenautomaten gekaufte Fahrkarten gelten immer ab dem Kauftag.

Wo gibt es die Monatskarte?
Die Monatskarte gibt es am Automaten, bei den MVG-Vertriebsstellen und den MVG-Mobilitätszentralen.
Zusätzlich verkaufen einige Verkehrsunternehmen die Monatskarte an der Fahrerkasse im Bus, vor allem wenn die Haltestellen nicht mit Fahrkartenautomaten ausgestattet oder keine Vorverkaufsstellen vorhanden sind.
Außerdem können Sie die Monatskarte über das Internet im **MVG-TicketShop** bestellen.

Was kostet die Monatskarte?

1. Die Monatskarte kann nur eine Person benutzen.   Richtig   Falsch

2. Die Monatskarte gilt z. B. vom 31. Juli bis zum 31. August.   Richtig   Falsch

3. Die Monatskarte kann man auch im Internet kaufen.   Richtig   Falsch

2.2 Einen Brief schreiben

Sie wollen eine Monatskarte für die Straßenbahn kaufen. Sie brauchen aber noch ein paar Informationen. Deshalb schreiben Sie eine E-Mail an die Nahverkehrsgesellschaft.

Schreiben Sie etwas über folgende Punkte:

– Grund für Ihr Schreiben
– Gültigkeit von der Karte?
– Kosten?
– Ermäßigung für Schüler/Studenten?

Aber ich habe noch einige Fragen.   Was ist billiger?

Ich bin Schüler/in an der ...schule.

Ich möchte eine ... kaufen.   Kann ich ...?

mit freundlichen Grüßen

Sehr geehrte Damen und Herren,

Von wann bis wann ... gültig?   Wie viel kostet ...?

2.3 Vergleichen und korrigieren Sie Ihre Texte im Kurs.

3 Auto/Fahrrad/Bus … – Vorteile und Nachteile

⊙ 3.24 **3.1 Ergänzen Sie den Text. Hören Sie zur Kontrolle.**

Ich bin Lehrerin und wohne in einem kle__ __ __ __

Ort auf d__ __ Land. Meine Sch__ __ __ ist in

d__ __ Stadt, etwa zehn Kilo__ __ __ __ __ weit weg.

I__ __ würde gern m__ __ der Straßenbahn in

d__ __ Schule fahren, ab__ __ das ist to__ __ __

umständlich und dau__ __ __ ewig. Ich mu__ __

dreimal umsteigen. Des__ __ __ __ fahre ich m__ __

dem Auto, d__ __ geht schneller. Da bra__ __ __ __

ich nur 20 Min__ __ __ __, wenn kein Stau ist.

Wenn i__ __ aber in d__ __ Stadt einkaufen

möc__ __ __, dann nehme i__ __ immer die

Straß__ __ __ __ __ __. Die fährt dir__ __ __ in die

Innen__ __ __ __ __. Und das Par__ __ __ kostet ja

he__ __ __ schon mehr a__ __ ein Fahrschein. Ja, u__ __ wenn ich b__ __ mir im O__ __

einkaufe, dann ne__ __ __ ich fast im__ __ __ das Fahrrad. Die Straßen im Dorf hier sind eng

und mit dem Auto ist es oft schwer, an den geparkten Autos vorbeizukommen.

3.2 Wiederholung: Nebensätze mit *weil, wenn, dass* – Schreiben Sie die Sätze.

1. Es regnet. Ich fahre immer mit dem Bus.
Wenn es regnet, fahre ich immer mit dem Bus.

2. Ich finde: Zu viele Leute fahren mit dem Auto.

_____

3. Ich komme heute mit dem Auto. Mein Fahrrad ist seit gestern kaputt.

_____

4. Mein Vater benutzt immer das Auto. Er kann schlecht laufen.

_____

5. Ich habe gehört: Es gibt bald billige Elektroautos.

_____

6. Das Benzin kostet bald vier Euro pro Liter. Dann fahren weniger Leute Auto.

_____

7. Viele Leute glauben nicht: In ein paar Jahrzehnten gibt es kein Öl mehr.

_____

8. Ich fahre nicht gern mit dem Bus. Man muss immer warten.

_____

9. Ich habe in zwei Jahren ein eigenes Auto. Dann möchte ich eine Europareise machen.

_____

4 Konsequenzen: *deshalb*

4.1 Gründe und Konsequenzen angeben – Schreiben Sie die Sätze 1–8 mit *deshalb*.
Markieren Sie die Verben.

1. Ich habe den Bus verpasst.   Ich bin zu spät gekommen.

Ich ⟨habe⟩ den Bus ⟨verpasst⟩, deshalb ⟨bin⟩ ich zu spät ⟨gekommen⟩.

2. Ich habe eine Monatskarte.   Ich fahre immer mit der Straßenbahn.

_____

3. Unsere Autoversicherung ist zu teuer.   Wir wechseln die Versicherung.

_____

4. Saras Fahrrad hatte einen Platten.   Sie konnte bei der Fahrradtour nicht mitfahren.

_____

5. Ron hatte einen Unfall.   Sein Motorrad ist kaputt.

_____

6. Frau Beckmann ist vorsichtig.   Sie fährt immer mit einem Helm.

_____

7. Wir haben keinen Parkschein gezogen.   Wir haben einen Strafzettel bekommen.

_____

8. Sie lieben Italien.   Sie fahren immer nach Italien in den Urlaub.

_____

◁ 3.25   **4.2 Mein erstes Auto – Hören Sie die Interviews und kreuzen Sie an: a, b oder c.**

Interview 1
- [a] Das Auto hat 1200 DM gekostet.
- [b] Er hat es mit Ferienjobs finanziert.
- [c] Der VW war 18 Jahre alt.

Interview 2
- [a] Sie hat sich mit 21 Jahren ein Auto gekauft.
- [b] Sie hat einen Opel Astra geschenkt bekommen.
- [c] Das Auto ist nie gefahren.

Interview 3
- [a] Er hat das Auto seit 10 Jahren.
- [b] Er hat kein eigenes Auto.
- [c] Er hat das Auto vor vielen Jahren neu gekauft.

5 Aussprache: Viele Konsonanten

◁ 3.26   **Ergänzen Sie. Hören Sie und sprechen Sie.**

Brau*chst* du   Brauchst du noch einen <u>Fahr</u>schein?↗

Benu_____ du   Benutzt du heute dein <u>Fahr</u>rad?↗

Schrei_____ du   Schreibst du deine <u>Adre</u>sse auf?↗

Da_____ du   Darfst du hier <u>par</u>ken?↗

6 Autowerkstatt

6.1 Schreiben Sie die Nomen mit Artikel zu den Bildern.

1.

2.

3.

4.

der Ölwechsel
_____

_____

_____

_____

5.

6.

7.

8.

_____

_____

_____

_____

6.2 Lesetraining

Lesen Sie zuerst die Aufgaben 1–5 und suchen Sie dann in den Anzeigen A–H: Welche Anzeige passt zu welcher Situation? Für eine Aufgabe gibt es keine Lösung. Kreuzen Sie in diesem Fall X an.

1. Sie suchen ein billiges Auto. Sie können es selbst reparieren: _____

2. Sie suchen einen kleinen Sportwagen für zwei Personen: _____

3. Ihre Familie hat acht Personen. Sie suchen ein großes Auto: _____

4. Sie brauchen ein Auto, aber Sie haben nicht genug Geld: _____

5. Sie haben lange gespart und suchen ein Auto mit allen Extras: _____

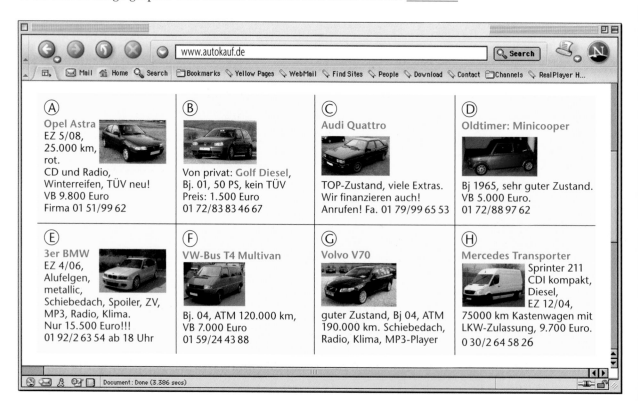

www.autokauf.de

A Opel Astra
EZ 5/08,
25.000 km,
rot.
CD und Radio,
Winterreifen, TÜV neu!
VB 9.800 Euro
Firma 01 51/99 62

B Von privat: Golf Diesel,
Bj. 01, 50 PS, kein TÜV
Preis: 1.500 Euro
01 72/83 83 46 67

C Audi Quattro
TOP-Zustand, viele Extras.
Wir finanzieren auch!
Anrufen! Fa. 01 79/99 65 53

D Oldtimer: Minicooper
Bj 1965, sehr guter Zustand.
VB 5.000 Euro.
01 72/88 97 62

E 3er BMW
EZ 4/06,
Alufelgen,
metallic,
Schiebedach, Spoiler, ZV,
MP3, Radio, Klima.
Nur 15.500 Euro!!!
01 92/2 63 54 ab 18 Uhr

F VW-Bus T4 Multivan
Bj. 04, ATM 120.000 km,
VB 7.000 Euro
01 59/24 43 88

G Volvo V70
guter Zustand, Bj 04, ATM
190.000 km. Schiebedach,
Radio, Klima, MP3-Player

H Mercedes Transporter
Sprinter 211
CDI kompakt,
Diesel,
EZ 12/04,
75000 km Kastenwagen mit
LKW-Zulassung, 9.700 Euro.
0 30/2 64 58 26

Document : Done (3.386 secs)

7 Inspektion

7.1 Ergänzen Sie die Sätze. Es gibt mehrere Möglichkeiten.

~~machen~~ • kontrollieren • prüfen • reparieren • waschen • putzen • wechseln • nachfüllen

1. Der Ölwechsel ___wird___ ___gemacht___ .

2. Die Bremsen _____ _____ .

3. Das Auto _____ _____ .

4. Das Licht _____ _____ .

5. Die Reifen _____ _____ .

6. Das Frostschutzmittel _____ _____ .

7. Die Scheibenwischer _____ _____ .

8. Die Scheiben _____ _____ .

7.2 Schreiben Sie die Sätze 1–8 im Präteritum.

Der Ölwechsel wurde gemacht.

8 Etwas machen lassen
Schreiben Sie wie im Beispiel.

In der Wohnung

1. Die Fenster werden geputzt.

   Ich *lasse die Fenster putzen.* _____

2. Die Toilette wird repariert.

   Wir _____

3. Paulas Zimmer wird neu tapeziert.

   Paula _____

4. Die Türen werden gestrichen.

   Müllers _____

Im Büro

5. Die Texte werden korrigiert.

   Der Chef _____

6. Die Briefe werden geschrieben.

   Frau Tim _____

7. Kaffee wird gekocht.

   Dr. Born _____

8. Das Mittagessen wird gebracht.

   Wir _____

Schwierige Wörter

① Hören Sie und sprechen Sie langsam nach. Wiederholen Sie die Übung.

3.27

Scheibenwischer↘   den Scheibenwischer↘   Ich muss den Scheibenwischer wechseln.↘

Tankstelle↘   eine Tankstelle↘   Ich suche eine Tankstelle.↘

Parkplatzprobleme↘   oft Parkplatzprobleme↘   In der Stadt hat man oft Parkplatzprobleme.↘

② Welche Wörter sind für Sie schwierig? Schreiben Sie drei Lernkarten und üben Sie mit einem Partner / einer Partnerin.

Hören – Radioansagen

Sie hören fünf Informationen aus dem Radio. Zu jedem Text gibt es eine Aufgabe. Kreuzen Sie an:
a, b oder c. Sie hören jeden Text **einmal**.

Beispiel

⊙ 3.28 **(0)** Welcher Tag ist heute?

- a Mittwoch, 21.02.
- ☒ Montag, 21.12.
- c Samstag, 20.12.

⊙ 3.31 **(3)** Wann kommen die nächsten Nachrichten?

- a Um 14 Uhr 55.
- b In 25 Minuten.
- c Um 14 Uhr 25.

⊙ 3.29 **(1)** Wie wird das Wetter morgen?

- a Es wird sonnig und warm.
- b Es wird schön, aber kalt.
- c Es gibt Schnee.

⊙ 3.32 **(4)** Was kann man gewinnen?

- a Karten für ein Fußballspiel.
- b Ein Training in einem Fitness-Studio.
- c Einen Tennisschläger.

⊙ 3.30 **(2)** Was ist das Problem?

- a Die Züge aus Freiburg sind nicht pünktlich.
- b Die Züge nach München fahren später.
- c Man bekommt keine Informationen.

⊙ 3.33 **(5)** Wie heißen die Lottozahlen?

- a 6 – 16 – 28 – 34 – 47 – 48 Zusatzzahl 12
- b 6 – 17 – 26 – 34 – 44 – 48 Zusatzzahl 11
- c 6 – 16 – 26 – 34 – 45 – 48 Zusatzzahl 12

Maximale Punktzahl: 5 / Meine Punktzahl: _____

Lesen – Listen/Inventare/Inhaltsangaben

Sie brauchen einige Dinge für Ihre Wohnung und gehen einkaufen.
Lesen Sie die Aufgaben 1–5 und die Information im **Möbelhaus**.
In welches Stockwerk gehen Sie?
Kreuzen Sie an: a, b oder c.

Wohnland Breitmüller

4   Korb- und Rattanmöbel, Dielen und Garderoben,
moderne Klassiker, Bilder, Wohnland-Café

3   Küchen, Badmöbel, Büromöbel, Teppiche und Teppichböden

2   Kinder- und Jugendmöbel, Schlafzimmermöbel, Stilmöbel,
Antikmöbel

1   Polster- und Wohnmöbel, Esszimmermöbel, Gardinen und Stoffe

EG   Kleinmöbel, Lampen, Bett-, Bad- und Tischwäsche, Geschirr,
Bestecke, Geschenkartikel

Beispiel

0) Sie brauchen einen kleinen Schrank für
Schuhe.

- ☒ Erdgeschoss
- b 3. Stock
- c anderes Stockwerk

1) Ihre Wohnung hat nicht genug Licht.

- a Erdgeschoss
- b 2. Stock
- c anderes Stockwerk

2) Ihr Sohn braucht ein Bett.

- a Erdgeschoss
- b 3. Stock
- c anderes Stockwerk

3) Im Winter ist der Boden im Wohnzimmer
zu kalt.

- a 1. Stock
- b 4. Stock
- c anderes Stockwerk

4) Sie haben ein bisschen Hunger und Durst.

- a 3. Stock
- b 4. Stock
- c anderes Stockwerk

5) Sie brauchen einen Computertisch.

- a 1. Stock
- b 3. Stock
- c anderes Stockwerk

Maximale Punktzahl: 5 / Meine Punktzahl: _____

Schreiben – Kurze Mitteilung

Am Informationsbrett in Ihrem Haus haben Sie eine Notiz von Familie Grabowski gelesen.
Die Familie ist neu im Haus und lädt alle Nachbarn für Samstag, 26.11., ab 17 Uhr zu einem Fest ein.
Die Familie möchte wissen: Kommen Sie? Und mit wie vielen Personen kommen Sie?
Antworten Sie.

Hier finden Sie vier Punkte. Wählen Sie **drei** aus. Schreiben Sie zu jedem Punkt ein bis zwei Sätze.
Vergessen Sie nicht den passenden Anfang und den Gruß am Schluss.
Schreiben Sie circa 40 Wörter.

In der Prüfung schreiben Sie diesen Teil auf den Antwortbogen.

etwas mitbringen?	mit wem zusammen?
Frage: später kommen?	Dauer

Maximale Punktzahl: 10 / Meine Punktzahl: _____

Sprechen – Gespräche über ein Alltagsthema

Bei diesem Prüfungsteil arbeiten Sie mit einem Partner / einer Partnerin zusammen.
Sie möchten eine bestimmte Information von Ihrem Partner / Ihrer Partnerin. Das Thema heißt *Einkaufen*.
Ziehen Sie eine Karte mit einem Fragezeichen und zwei andere Karten wie z. B.:

Thema: Einkaufen
Können Sie …?

und Sie fragen:

Können Sie fünf Euro wechseln?

Ihr Partner / Ihre Partnerin
antwortet vielleicht:

Nein, tut mir leid.

oder:

Ja, was brauchen Sie?

TIPP Bei der Karte mit dem Fragezeichen können Sie eine freie Frage stellen.

Sprechen Teil 2	Sprechen Teil 2
Thema: Einkaufen	**Thema: Einkaufen**
Was ...?	**Wann ...?**

Sprechen Teil 2	Sprechen Teil 2
Thema: Einkaufen	**Thema: Einkaufen**
Haben Sie ...?	**Wo ...?**

Sprechen Teil 2	Sprechen Teil 2
Thema: Einkaufen	**Thema: Einkaufen**
Wie oft ...?	**Mit wem ...?**

Sprechen Teil 2	Sprechen Teil 2
Thema: Einkaufen	**Thema: Einkaufen**
...?	**...?**

Maximale Punktzahl: 6 / Meine Punktzahl: _____

TIPPS zur Vorbereitung
1. Sammeln Sie im Kurs: Welche Situationen können in diesem Prüfungsteil vorkommen?
2. Arbeiten Sie in Gruppen: Sammeln Sie Fragen, Aussagen und Wortschatz zu den Situationen.
3. Machen Sie Arbeitsblätter z. B. mit Kärtchen wie hier oben.
4. Korrigieren Sie Ihre Ergebnisse im Kurs und verteilen Sie dann die korrigierten Arbeitsblätter an alle.
5. Üben Sie zu zweit zu Hause und in Gruppen im Kurs.
6. Überlegen Sie im Kurs:
   – Was war gut und wo haben Sie Probleme?
   – Wie können Sie sich helfen?
   – Wer kann Ihnen helfen?

1 Wer ist das?

1.1 Adjektive – Markieren Sie die 30 Adjektive im Kasten (→).

t	u	l	c	m	j	u	n	g	o	b	k	s	c	h	ö	n	d	g	r	a	u	d
i	z	p	h	k	m	b	l	h	e	l	l	y	f	r	i	s	c	h	h	e	n	i
n	k	g	b	q	j	o	w	k	p	p	r	a	k	t	i	s	c	h	j	b	c	d
d	t	g	d	b	s	v	n	u	z	s	c	h	n	e	l	l	n	k	l	e	i	n
d	u	n	k	e	l	b	q	k	a	p	u	t	t	a	l	t	i	b	r	a	u	n
h	r	k	j	f	w	d	k	p	o	k	o	n	s	e	r	v	a	t	i	v	s	d
s	a	u	b	e	r	i	a	u	x	i	n	t	e	r	e	s	s	a	n	t	h	f
y	e	k	a	l	t	k	j	i	z	t	e	u	e	r	b	i	l	l	i	g	p	n
d	x	a	u	s	g	y	l	a	n	g	x	a	m	m	s	d	i	c	k	k	g	p
o	m	q	t	b	e	c	g	e	l	b	w	e	i	t	r	o	t	b	o	y	f	j
x	m	g	w	b	d	z	g	r	o	ß	b	l	a	u	v	v	z	g	r	q	z	k
b	w	e	k	o	s	t	e	n	l	o	s	w	a	r	m	g	p	j	n	x	o	y
t	k	t	g	r	ü	n	o	s	c	h	w	a	r	z	l	s	c	h	l	a	n	k

1.2 Ergänzen Sie nun 1–10. Es gibt mehrere Möglichkeiten.

1. Mit Anzug und Krawatte siehst du sehr _____ *jung* _____ aus.

2. In dem Kleid siehst du richtig _____ aus!

3. Dafür musst du nichts bezahlen, das ist _____ .

4. Das Gegenteil von unpraktisch ist _____ .

5. Die Hose ist _____ .

6. In der Jacke ist ein Loch – die Jacke ist _____ .

7. Der Pullover war in der Waschmaschine. Jetzt ist er _____ .

8. Dieser Pullover kostet nicht viel. Er ist sehr _____ .

9. Schuhe für 150 Euro? Das ist aber sehr _____ .

10. Du hast Größe 42. Schuhe mit Größe 40 sind dir bestimmt zu _____ .

1.3 Welche Farben haben Sie gefunden und welche Nomen fallen Ihnen dazu ein?

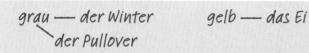

grau — der Winter
       ↘ der Pullover

gelb — das Ei

1.4 Mit welchen Adjektiven beschreiben Sie einen Menschen / ein Auto? Sammeln Sie und vergleichen Sie im Kurs.

1.5 Wiederholung: Besuch von den Eltern – Ergänzen Sie die Possessivartikel. Hören Sie zur Kontrolle. Probleme? Hören Sie zuerst und ergänzen Sie dann.

● Hier wohne ich. Das ist m _ein_ Zimmer und

gleich daneben ist u_____ Küche und u_____ Bad.

Gegenüber wohnt Theo mit s_____ Freundin.

Möchtet ihr e_____ Jacken aufhängen?

Hier ist u_____ Garderobe.

○ Ach, das ist jetzt e_____ Garderobe? Früher hat

das in u_____ Badezimmer gehangen.

● Kennst du noch die Regale von d_____ Freundin

Inge? Sie hat mir i_____ Regale für m_____

Zimmer geschenkt – und auch i_____ Stühle.

○ Interessant! Wie schön, das ist ja die Lampe von d_____ Großmutter. D_____ Schreibtisch

kenne ich auch, der ist bestimmt schon 45 Jahre alt! Und hier finde ich endlich u_____

Bücher. Und hier ist u_____ Fotoalbum!

● Das gehört mir! Das hat mir m_____ Vater geschenkt, d_____ Ehemann!

○ Also gut. Hier sind d_____ Handtücher und d_____ Bettwäsche. Sabine schenkt dir

i_____ Blumen, weil sie ein Jahr ins Ausland geht! Und von uns bekommt ihr noch drei

Flaschen Wein zu e_____ Einzug.

2 Adjektive vor dem Nomen

2.1 Adjektivendungen nach unbestimmten Artikeln und Possessivartikeln – Ergänzen Sie die Tabelle.

	Nominativ Das ist/sind …	Akkusativ Er möchte …	Dativ Das ist meine Wohnung mit …
Maskulinum der Tisch	(m)ein neuer Tisch.		
Neutrum das Bett			
Femininum die Vase			
Plural die Lampen	mein__	mein__	mein__

2.2 Markieren Sie die Verben und ergänzen Sie die Endungen.

1. Ich habe mein___ rot___ Teppich noch nicht bezahlt.

2. Wann hast du dein___ alt___ Wohnung gekündigt?

3. Ist das dein___ neu___ Zimmer?

4. Ich suche___ ein___ alt___, billig___ Haus. Das möchte ich dann selbst renovieren.

5. In der Zeitung stehen kein___ billig___ Häuser zur Vermietung.

6. Mein___ klein___ Wohnung liegt direkt im Zentrum.

2.3 Markieren Sie die Präpositionen und ergänzen Sie die Endungen.

1. Mein Traum ist ein Apartment <u>mit</u> ein<u>em</u> kleinen Garten.

2. Mein Freund hat lange in ein____ möbliert____ Zimmer gewohnt.

3. Ich gehe nicht mehr zu mein____ alt____ Friseur. Der ist zu teuer.

4. Hast du in dein____ neu____ Wohnung auch eine Waschmaschine?

5. Im Herbst trage ich am liebsten Jeans mit ein____ warm____ , weich____ Pullover.

6. Am Wochenende fahre ich zu mein____ alt____ Schulfreundin.

7. Ich feiere meinen Geburtstag mit mein____ alt ____Freunden und ein____ gut____ Essen.

⊙ 4.3   **2.4 Aussprache wiederholen**

1. Sprechen Sie die Adjektive mit den Endungen -ig, -lich, -isch.

billig • freundlich • amerikanisch • wichtig • schriftlich • pünktlich • lustig • ausländisch • sonnig • täglich • spanisch • farbig • vorsichtig • richtig • mündlich • asiatisch • ruhig

⊙ 4.4   2. Hören Sie und sprechen Sie nach. Achten Sie auf die Aussprache von -ig.

billig – ein billiges Radio   schriftlich – eine schriftliche Prüfung
wichtig – ein wichtiges Gespräch   freundlich – ein freundlicher Verkäufer
ruhig – eine ruhige Musik   ausländisch – ein ausländisches Geldstück

③ Personen beschreiben
3.1 Ergänzen Sie.

① Heute trägt Herr Manz eine blau<u>e</u> Hose mit einem schwarz____ Gürtel. Dazu möchte er sein schwarz____ Jackett mit einer gelb____ Krawatte anziehen, aber seine lieb____ Frau mag keine gelb____ Krawatten. Sie findet, dass ein schwarz____ Jackett und eine gelb____ Krawatte nicht zusammenpassen.

② Frau Manz zieht heute Abend ihre rot____ Jeans an mit einer weiß____ Bluse. Zu der weiß____ Bluse passt ihre neu____ grau____ Jacke. Sie trägt auch einen leicht____ Schal, weil sie stark____ Halsschmerzen hat.

③ Lisa will ihr neu____ , grün____ Kleid nicht anziehen. Sie will auch ihre schick____ Schuhe nicht tragen. Sie mag keine neu____ Schuhe. Sie will nur ihren blau____ Trainingsanzug mit ihren alt____ Turnschuhen anziehen und vielleicht auch das bunt____ Halstuch und die rot____ Mütze.

3.2 Lesen Sie 3.1 noch einmal. Ergänzen Sie die Fragen und antworten Sie wie im Beispiel.

1. Was für eine Hose ____*trägt*____ Herr Manz?

2. Was für Jeans _____?

3. Was für ein Jackett möchte er _____?

4. Was für einen Schal _____?

5. Was für Krawatten _____ seine Frau nicht?

6. _____ will Lisa nicht anziehen?

1. Eine blaue.

3.3 Schreiben Sie die Namen der Körperteile zu den Figuren und beschreiben Sie die Personen.

— die Nase

Person A hat eine lange Nase,
einen kleinen Mund ...
Person B hat einen ...

4 Aussprache: Schwaches *e*

⊙ 4.5 **Hören Sie und ergänzen Sie -e, -er, oder -en. Sprechen Sie laut.**

ein*e* – ein___ – ein___

groß___ – größ___ – groß___

schnell___ – schnell___ – schnell___

Hier ist ein___ grün___ Hos___ und ein___ blau___ Pullov___.

Wir hab___ ein___ groß___ Küch___ und ein___ groß___ Balkon.

Mein Auto ist etwas klein___ als ein___ schnell___ Porsch___.

5 Thema „Schönheit"

⊙ 4.6 **5.1 Beruf: Hotelkauffrau – Hören Sie. Was ist richtig?**

P

1. Frau Kment verkauft Hotels. ☐ Richtig ☐ Falsch

2. Was macht sie?
   ☐a Sie sitzt an der Rezeption.
   ☐b Sie macht die Zimmer sauber.
   ☐c Sie gibt den Kunden Visitenkarten.

3. Sie muss auf ihr Aussehen achten. ☐ Richtig ☐ Falsch

4. Welche Kleidung trägt sie oft bei der Arbeit?
   ☐a Sie trägt meistens eine weiße Bluse und einen dunkelblauen Rock.
   ☐b Die Farben vom Hotel: blau und weiß.
   ☐c Manchmal trägt sie auch einen Hosenanzug und einen bunten Pullover.

5. Früher hat sie privat bequeme Kleidung getragen. ☐ Richtig ☐ Falsch

6. Welche Kleidung trägt sie heute gern?
   ☐a Sie trägt zu Hause gern einen Jogginganzug.
   ☐b Sie möchte Berufskleidung und Alltagskleidung trennen.
   ☐c Sie findet, dass elegante Kleidung am besten zu ihr passt.

5.2 Was gehört zum „guten Leben"? Notieren Sie fünf Wünsche. Vergleichen Sie im Kurs.

> *Ich möchte eine große Familie! Ich finde ein schnelles Auto gut.*

gut   bequem   Essen   Auto   Fest   Figur   Familie
teuer   schön   Wohnung   Freund/Freundin   Kinofilm
interessant   schnell   Beruf   Geld   Ausbildung

5.3 Kleider machen Leute – Stimmt das? Ergänzen Sie den Text.

Vielleicht stimmt d____ ja zum Te____, aber wichtiger i____ doch die Persönl_____. Ich mag

ke_____ modische Kleidung. Meis_____ kaufe ich me_____ Sachen in Secon_____-Läden. Ich

b____ noch in d____ Ausbildung und ha____ wenig Geld. Klei_____ und Körperpflege dür_____

nicht mehr a____ 50 Euro im Mo_____ kosten. Und mor_____ gehe ich sch_____ unter die

Dus_____. Ich brauche n____ zehn Minuten im B____, weil ich mi____ vor der Arb_____ nicht

schminke. I____ frühstücke lieber gemü_____. Für die Disco ziehe ich mich aber schick an und

schminke mich.

6 Eine Mode-Umfrage

6.1 Notieren Sie Fragen zu den Aussagen 1–5 und vergleichen Sie im Kurs.

1. Mode finde ich langweilig.
2. Meine Mutter hat sich nie geschminkt.
3. Nur alte Leute gehen in Deutschland jede Woche zum Friseur.
4. Ich finde, Männer sollten nur Rasierwasser benutzen.
5. Ich möchte blonde, lange Haare haben.

> *1. Ziehst du dich gerne modisch an? Ist Mode für dich wichtig? ...*
> *2. ...*

6.2 Präpositionen mit Akkusativ: *für, ohne* – Ergänzen Sie die Präposition und die Endungen.

1. Julius verreist nie _____ ein____ gut____ Buch im Gepäck.

2. Maria kauft Kinogutscheine _____ ihr____ Freundin und _____ ihr____ Nachbarn.

   Dann gehen sie gemeinsam ins Kino.

3. Robert will nicht _____ sein____ Laptop und _____ sein____ Freundin in Urlaub fahren.

4. Erhan verbringt kein Wochenende _____ sein____ Familie.

5. In der letzten Woche hat Sandy _____ ihr____ Oma die Küche renoviert.

6. _____ e_____ koche ich am liebsten! Euch schmeckt es immer!

7 Komplimente

7.1 Sehen Sie sich die Bilder an und lesen Sie dann den Text auf Seite 201. Wie geht der Text auf dem Anrufbeantworter weiter?

> *Sie haben drei neue Nachrichten.*

15 Uhr 45: Lisa hat gleich Feierabend und räumt ihr Büro auf. Sie telefoniert auf ihrem Handy: „Natürlich bist du schön! Du hast wundervolle, blonde Haare und deine blauen Augen sind herrlich! Dein Lächeln ist bezaubernd – ich freue mich jedes Mal, wenn ich dich anschaue!"

16 Uhr 10: Lisa geht von ihrem Büro nach Hause. Sie muss fünf Stationen mit der U-Bahn fahren. Sie telefoniert: „Aber nein, du bist doch nicht zu dick! Du bist genau richtig! Du kannst jeden Tag Kuchen essen … mit Sahne! Übrigens … die schwarze Jeans macht deine Beine noch länger! Du kannst auch gut deinen kurzen, grünen Rock anziehen. Da schauen sich viele Männer nach dir um! Ganz sicher!"

16 Uhr 35: Lisa steigt aus und kauft sich ein Stück Kuchen in der Bäckerei vor ihrem Haus.

Sie telefoniert mit ihrem Handy: „Du kannst fantastisch kochen. Ich komme jedesmal gern zu dir … wirklich! Und deine Wohnung ist so gemütlich. Langweilig? Du bist doch nicht langweilig! Ich finde die Gespräche mit dir immer toll – du kannst so gut zuhören und hast immer gute Ideen. Und witzig bist du auch. Weißt du noch – am letzten Wochenende? Wir haben stundenlang gelacht …"

16 Uhr 45: Lisa ist in ihrer Wohnung und kocht sich einen frischen Cappuccino. Sie nimmt den Kuchen und den Cappuccino, legt sich gemütlich aufs Sofa. Sie genießt den ersten Schluck Cappuccino, isst das erste Stück und hört den Anrufbeantworter ab: „Natürlich bist du schön! Du hast wundervolle, blonde Haare und deine blauen Augen …"

7.2 Schreiben Sie Ihren Text für Ihren Anrufbeantworter.

Für Männer: Deinen Kleidungsstil finde ich toll, seriös und doch locker. • Du wirkst sehr männlich. • Du bist ein sportlicher Typ. • Du bist nicht zu dünn und nicht zu dick, genau richtig. • Deine … Haare gefallen mir. • Du hast bestimmt Erfolg bei … • Du bist sehr ruhig und selbstsicher. • Deine … Krawatten stehen dir immer super. • Du hast viel Humor …

Effektiv lernen

Strategisch Hören

Das Hören vorbereiten – Fragen Sie sich:
– Was weiß ich über die Situation / das Thema?
– Was kenne ich auf Deutsch?
– Was möchte ich wissen und was kommt in der konkreten Situation wahrscheinlich vor?

Beim Hören – Darauf können Sie achten:
– Was verstehe ich?
– Im persönlichen Gespräch: Schauen Sie den Sprecher / die Sprecherin an. Achten Sie auf die Körpersprache und den Sprachton.
– Probleme? Bitten Sie: „Sprechen Sie bitte langsamer/deutlicher."

Hören trainieren
– Hören Sie möglichst oft Radio: Wartezeiten sind Lernzeiten.
– Hören Sie die Nachrichtensendungen an einem Tag mehrmals an.
– Hören Sie Sendungen über Themen, die sie kennen.
– Im Internet finden Sie viele Sendungen als Podcast und Sie können häufig die schriftlichen Texte dazu als PDF-Datei herunterladen (www.dw-world.de oder www.podcast.de)

Sie hören Nachrichten.

TIPP Wer aktiv Deutsch liest, hört und sieht, der lernt schneller.

20 Komm doch mit!

1 Aktivitäten

1.1 Wiederholung: Verabredungen – Schreiben Sie Dialoge nach den Dialogplänen. Es gibt mehrere Möglichkeiten.

1			2		
Wochenende/Schwimmbad?	→	☹ / Radfahren	Kino?	→	Film?
☺ / Wann?	←	Samstag / 8 Uhr	„Amelie"	←	Zeit?
☹ / ausschlafen	←	10 Uhr	heute / 20 Uhr	←	zu Ende?
o. k. / Wohin?	→	zum Badesee	± 22 Uhr	→	– – / kein Babysitter
Wie lange?	←	zurück / 5 Uhr	morgen?	→	++
o. k.					

1.2 Bei jedem zweiten Wort fehlt die Hälfte. Ergänzen Sie den Text.

„Ich habe zehn Monate Deutsch gele_ _ _ und da_ _ bin i_ _ in and_ _ _ Volkshochschulkurse gega_ _ _ _. Ich ha_ _ z. B. einen Näh_ _ _ _ gemacht u_ _ einen Koch_ _ _ _ _. Da ha_ _ ich vi_ _ _ Leute kennen_ _ _ _ _ _ _ _, au_ _ Deutsche, ein_ _ _ _ sind he_ _ _ meine bes_ _ _ Freunde. Im näch_ _ _ _ _ Semester wi_ _ ich einen Fotografiekurs machen."

„Ich gehe oft mit meiner Tochter in d_ _ Park a_ _ den Spiel_ _ _ _ _ _. Sie spi_ _ _ _ und i_ _ sitze a_ _ einer Ba_ _ _ und sch_ _ _ _ ihr zu. Al_ _ Mütter unter_ _ _ _ _ _ _ sich. I_ _ lese Zei_ _ _ _ _ oder hö_ _ _ Musik m_ _ meinem MP3-P_ _ _ _ _ _ _. Ab u_ _ zu tre_ _ _ _ ich mi_ _ auch m_ _ Bekannten. W_ _ bringen et_ _ _ _ zum Es_ _ _ _ und Tri_ _ _ _ _ mit u_ _ machen m_ _ allen Kin_ _ _ _ _ Picknick oder wir grillen."

2 **Was machen Sie gern?**
Schreiben Sie über sich.

1. Ich mag _____

2. Ich gehe gern in _____

3. Ich spiele gern _____

4. Ich gehe nicht gern _____

5. _____

6. _____

3 Thema „Freizeit"

3.1 Schreiben Sie die Fragen.

1. Bist du in   _____ a) dich?

2. Brauchst du viel   _____ b) Freizeit hast du?

3. Hast du ein   _____ c) in deiner Freizeit im Winter?

4. Liest du gern oder   _____ d) Sport?

5. Machst du   _____ e) Hobby?

6. Triffst du   _1_ f) einem Verein?

7. Möchtest du gerne   _____ g) in der Freizeit viele Freunde?

8. Was ist Freizeit für   _____ h) mehr Leute kennenlernen?

9. Was machst du   _____ i) Geld für deine Freizeit?

10. Wie viel   _____ j) gehst du lieber ins Kino?

1. + f) Bist du in einem Verein?

3.2 Wiederholung: Perfekt mit *haben* oder *sein*? Schreiben Sie die Sätze und beantworten Sie sie für sich.

1. gehen / Sie / zum letzten Mal / spazieren / Wann / ?

   Wann sind _____

2. spielen / Sie / Tennis / schon einmal / ?

  _____

3. lernen / Sie / Fahrradfahren / Wann und wo / ?

  _____

4. wandern / Sie / schon / Wie oft / ?

  _____

5. lesen / zum letzten Mal / Sie / ein Buch / Wann / ?

  _____

4 Alle, jemand, niemand …

4.1 Personen und Sachen – Ordnen Sie zu. 📖 ↓

nur Personen   *man* _____

nur Sachen   _____

Personen oder Sachen   _____

📖 man • einige (Pl.) • jemand • niemand • etwas • nichts • alle (Pl.) • viele (Pl.)

4.2 Ergänzen Sie die Sätze mit den passenden Indefinita aus 4.1.

1. ● Entschuldigung, haben sie noch _____*etwas*_____ Brot für mich?

   ○ Tut mir leid. Es ist _____ mehr da.

2. ● Kann mir bitte _____ helfen? Mein Computer funktioniert nicht mehr.

   ○ Heute ist _____ mehr im Haus. Morgen früh kommt _____ zu Ihnen.

3. ● Können bitte _____ Mitarbeiterinnen morgen früh in mein Büro kommen?

   ○ Das geht nicht, weil _____ in einer Besprechung mit Kunden sind.

4. _____ kann sich in Deutschland auch nach der Schule weiterbilden.

5. Im August haben _____ Mitarbeiter Urlaub, aber _____ gehen auch erst im September.

6. _____ kann nicht alles haben, viel Freizeit und viel Geld!

7. Ich nehme mir nächste Woche _____ Tage frei. Am Donnerstag komme ich wieder.

5 Aussprache: s, sp, st, sch, z, ch

⊙ 4.7 **Ergänzen Sie die Konsonanten. Hören Sie zur Kontrolle und sprechen Sie.**

1. sich _*sch*_minken – si____ schön an____iehen   Sie schminkt si____ und ____ieht sich ____ön an.↘

2. si____ streiten – sich ge____ritten haben   Sie haben ____ich auf der Party ge____ritten.↘

3. tan____en – ____usammen tanzen   ____ie tan____en den gan____en Abend ____usammen.↘

4. ____rechen – gespro____en haben   Sie haben nur Deut____ ge____rochen.↘

6 Nach dem Kurs – Pronomen

⊙ 4.8 **Schreiben Sie die Minidialoge. Es gibt z. T. mehrere Möglichkeiten. 🔊 Hören Sie zuerst.**

1. ● Hier liegt ein Handy. Ist das deins?
2. ● Ist das Olgas Tasche?
3. ● Ist das euer Plakat?
4. ● Kannst du mir mal dein Handy leihen?
5. ● Wem gehört der Kuli?
6. ● Kasimir, ich habe einen Kuli gefunden.
7. ● Gehört das Buch hier dir?
8. ● Ich habe zwei Karten für ein Jazzkonzert.

a) ○ Willst du mir e… verkaufen?
b) ○ Ich hab zurzeit k… Ich habe m… verloren.
c) ○ Oh wirklich? Vielleicht ist das m…
d) ○ Nein, das ist nicht m… Das gehört Yong-Min.
e) ○ Ja, das ist i…
f) ○ Frag mal Kasimir. Ich glaube, das ist s…
g) ○ Nein, u… hängt doch an der Wand.
h) ○ Ja, das ist m…

> ● *Hier liegt ein Handy. Ist das deins?*
> ○ *Nein, das ist nicht meins …*

7 Ein Kunstkurs

7.1 Welche Wörter passen hier? Kreuzen Sie an: a, b oder c.

Sueli Negrelli

Malen für Anfänger
6 Samstage
von **9 bis 12 Uhr**

Anmeldung unter
info@negrelli.de

Ich interessiere mich für Kunst, aber ich kann nicht malen. Dann habe ich eine Anzeige in der Zeitung gelesen. Ich wusste sofort: Da melde ich ① an.

Am Samstagmorgen ② ich mich geduscht und rasiert und dann ③ ich zum Kurs gegangen.

Wir waren zehn Teilnehmer. Wir haben ④ vorgestellt und dann hat der Kurs angefangen. Wir sollten immer zu zweit arbeiten. Ich habe mit Karin gearbeitet. Wir haben uns gut unterhalten und sehr amüsiert. Leider hat sie ⑤ nach dem Kurs mit Carsten verabredet. Zuerst habe ich ⑥ geärgert.

Dann hat am Sonntag Jessica angerufen. Wir haben uns um 12 Uhr im Park ⑦ und sind spazieren gegangen. Dann ⑧ wir in eine Ausstellung in der Kunsthalle gegangen. Danach hat Jessica gefragt: „Interessierst du ⑨ auch für Jazz? Ich habe zwei Karten für Dienstagabend." Ich habe mich nie für Jazz interessiert, aber seit Sonntag bin ich Jazz-Fan und freue mich auf das Konzert ⑩ Dienstag.

1. [a] mich   [b] dich   [c] euch
2. [a] bin   [b] habe   [c] hast
3. [a] ist   [b] sind   [c] bin
4. [a] sich   [b] dich   [c] uns
5. [a] mich   [b] sich   [c] euch

6. [a] mich   [b] sich   [c] dich
7. [a] treffen   [b] trifft   [c] getroffen
8. [a] sind   [b] haben   [c] seid
9. [a] uns   [b] dich   [c] mich
10. [a] am   [b] um   [c] in

7.2 Reflexivpronomen – Ergänzen Sie 1–8.

1. ● Wir kommen am Sonntag zu euch. ○ Da freuen wir _uns_ aber sehr. Kommt ihr zum Kaffee?

2. ● Bitte zieh _____ fürs Theater gut an. ○ Ich ziehe _____ immer schick an.

3. Dieses Wochenende fahre ich zu meinen Großeltern. Oma ist gestürzt und hat _____ verletzt.

4. Bitte ruf deine Schwester an. Sie will _____ mit dir treffen.

5. Gestern war ich mit Jessica im Jazzkonzert. Es war toll. Wir haben _____ sehr gut unterhalten.

6. ● Seit wann kennt ihr _____? ○ Wir kennen _____ seit dem Malkurs im letzten Juni.

7. ● Haben Sie _____ für den Kurs angemeldet? ○ Nein, ich möchte _____ jetzt anmelden.

8. ● Mein Sohn hat morgen Geburtstag. Er freut _____ schon seit vier Wochen.

8 Kontakte

⊙ 4.9

8.1 Sie hören drei Gespräche. Zu jedem Gespräch lösen Sie zwei Aufgaben. Kreuzen Sie die richtige Antwort an.

1. Frau Werns und Herr Bold gehen zusammen ins Kino.

Richtig   Falsch

2. Die Veranstaltung …
- a beginnt um 20 Uhr.
- b kostet 15 Euro.
- c ist am Freitag.

3. Tian braucht einen Rat.

Richtig   Falsch

4. Sabaheta sagt, er soll …
- a mehr Deutsch lernen.
- b in einen Verein gehen.
- c mehr reisen.

5. Frau Tim spricht mit der Lehrerin von ihrer Tochter.

Richtig   Falsch

6. Die Tochter …
- a macht einen Ausflug.
- b ist noch krank.
- c möchte in eine andere Klasse.

8.2 *Können* im Konjunktiv II – Schreiben Sie freundliche/höfliche Vorschläge.

1. du / einladen / deine Kollegen / mal wieder / .   *Du könntest* _____

2. wir / tanzen gehen / am Samstag / . _____

3. ihr / zu uns / am Samstag / kommen / . _____

4. er / machen / einen Volkshochschulkurs / . _____

5. sie / gehen / in einen Sportverein / . _____

6. du / mich / besuchen / morgen / . _____

8.3 Informationen finden – Sehen Sie sich die Aufgaben a–h an und finden Sie die passenden Hinweise im „Verdener Tageskalender". Es gibt manchmal mehrere Möglichkeiten.

Die „Reiterstadt Verden" ist über 1200 Jahre alt. Sie liegt in Norddeutschland, südöstlich von Bremen, in der „Lüneburger Heide". Die Stadt ist vor allem bei Pferdefreunden weltweit bekannt. Neben der Pferdezucht lebt die Stadt heute vom Tourismus. Jedes Jahr kommen tausende von Urlaubern. Berühmt sind vor allem das Pferdemuseum und das Historische Museum.

a) _____ Sie schwimmen gern.

b) _____ Ein Freund von Ihnen hat Probleme mit dem Alkohol.

c) _____ Ihr Sohn (8 Jahre) langweilt sich.

d) _____ Sie lesen gern.

e) _____ Sie haben Probleme mit Ihrem Vermieter.

f) _____ Sie lieben Pferde und sind deshalb nach Verden gefahren.

g) _____ Sie sind gerade in Verden angekommen und möchten wissen: Was kann man hier machen?

h) _____ Es ist 22 Uhr und Sie haben plötzlich starke Kopfschmerzen bekommen.

Verdener Tageskalender

(1) **Ärztlicher Notdienst:** ab 13 Uhr: Dr. Gehre, Bahnhofstr. 21, Verden, Tel. 01 72 / 4 21 91 42.

(2) **Apotheken-Notdienst:** Hirsch-Apotheke, Am Holzmarkt 4, Verden, Tel. 0 42 31 / 26 80.

(3) **Notruf:** Polizei: 110, Feuerwehr: 112, Krankenhaus: 10 30, Rettungsdienst, Frauennotruf: 0 42 31 / 96 19 70.

(4) **Pferdemuseum:** 10 bis 17 Uhr geöffnet.

(5) **Städtisches Krankenhaus:** 14.30 bis 15.30 Uhr Besuchszeit; 18 bis 19 Uhr nur für Väter von Säuglingen; 14.30 bis 15 Uhr für Kinder von Patienten in Begleitung eines Erwachsenen.

(6) **Stadtverwaltung Verden:** 9 bis 12.30 Uhr Sprechzeit.

(7) **Stadtbücherei:** Holzmarkt 7, 10–12 Uhr und 15–18 Uhr geöffnet.

(8) **Touristeninformation:** Holzmarkt 15, 8.30 bis 18 Uhr geöffnet.

(9) **Arbeitsamt:** Tel. 0 42 31 / 80 90.

(10) **Jugendzentrum „Dampfmühle",** Lindhooper Straße 1: 15 Uhr Tischtennis, Kicker, 18–20 Uhr Infoladen Kontra, 19–23 Uhr Musikcafé 1.

(11) **Tierheim des Tierschutzes in Verden:** Aufnahme von Fund- und Pensionstieren, Waller Heerstr. 11, Tel. 0 42 30 / 94 20 20.

(12) **Deutscher Mieterbund:** 16 bis 17 Uhr Beratung in der Verbraucherzentrale, Piepenbrink 1.

(13) **Jungen-Treff „Small Brothers"** (bis 9 Jahre) im Jugendzentrum: 10–12 Uhr; 14.30–17 Uhr: Projektgruppe für Mädchen (bis 10 Jahre) in der Nikolaischule.

(14) **Anonyme Alkoholiker:** 19.30 Uhr Treffen im Stadtkirchenzentrum.

(15) **Deutscher Gewerkschaftsbund,** Marienstr. 3: Sprechzeit 8 bis 12.30 Uhr oder nach Vereinbarung.

(16) **Frauenberatungsstelle Verden:** Grüne Str. 31, Telefon 0 42 31 / 8 51 20.

(17) **Verwell Erlebnisbad:** Freibad: 6.30–20 Uhr; Hallenbad: 10–20 Uhr; Sauna: 10–21 Uhr geöffnet.

(18) **Lichtspiele Verden Cine City:** 16 Uhr: *2012 / Spirit – der wilde Mustang*; 16 + 20.15 Uhr: *Der Turm*; 16, 17 + 20 Uhr: *Ice Age 5*; 20 Uhr: *Invictus*; 20.15 Uhr: *Seitensprünge in N.Y.*

Schwierige Wörter

① **Hören Sie und sprechen Sie langsam nach. Wiederholen Sie die Übung.**

4.10   Volkshochschule. an der Volkshochschule. Ich mache Kurse an der Volkshochschule.

Freitagnachmittag? am Freitagnachmittag? Treffen wir uns am Freitagnachmittag?

Mitgliedsbeitrag? der Mitgliedsbeitrag? Wie hoch ist der Mitgliedsbeitrag?

② **Welche Wörter sind für Sie schwierig? Schreiben Sie drei Lernkarten und üben Sie mit einem Partner / einer Partnerin.**

21 Arbeitssuche

1 Arbeitssuche

1.1 Wiederholung: Thema „Arbeit" – Ein Kreuzworträtsel

```
 1  Ü _ _ _ _ _ _ E _ _
 2    _ U _ O
 3      _ E _
 4  _ _ _ U _ A
 5    _ _ E _ _ E _
 6      _ _ E _ I E _ E _
 7  _ O _ _ E _ E _ E _
 8    _ I _ _ A
 9    _ E _ I _
10  A _ _ E _ _ _ E I _
11  C H A _ _ _
12    _ E _ _ I _ _ E _
13  _ _ O _ _ E _ E
14  A U _ _ Ö _ E
```

Waagerecht: 1 Ich muss heute mehr arbeiten. Ich muss … machen. (Pl.) **2** Das Gehalt mit Steuer usw. **3** Er sagt mir, was ich tun muss. **4** Auf der Bank oder beim Amt muss man das oft ausfüllen. **5** Ich suche eine neue … Deshalb schaue ich mir jeden Tag die Anzeigen an. **6** Ich … 1500 Euro im Monat. (Infinitiv) **7** ● Musst du am … arbeiten? ○ Nein, da hab ich frei. **8** Ich arbeite bei der … Höhne. Das ist eine Möbelspedition. **9** Die weibliche Form von Nr. 3. **10** Die normale … ist 35 Stunden pro Woche. **11** Ich mache ein Praktikum bei einer Bank. Das ist eine gute … für mich. Vielleicht bekomme ich einen Ausbildungsplatz. **12** ● Ich möchte Frau Barz sprechen. ○ Einen Moment, ich … Sie. (Infinitiv) **13** Herr Sommer ist mein … aus der Buchhaltung. **14** Mein Arbeitstag beginnt um 8 Uhr und … um 18 Uhr … (Infinitiv)

Senkrecht: Ich habe eine interessante … in der Zeitung gelesen. Ich will mich bewerben.

🔊 4.11 1.2 Zwei Dialoge – Ordnen Sie die Dialogteile. Hören Sie zur Kontrolle. Probleme? 🎧 Hören Sie zuerst und ordnen Sie dann.

Dialog 1

● ☑ 1 Hallo Paul, komm rein.

● ☐ Ja, morgen muss ich meine Bewerbungsunterlagen abgeben. Ich schreibe gerade meinen Lebenslauf.

● ☐ Nein, ich habe im Internet eine interessante Anzeige gefunden, habe angerufen und soll sofort meine Bewerbungsunterlagen schicken, weil nächste Woche schon Gespräche sind.

○ ☐ Warst du bei der Agentur für Arbeit?

○ ☐ Tag, Eva! Sitzt du schon wieder am Computer?

Dialog 2

- ☐ Das hört sich gut an. Können Sie morgen gegen 18 Uhr vorbeikommen?
- ☐ Ja, die Stelle ist noch frei. Wir brauchen für drei Monate eine Aushilfe. Haben Sie schon einmal in dem Bereich gearbeitet?
- ☑1☑ Kruse.
- ○ ☐ Olszowski. Guten Tag, Herr Kruse. Ich habe in der Zeitung Ihre Anzeige gelesen und bin an der Arbeit als Nachtportier interessiert.
- ○ ☐ Kein Problem. Ich bin um sechs Uhr da.
- ○ ☐ Nein, aber ich habe schon häufig Nachtschicht gemacht und an der Rezeption im Krankenhaus geholfen.

1.3 Jobs: wo, wann, was? – Ergänzen Sie Präpositionen und Artikel. 🔊 ↓

1. Ich habe drei Jahre __*in*__ __*einer*__ Fabrik gearbeitet und danach ein paar Monate _____ _____ Supermarkt _____ _____ Kasse.

2. _____ _____ Bau arbeiten ist im Sommer schön, aber nicht im Winter.

3. Vor zwei Jahren habe ich mal _____ _____ Küche gearbeitet, _____ _____ Restaurant. Das war hart.

4. Drina arbeitet zurzeit als Putzhilfe _____ _____ Bar.

5. Ich habe jetzt einen Job _____ _____ Büro als Sekretärin.

6. Samstags arbeite ich _____ _____ Metzgerei _____ _____ Stadt und sonntags _____ _____ Tankstelle _____ _____ Autobahn.

🔊 in einer • in der • in einer • in einem • in einem • in einem • auf dem • an der • an der • in der • in der • in einer • in einer • in einer • bei einer

1.4 Nomen und Verben – Was passt zusammen? Ordnen Sie zu.

1. Zeitungen	*austragen, lesen*	suchen · arbeiten
2. die Anzeige	*lesen*	finden · l̶e̶s̶e̶n̶
3. eine Bewerbung	_____	kaufen · verteilen
4. als Kellner	_____	gehen
5. eine Stelle	_____	a̶u̶s̶t̶r̶a̶g̶e̶n̶
6. zur Arbeitsagentur	_____	jobben
7. auf dem Bau	_____	schreiben

2 Bei der Arbeitsagentur
Schreiben Sie Sätze.

1. eine / Arbeitsstelle / ich / neue / suche / .
Ich suche eine neue Arbeitsstelle.

2. arbeiten / möchte / ich / ganztags / gerne / .
_____

3. eine / ich / Teilzeitstelle / habe / zurzeit / und / netto 650 Euro / verdiene / .
_____

4. arbeiten / bei der Firma / wie lange / Sie / ?
_____

5. ich / gefunden / eine Stellenanzeige / und / beworben / mich / habe / .
_____

6. gelesen / Sie / in der Zeitung / haben / die Stellenanzeigen / ?
_____

7. eine Webseite / haben / viele Firmen / mit einer Jobbörse / .
_____

8. bei der Firma / müssen / Sie / und / sich / bewerben / selbst aktiv werden / .
_____

3 Ein Telefongespräch

4.12 **3.1 Lesen Sie die Anzeigen und hören Sie das Gespräch. Für welche Stelle interessiert sich Herr Pasch?**

1 **Hotel Ambassador** sucht für den Monat August eine Urlaubsvertretung. Sie sprechen Englisch und haben ein freundliches Auftreten? Dann rufen Sie uns an! Gute Bezahlung! Tel. 04 21/33 02 21

3 **Küchenhilfe gesucht!** Spülen, putzen, abräumen – gut Deutsch sprechende Ausländerin ab 20 Jahren gesucht. Zimmer kann besorgt werden. Vollzeitbeschäftigung in Festanstellung. Gasthaus „Zur Einkehr", Tel. 05 35/93 54

2 **XXXLatz stellt ein** Fachverkäufer/in für unsere Küchenabteilung. Berufserfahrung im Bereich Möbelhandel sind von Vorteil. Unsere Arbeitsbedingungen werden Ihnen gefallen. Interesse? Schicken Sie Ihre Unterlagen an info@xxxl.com

4 **Möbelspedition sucht Beifahrer!** Sie haben eine handwerkliche Ausbildung? Sie sind gerne im Außendienst tätig? Sie suchen eine gut bezahlte Festanstellung und ein freundliches Betriebsklima? Dann rufen Sie uns an! Tel. 079/744522

3.2 Hören Sie das Gespräch noch einmal und kreuzen Sie an.

	R	F
1. Herr Pasch braucht einen Lkw-Führerschein.	☐	☐
2. Für die Stelle braucht man eine Ausbildung als Schreiner.	☐	☐
3. Die Arbeit im Baumarkt ist für Herrn Pasch ein Vorteil.	☐	☐
4. Die Stelle ist noch frei.	☐	☐
5. Nach der Bewerbung wird Herr Pasch fest angestellt.	☐	☐

3.3 Bewerbungsbrief – Ordnen Sie die Textelemente.

① ☐   ② ☐

Mit freundlichen Grüßen
Nina Placzek

Anlagen
Lebenslauf mit Lichtbild
Fotokopie des letzten Schulzeugnisses
Kopie einer Praktikumsbescheinigung

③ ☐

Dadurch ist mein Interesse an diesem Beruf noch größer
geworden. Vor dem Praktikum habe ich mich schon bei der
Berufsberatung und im Berufsinformationszentrum über
die Ausbildung zur Industriekauffrau informiert.

④ ☐

Sehr geehrte Damen und Herren,

mit großem Interesse habe ich Ihre Anzeige im „Mannheimer Morgen" gelesen und bewerbe
mich um einen Ausbildungsplatz zur Industriekauffrau.
Schon in meiner Heimat habe ich eine Ausbildung zur Buchhalterin begonnen, die ich
dann wegen meiner Ausreise unterbrechen musste. Bei einem Praktikum bei der Firma
Totex in Freinsheim in diesem April habe ich bereits einiges über die Aufgaben von
Industriekaufleuten in Deutschland erfahren.

⑤ ☐a☐

Nina Placzek   19.11.2011
68542 Heddesheim
Heinrich-Böll-Straße 73
Tel. 06303 4269

Rath Metallbau GmbH
– Personalabteilung –
Carl-Benz-Straße 18
68155 Mannheim

⑥ ☐

Zurzeit besuche ich die Abendakademie in Mannheim und
schließe dort in vier Wochen meinen Deutschkurs ab.
Zusätzlich mache ich seit einigen Wochen einen PC-Kurs.
Über Ihre Einladung zu einem Vorstellungsgespräch
würde ich mich sehr freuen.

⑦ ☐

Bewerbung um einen Ausbildungsplatz zur Industriekauffrau

3.4 Schreiben Sie einen Brief.

Sie haben diese Anzeige gelesen und sind an der
Stelle interessiert. Schreiben Sie an den Arbeitgeber
einen Brief.
– Grund für das Schreiben
– Wer Sie sind
– Deutschkenntnisse
– Berufserfahrung

Kellner/in
für Restaurant gesucht.
2–3x wöchentlich
von 11–15 Uhr.
Bewerbungen an Frau Huber
unter **Chiffre 2846**

4 Arbeitsplätze

4.1 Ergänzen Sie die Endungen in der Tabelle.

Maskulinum **der** Job/Chef/Lohn	Neutrum **das** Büro/Gehalt	Femininum **die** Technik/Arbeit	Plural **die** Kollegen/Löhne
N **der** sicher___ Job	**das** hell__ Büro	**die** modern ___Technik	**die** jung___ Kollegen
A **den** jung___ Chef	**das** modern _e_ Büro	**die** leicht___ Arbeit	**die** neu___ Kollegen
D **dem** schlech___ Lohn	**dem** gut___ Gehalt	**der** schwer___ Arbeit	**den** gut _en_ Löhnen

4.2 Ergänzen Sie die Adjektivendungen.

1. ● Schau mal, Erwin, das ist der alt____ Chef. Und hier, das war damals die modern____ Technik!

2. ○ Kannst du dir das vorstellen? Die groß____ Lagerhalle und immer das schlecht____ Licht?

3. ● Mit 30 hatte ich deshalb eine Brille und meine Mutter hat gesagt: „Die schlecht____ Augen hast du von mir!" So ein Blödsinn!

4. ○ Erinnerst du dich an das eng____ Büro mit dem klein____ Tisch? Da haben wir Pause gemacht.

5. ● Schau mal, der Manfred! Die hart____ Arbeit mit den schwer____ Maschinen hat ihn krank gemacht.

6. ○ Und hier, das ist das hübsch____ Fräulein Bergmann. Annemarie! Erinnerst du dich?

7. ● Natürlich! Jeden Morgen habe ich mich auf das wunderbar____ Lächeln gefreut.

8. ○ Ich auch. Erinnerst du dich auch and das gelb____ Kleid mit den bunt____ Blumen?

9. ● Du meinst, das hellblau____ Kleid mit den gelb____ Rosen? Herrlich!

10. ○ Und hier siehst du Hilla. Die kurz____, schwarz____ Haare stehen ihr gut, nicht wahr?

11. ● Aber auch die weiß____ Haare sind schön. Sie sieht noch immer toll aus. Wo ist sie eigentlich?

12. ○ Sie holt die klein____ Enkel ab und kommt dann zurück. Heute ist Großelterntag!

5 Berufsbiografien

⊙ 4.13 **5.1 Aussprache wiederholen – Texte lesen.**

1. Hören Sie und markieren Sie die Pausen: kleine Pause (/) oder große Pause (//).

Ich habe mich / vor einem halben Jahr / um eine neue <u>Stel</u>le beworben / und hatte <u>Glück</u>! // Ich bin jetzt fast <u>30</u> und war schon lange <u>un</u>zufrieden in meinem Job. Eine kleine <u>Fir</u>ma, ein kleines Bü<u>ro</u>, ein relativ schlechtes Ge<u>halt</u> und praktisch <u>kei</u>ne Karrieremöglichkeit. Dann war ich bei der Agentur für <u>Ar</u>beit.

2. Hören Sie noch einmal und sprechen Sie dann. Sprechen Sie langsam. Achten Sie auf Akzent und Pause.

5.2 Schreiben Sie eine Berufsbiografie. Schreiben Sie mindestens einen Satz zu jedem Punkt.

– Schulabschluss/Ausbildung
– Haben Sie Berufserfahrungen? (Praktikum, Aushilfe)
– Wie sind Ihre Deutschkenntnisse?
– Was gefällt Ihnen an Ihrer Tätigkeit?
– Welche Interessen/Hobbys haben Sie?
– Was möchten Sie in Zukunft machen?

6 Etwas genauer sagen – Relativsätze

6.1 Ergänzen Sie die Relativpronomen.

1. Der Hausmeister, _den_ die Firma eingestellt hat, ist schon Rentner.

2. Die Firma, _____ jetzt Pleite gemacht hat, war erst drei Jahre alt.

3. Ich habe jetzt einen Job, _____ ich sehr mag.

4. Das ist die Frau aus unserem Kegelclub, _____ bei Siemens arbeitet.

5. Ich suche den Herrn, _____ für die Bewerbungen zuständig ist.

6.2 Relativsätze – Verbinden Sie die Sätze.

1. Ich möchte einen Beruf.   Der Beruf ist interessant.
2. Schreiner ist ein kreativer Beruf.   Der Beruf kann viel Spaß machen.
3. „job.de" ist eine Homepage.   Die Homepage bietet neue Arbeitsstellen an.
4. Herr Kunert ist ein Abteilungsleiter.   Ich finde Herrn Kunert sehr kompetent.
5. Ich habe einen neuen Kollegen.   Ich finde den neuen Kollegen sehr nett.
6. Olga hat einen neuen Freund.   Ich kenne ihn schon seit zwei Jahren.

1. Ich möchte einen Beruf, der interessant ist.

7 Aussprache: Rhythmus

4.14 **7.1 Klopfen/Klatschen Sie zuerst den Rhythmus, hören Sie dann und sprechen Sie nach.**

Beruf und Wunsch   Berufswunsch   einen Berufswunsch haben
• • • ●   • ● •   • • • ● •   • •

Gehalt und Erhöhung   Gehaltserhöhung   eine Gehaltserhöhung fordern
• • • • ● •   • ● • • •   • • • ● • • • • •

4.15 **7.2 Hören Sie und markieren Sie wie in 7.1. Sprechen Sie dann.**

Aushilfe und Arbeit   Aushilfsarbeit   eine Aushilfsarbeit machen
• • • ● •

Bewerbung und Unterlagen Bewerbungsunterlagen die Bewerbungsunterlagen abschicken

Effektiv lernen

Auf dem Weg zur Prüfung – 6 Tipps

1. Was, wo, wann …?	Wissen Sie, wie die Prüfung abläuft? Fragen Sie nach.
2. Analyse	Sehen Sie sich die Prüfungsaufgaben an. Überlegen Sie: Was kann ich? Was muss ich noch üben? Wiederholen Sie dazu auch die Aufgaben im „Testtraining".
3. Training	Überlegen Sie: Wie kann ich die problematischen Bereiche bearbeiten?
4. Übungen finden	Suchen Sie passende Übungen im Lehrbuch, Arbeitsbuch, Intensivtrainer, Internet … Ihr Lehrer / Ihre Lehrerin kann Ihnen helfen.
5. Lernplan	Wie viel Zeit haben Sie noch? Teilen Sie Ihre Zeit bis zur Prüfung ein. Arbeiten Sie regelmäßig.
6. Partner/innen	Arbeiten Sie mit anderen zusammen.

Hören – Alltagsgespräch

> **Tipps zum Prüfungsteil Hören: Alltagsgespräch**
>
> **Vor dem Hören**
> Lesen Sie zuerst die Aufgaben genau.
> Überlegen Sie: Wie ist die Situation? Welche Wörter können vorkommen?
>
> **Beim ersten Hören**
> Notieren Sie mögliche Lösungen.
> Unsicher? Machen Sie ein Fragezeichen.
> Streichen Sie die Aufgaben durch, die sicher falsch sind.
>
> **Beim zweiten Hören**
> Konzentrieren Sie sich auf die Aufgaben mit Fragezeichen.
>
> **Nach dem Hören**
> Noch unsicher? Schreiben Sie auf jeden Fall etwas auf den Antwortbogen.
> Es gibt keine Minuspunkte für falsche Antworten.

⊙ 4.16–17 Sie hören ein Gespräch.
Zu diesem Gespräch gibt es fünf Aufgaben.
Ordnen Sie zu und notieren Sie den Buchstaben.
Sie hören den Text **zweimal**.

Welche Informationen bekommen Sie über die Personen?

Beispiel

(**0**) Herr Oti   Lösung: d̄

	(0)	(1)	(2)	(3)	(4)	(5)
Person	Herr Oti	Frau Braun	Familie Klein	Herr Klein	Frau Raffael	Familie Schulz
Lösung	d					

a ... ist wenig zu Hause.

b ... wohnt seit acht Jahren im Haus.

c ... ist der neue Hausmeister.

d ... ist neu im Haus.

e ... hat kleine Kinder.

f ... wohnt neben Herrn Oti.

g ... ist über 80 Jahre alt.

h ... wohnt im zweiten Stock.

i ... ist die Hausmeisterin.

Maximale Punktzahl: 5 / Meine Punktzahl: _____

Lesen – Kleinanzeigen

Tipps zum Prüfungsteil Lesen: Kleinanzeigen

– Lesen Sie zuerst alle Aufgaben genau und dann von allen Anzeigen die Überschrift oder die erste Zeile und das Fettgedruckte.
– Lesen Sie danach jede Aufgabe einzeln und suchen Sie die passende Anzeige.
– Notieren Sie zuerst alle sicheren Lösungen. Schauen Sie dann noch mal die anderen Aufgaben an.
– Schreiben Sie auf jeden Fall für alle Aufgaben Buchstaben auf den Antwortbogen.
  Es gibt keine Minuspunkte für falsche Antworten.

Lesen Sie die Anzeigen a–h und die Aufgaben 1–5.
Welche Anzeige passt zu welcher Situation?
Für eine Aufgabe gibt es keine Lösung. Schreiben Sie hier den Buchstaben X.

Beispiel

(0) Sie reisen gerne und haben in den nächsten Monaten viel Zeit.   Lösung: Anzeige b)

Situation	(0)	(1)	(2)	(3)	(4)	(5)
Anzeige	b					

(1) Sie haben eine neue Wohnung, aber noch nichts für die Küche.

(2) Sie suchen ein preiswertes Fahrrad.

(3) Eine deutsche Freundin von Ihnen ist noch in der Ausbildung, sucht aber einen Job für ein paar Stunden pro Woche.

(4) Ein Freund fährt gerne Auto und hat auch schon bei Speditionen gearbeitet.

(5) Eine Freundin hat nachmittags Deutschunterricht und sucht für vormittags eine Arbeitsstelle.

a
Suche **Schreibtisch aus Holz** max. 70 Euro, und **Bett**, 90 cm x 2 m , max. 60 Euro. Tel. 06 29/90 32 15, bitte öfter probieren!

e
Verkaufe Kühlschrank und Herd, beide voll funktionsfähig. Suche Fernseher und Videogerät. Auch Tausch möglich. Tel. 06 23/4 56 52 42.

b
Lust auf **Südamerika**? Nach meinem Abschluss möchte ich 6 Monate mit dem Fahrrad durch Südamerika reisen. Wer hat Lust und Zeit (und Geld?) mitzukommen? Tel. 0 61 41/89 21 45, ab 17 Uhr.

f
Welche junge Frau hat Lust, sich um meinen zweijährigen Sohn zu kümmern? 4-mal pro Woche nachmittags von 13 bis 19 Uhr. Gute Bezahlung garantiert. Tel. 0 62 23/1 02 03 55 (ab 19 Uhr).

c
Fahrer für Kleintransporter im Regionalverkehr gesucht. Schichtdienst. Teilzeit möglich. Gutes Grundgehalt und Sonderzahlungen. Quicktransport GmbH 0 72 11/67 80 12.

g
Verkaufe Wohnzimmerschrank (2,5 m x 45 cm), Eiche furniert und Couchtisch (1,8 m x 0,65 m) Eiche mit Marmorplatte. Guter Zustand. VHB 800 Euro. Tel. 0 62 03 81 66 35

d
Wir sind ein junges Team in der Computerbranche und suchen eine **Telefonistin** mit guten Deutschkenntnissen für unser Sekretariat (auch stundenweise). Haben Sie noch Fragen? Rufen Sie uns an: 0 69/39 39 61.

h
Wir suchen eine **Putzhilfe** für unser Restaurant. Täglich 4 Stunden 7–11 Uhr. Eventuelle Übernahme anderer Tätigkeiten später möglich. Restaurant Zum Krokodil 06 21/25 67 89.

Maximale Punktzahl: 5 / Meine Punktzahl: _____

Schreiben – Kurze Mitteilung

Tipps für den Prüfungsteil Schreiben

Vor dem Schreiben
Überlegen Sie:
– Wie schreiben Sie: mit *du* + Vorname oder mit *Sie* + Nachname?
  Das muss im ganzen Text gleich sein!
– Trainieren Sie Anrede- und Grußformeln: Die kann man auswendig lernen – und sie bringen
  Punkte.

Beim Schreiben
– Lesen Sie die Aufgabe genau durch.
– Entscheiden Sie schnell: Welcher Punkt ist der schwerste für Sie? Lassen Sie diesen Punkt weg!
– Schreiben Sie bei den übrigen Punkten zu jedem Punkt ein bis zwei Sätze.
– Schreiben Sie kurze, einfache Sätze.
– Schreiben Sie sofort auf den Antwortbogen.

Nach dem Schreiben
Kontrollieren Sie am Ende Ihren Brief:
– Anrede- und Grußformeln korrekt?
– Zu drei Punkten etwas geschrieben?
– Grammatik: Verbposition? Endungen? Rechtschreibung?

Gisela ist eine deutsche Freundin von Ihnen. Sie bekommen eine Nachricht von ihr.
Sie schreibt, dass sie an einem chinesischen Kochkurs teilgenommen hat.
Sie kochen auch sehr gerne. Antworten Sie.

Hier finden Sie vier Punkte. Wählen Sie **drei** aus.
Schreiben Sie zu jedem Punkt ein bis zwei Sätze (circa 40 Wörter).
Vergessen Sie nicht den passenden Anfang und den Gruß am Schluss.

ein Rezept aus dem Kurs	ein typisches Essen aus Ihrem Land
Dauer des Kurses	zusammen kochen

TIPP In der Prüfung schreiben Sie diesen Teil auf den Antwortbogen.

Maximale Punktzahl: 10 / Meine Punktzahl: _____

Sprechen – Ein Problem lösen

Tipps für den Prüfungsteil Sprechen: Ein Problem lösen

1. Sammeln Sie im Kurs: Welche Situationen können in diesem Prüfungsteil vorkommen?
   (Kino, Hobbys, Wochenendausflug, jemandem helfen …)
2. Arbeiten Sie in Gruppen: Sammeln Sie Fragen, Aussagen und Wortschatz zu den Situationen.
   (Uhrzeit, Datum, Tätigkeiten …)
3. Machen Sie Arbeitsblätter, z. B. Terminkalender.
4. Korrigieren Sie Ihre Ergebnisse im Kurs und verteilen Sie dann die korrigierten Arbeitsblätter
   an alle.
5. Üben Sie zu zweit zu Hause und in Gruppen im Kurs.
6. Überlegen Sie im Kurs:
   – Was war gut und wo haben Sie Probleme?
   – Wie können Sie sich helfen?
   – Wer kann Ihnen helfen?

Sie möchten zusammen joggen. Finden Sie einen gemeinsamen Termin. Machen Sie Vorschläge.

Mo	Tag	
	Abend	Kino
Di	Tag	arbeiten
	Abend	mit Alberto Deutsch lernen
Mi	Tag	
	Abend	Deutschkurs
Do	Tag	arbeiten
	Abend	Deutschkurs
Fr	Tag	arbeiten
	Abend	Mama besuchen
Sa	Tag	arbeiten
	Abend	babysitten bei Hanna
So	Tag	
	Abend	Disco

Mo	Tag	arbeiten
	Abend	
Di	Tag	arbeiten
	Abend	VHS-Fotogruppe
Mi	Tag	
	Abend	Volleyball
Do	Tag	arbeiten
	Abend	Kino
Fr	Tag	arbeiten
	Abend	kochen mit Klaus
Sa	Tag	
	Abend	
So	Tag	Fußball
	Abend	

Maximale Punktzahl: 6 / Meine Punktzahl: _____

Alltag und Medien

1 Bilder und Wörter

1.1 Welches Wort passt? Ergänzen Sie.

Programme • Blog • Sendungen • mailen • (USB-)Stick • Fax • E-Mail • Mailbox •
Anrufbeantworter • runterladen • Handy • zappe

1. Kannst du mir die Fotos auf den _____ ziehen?

2. Ich habe kein _____ mehr. Kannst du mir den Brief _____?

3. Ich habe dir eine _____ geschickt, aber sie ist zurückgekommen.

4. Hier ist der Link zu dem Online-Portal. Du kannst dir den Artikel _____.

5. Ich bin heute nicht zu Hause. Du kannst mir aber auf den _____ sprechen.

6. Hast du schon den neuen _____ von Karin gelesen? Sehr interessant!

7. Ich bin heute unterwegs, aber du kannst mich immer auf dem _____ erreichen.

8. Wenn mein Handy aus ist, sprich mir bitte auf die _____.

9. Die meisten _____ im Fernsehen gefallen mir nicht.

10. Manchmal _____ ich auch nur durch die _____ und
sehe keine Sendung zu Ende.

4.18   **1.2 Sie haben vier Nachrichten auf dem Anrufbeantworter. Hören Sie und machen Sie
Notizen.**

	Wer?	Warum?
Nachricht 1		
Nachricht 2		
Nachricht 3		
Nachricht 4		

1.3 Was ist richtig? Kreuzen Sie an. Es gibt immer zwei Möglichkeiten.

1. Ich kann die SMS …
   - [a] nicht lesen.
   - [b] nicht anschalten.
   - [c] nicht empfangen.

2. Kannst du mir den Anhang …
   - [a] schicken?
   - [b] empfangen?
   - [c] runterladen?

3. Hast du meine Nachricht …
   - [a] gesprochen?
   - [b] bekommen?
   - [c] abgehört?

4. Ich komme im Moment nicht …
   - [a] ins Netz.
   - [b] in mein Handy.
   - [c] ins E-Mail-Programm.

5. Kannst du die Fotos auf den USB-Stick …
   - [a] kopieren?
   - [b] ziehen?
   - [c] lesen?

6. Du kannst mich auf dem Handy …
   - [a] eine Nachricht sprechen.
   - [b] erreichen.
   - [c] anrufen.

1.4 Wiederholung *wenn*-Sätze – Schreiben Sie wie im Beispiel.

1. Mein Vater weckt mich morgens.
   Er macht meistens das Radio an.

   Wenn mein Vater mich morgens weckt, ...

2. Wir frühstücken. Wir hören Radio.

   _____

3. Ich gehe in die Schule. Ich nehme mein Handy mit.

   _____

4. Ich habe die Hausaufgaben gemacht.
   Ich sehe fern oder spiele auf meinem Computer.

   _____

   _____

1.5 Wiederholung Perfekt – Schreiben Sie die Sätze im Perfekt.

1. Um sechs weckt mich mein Radiowecker mit Musik.
2. Dann frühstücke ich, lese Zeitung und höre Musik.
3. Danach packe ich meine Sachen und fahre mit der U-Bahn ins Büro.
4. Dort mache ich zuerst den Computer an und höre den Anrufbeantworter ab.
5. Ich sitze den ganzen Tag vor dem Computer.
6. Ich korrigiere Texte, beantworte Mails und recherchiere im Internet.
7. Nach der Arbeit treffe ich mich mit Freunden.
8. Vor dem Einschlafen lese ich ein paar Seiten in einem Kriminalroman.

1. Um sechs hat mich ...

1.6 Wiederholung: Artikel und Possessivartikel – Ergänzen Sie.

1. Morgens nach d**em** Aufstehen mache ich zuerst

   d____ Fernseher an.

2. Dann gehe ich an mein____ Computer und checke

   mein____ E-Mails.

3. Auf d____ Weg zu____ Universität höre ich im Auto

   immer Radio.

4. Die aktuellen Nachrichten höre ich immer i____ Radio.

5. Nach d____ Mittagessen in d____ Cafeteria lese ich

   d____ Tageszeitung.

6. Abends habe ich eigentlich immer d____ Fernseher an.

7. Manchmal schaue ich mir ein____ Sendung an, aber meistens läuft er nur so.

2 Die Deutschen und die Medien
Ergänzen Sie den Text.

Laut Statistik hö_ _ _ die Deutschen üb_ _ $3^1/_2$ Stunden täglich Ra_ _ _ und haben fa_ _ genauso lange
d_ _ Fernseher an. D_ _ sind zusammen üb_ _
sieben Stunden am T_ _ . Eine halbe Stu_ _ _ lesen sie
la_ _ Statistik Zeitung, f_ _ ein Buch neh_ _ _
sich die Deut_ _ _ _ _ nur 25 Minu_ _ _ Zeit
und Zeitsc_ _ _ _ _ _ _ _ lesen sie
durchsch_ _ _ _ _ _ _ _ nur 12 Minuten. D_ _ Internet spielt im Verg_ _ _ _ _ zu
Radio u_ _ Fernsehen auch ke_ _ _ große Rolle. 44 Min_ _ _ _ surfen die Deut_ _ _ _ _
täglich im Inte_ _ _ _ . Woher kommt die_ _ _ große Unterschied? Ra_ _ _ und Fernsehen
ka_ _ man konsumieren u_ _ zur gleichen Ze_ _ auch andere Tätig_ _ _ _ _ _ machen.
Des_ _ _ _ läuft bei vie_ _ _ Leuten der Fern_ _ _ _ _ oder das Ra_ _ _ auch bei
d_ _ Mahlzeiten, im Au_ _ , bei den Hausau_ _ _ _ _ _ oder bei d_ _ Hausarbeit.

250 200 150 100 50 0
Angaben in Minuten
220 221 28 44 12 25 45 5
Fernsehen Radio Tageszeitung Internet Zeitschriften Bücher CD M P3 Video/DVD

Quelle: ARD/ZDF-Langzeitstudie Massenkommunikation (Stand 07)

3 Statistik
Warum benutzen Sie was? Schreiben Sie Sätze wie im Beispiel.

Ich benutze das Internet, …
Ich höre Radio, …
Ich sehe fern, …
Ich lese Zeitung, …

Es macht mir Spaß.
Ich möchte mich informieren.
Ich bekomme neue Ideen.
Ich kann dann mitreden.
Ich fühle mich dann nicht allein.
Ich möchte den Alltag vergessen.
Es ist eine Gewohnheit.
Ich kann dann gut entspannen.

Ich sehe fern,
weil es mir Spaß macht.

4 Das neue Handy
Ergänzen Sie dies… und welch… .

Dialog 1

● Hast du dies*en* Artikel schon gelesen? Computer werden immer billiger!

○ Das finde ich gut. Dies____ Firmen haben genug Geld verdient.

● Und wie findest du den anderen Artikel?

○ Welch____ meinst du?

● Na, dies____ hier über Computerspiele.

○ Dies____ Artikel finde ich gefährlich, weil er nur eine Seite zeigt.

Dialog 2

● Welch____ Film wollen wir heute Abend sehen?

○ Kommt heute nicht dies____ Politiksendung?

● Welch____? Meinst du dies____ Talkshow? Die kommt morgen um 21.30 Uhr.

○ Dann hätte ich Lust auf einen Krimi. Auf welch____ Programm läuft denn einer?

● Also, im Ersten kommt ein „Tatort"-Krimi, aber du magst dies____ Kommissarin nicht.

5 Aussprache

5.1 Ordnen Sie die Fragen zu. Hören Sie zur Kontrolle.

4.19

Einen Liebesroman? • Wie alt ist sie? • Ein Sachbuch?

● Ich suche ein Buch für meine Tochter.

○ _____

● 14. Sie mag Pferde.

○ _____

● Ich weiß nicht. Vielleicht lieber einen Roman.

○ _____

● Ja, das ist sehr gut.

5.2 Markieren Sie den Satzakzent und sprechen Sie den Dialog.

6 Fernsehen, Radio und Computer im Unterricht
Lesen Sie die E-Mail. Was ist richtig? Kreuzen Sie an.

```
Liebe Mira,

wie die Zeit vergeht! Ich bin schon ein halbes Jahr in Deutschland und mache
seit fünf Monaten einen Deutschkurs. Davon muss ich dir ein bisschen erzählen.
Die Sprachschule ist super! Das Beste ist, dass wir von Anfang an auch mit dem
Computer arbeiten. Wir haben eine spezielle Software und holen uns zusätzliche
Übungen aus dem Internet.
Nachmittags gibt es noch Lernangebote, die in einem Medienraum stattfinden. Unse-
re Kursleiterin stellt uns jedes Mal eine neue Möglichkeit vor, wie wir das In-
ternet, aber auch das normale Radio und Fernsehen für das Deutschlernen nutzen
können. Einige Angebote werden speziell für den Deutschunterricht gemacht.
Kennst du die „Deutsche Welle"? Das ist ein deutscher Radio- und Fernsehsender,
den man überall in der Welt empfangen kann. Da gibt es z.B. einen Podcast:
„Langsam gesprochene Nachrichten". Jeden Morgen kann man die Nachrichten im Pod-
cast hören und dazu gibt es den schriftlichen Text. Ich höre jeden Tag diese
Nachrichten und manchmal drucke ich mir auch den Text dazu aus. Ich konzentriere
mich meistens auf ein Thema und abends sehe ich mir dann die normalen Nachrich-
ten im Fernsehen an. Es geht schon ganz gut.
So, jetzt ist aber genug mit Lernen. Jetzt gehe ich etwas trinken mit Freunden.
Das nächste Mal mehr von meinem Leben in der Freizeit. ☺

Liebe Grüße und bis bald!
Juan
```

	R	F
1. Juan möchte im Unterricht nur mit dem Computer arbeiten.	☐	☐
2. Er macht die Hausaufgaben immer am Computer.	☐	☐
3. Die Sprachschule bietet auch nachmittags Kurse an.	☐	☐
4. Es gibt spezielle Podcasts für Deutschlerner.	☐	☐
5. „Langsam gesprochene Nachrichten" kann man überall im Radio hören.	☐	☐
6. Juan interessiert sich für aktuelle Nachrichten.	☐	☐

7 Nachrichten und Informationen

**7.1 Einen offiziellen Brief schreiben –
Ein Zeitungsabonnement kündigen.**

Sie haben seit drei Jahren das
Mindener Tageblatt abonniert und
möchten die Zeitung abbestellen.

Schreiben Sie einen Brief an die Abonnementabteilung.
Adresse: Obermarkstr. 26–30, 32423 Minden

– Geben Sie Ihre Adresse und Abo-Nummer an.
– Sie möchten das Abo zum Jahresende kündigen.
– Sie möchten eine Bestätigung über die Kündigung.
– Vergessen Sie nicht das Datum, die Anrede,
  den Gruß und Ihre Unterschrift.

> **TIPP**   Kündigungen muss man immer schriftlich machen.

Mindener Tageblatt

Telefon (05 71) 88 2 - 0
Telefax (05 71) 88 2 - 1 57
E-Mail: mt@mt-online.de

UNABHÄNGIGE, ÜBERPARTEILICHE ZEITUNG

Verlagshaus J.C.C. Bruns
Postfach 21 40, 32518 Minden
Internet: http://www.mt-online.de

Nr. 35 / 7   Dienstag, 11. Februar 2003

Gegründet 1856 von J.C.C. Bruns

Einzelpreis: 0,85 EUR

Absender

Adresse

Thema/Betreff

Datum

Anrede,
Text Text Text Text Text Text Text
Text Text Text Text Text Text Text
Text Text Text Text Text Text Text
Text Text Text Text Text Text Text
Text Text Text Text Text Text Text
Text Text Text Text Text

Gruß

Unterschrift

7.2 Ergänzen Sie die Sätze.

1. Am Samsta_ _ _ _ _ _ nehme i_ _ mir nic_ _ _ vor, de_ _ um se_ _ _ Uhr

   ko_ _ _ die Sportschau. Manchmal kom_ _ _ Freunde zu Bes_ _ _ und w_ _

   schauen zusa_ _ _ _ die Spi_ _ _ an.

2. Jeden Mor_ _ _ lese i_ _ Zeitung. D_ _ ist me_ _ _ Lektüre z_ _ Frühstück. I_ _

   lese zue_ _ _ die Titelgeschichte. Die Nachr_ _ _ _ _ _ _ aus d_ _ Region si_ _ für

   mi_ _ sehr wic_ _ _ _ _. Ich mu_ _ wissen, w_ _ bei u_ _ passiert.

3. Meine wicht_ _ _ _ _ Informationsquelle i_ _ das Ha_ _ _ _. Ich ka_ _ telefonieren,

   E-Ma_ _ _ schreiben u_ _ empfangen u_ _ ich ka_ _ schnell Inform_ _ _ _ _ _ _

   im Inte_ _ _ _ finden. D_ _ ist su_ _ _ _.

---

8 Pro und Contra

8.1 Meinungen und Reaktionen – Es passen immer zwei Reaktionen? Kreuzen Sie an.

1. Kino ist viel interessanter als Fernsehen.
   - [a] Das finde ich auch.
   - [b] Ich weiß nicht.
   - [c] Das ist eine super Idee.

2. Computer machen die Kinder krank.
   - [a] Das glaube ich auch.
   - [b] Das ist richtig so.
   - [c] Unsinn.

3. Kinder ab zwölf brauchen ein Handy.
   - [a] Das ist viel zu teuer.
   - [b] Früher war Telefonieren teurer.
   - [c] Das müssen die Kinder entscheiden.

4. In Deutschland gibt es zu viele Regeln.
   - [a] Warum?
   - [b] Wann?
   - [c] Wie meinst du das?

4.20

8.2 Kostenloser Internetanschluss für jeden Bürger? – Lesen Sie die Sätze a–f. Hören Sie die Aussagen. Welcher Satz passt zu welcher Aussage?

(1)

Manfred Kulbig, 56

(2)

Margarete Lüttke, 35

(3)

Sascha Hempel, 29

a) Ich brauche keine Zeitung.
b) Kinder und Jugendliche sitzen vor dem
   Computer, weil sie sich langweilen.
c) Viele Sachen kaufe ich über das Internet.

d) Für Kinder ist das Internet gefährlich.
e) In den Schulen gibt es heute
   Computerunterricht.
f) Ich habe kein Telefon zu Hause.

8.3 Was sagen/fragen Sie? Notieren Sie und vergleichen Sie im Kurs.

1. Sie möchten telefonieren, haben aber kein Handy.
2. Sie haben in einem Secondhand-Laden einen Fernseher gesehen. Der Verkäufer soll Sie informieren.
3. Jemand fragt Sie nach Ihren Lieblingssendungen im Fernsehen.
4. Es ist 23 Uhr. Ihr Nachbar hat die Musik sehr laut. Sie möchten schlafen.
5. Sie haben keinen Computer. Sie brauchen aber eine Information aus dem Internet.
6. Jemand fragt Sie, warum Sie ein Handy benutzen.

> *1. Können Sie mir sagen, wo ich hier telefonieren kann?*
> *Gibt es hier ein Telefon?*

8.4 Einige Verben stehen falsch. Korrigieren Sie.

lese

1. Also, ich ⋁ eigentlich überhaupt keine Bücher ~~lese~~ und nur manchmal die Zeitung, aber nicht

regelmäßig. 2. Ich aber höre schon immer sehr viel Radio. 3. Die neue Technik ideale Möglichkeiten

bietet für mich. 4. Interessante Sendungen lade ich mir vom Internet runter und sie höre beim

Frühstück oder im Auto. 5. Und viele Bücher es gibt ja auch als Hörbücher. 6. Jetzt kann ich auch

mitreden, wenn meine Freunde sprechen über Bücher, die sie gerade lesen. 7. Nur ich viel schneller

bin. 8. Wenn meine Freundin ein Buch hat gelesen, dann habe ich schon drei Bücher gehört.

Schwierige Wörter

① **Hören Sie und sprechen Sie langsam nach. Wiederholen Sie die Übung.**

4.21

zurückrufen? ↗   Sie zurückrufen? ↗   Kann ich Sie morgen zurückrufen? ↗

Verkehrsmeldungen? ↗   die Verkehrsmeldungen? ↗   Verstehst du die Verkehrsmeldungen? ↗

Computerunterricht? ↗   den Computerunterricht? ↗   Findest du den Computerunterricht gut? ↗

② **Schreiben Sie drei Lernkarten und üben Sie mit einem Partner / einer Partnerin.**

Die Politik und ich

1 Politikquiz

1.1 Wie viele Wörter finden Sie? Schreiben Sie sie mit den Artikeln auf.

bundes   präsident   wahl   meister   minister   bürger
tag   stadt   land   rats   tags   haupt   rat   kanzler
gemeinde   regierung   republik

> *der Bundesbürger,*
> *der Bundeskanzler*

1.2 Ordnen Sie 1–10 und a–j zu.

1. Der höchste Repräsentant der Bundesrepublik
2. Die Bundesrepublik hat
3. Die Parteien, die nicht in der Regierung sind,
4. Die stärkste Partei
5. Oft bildet man
6. Seit dem 3. Oktober 1990
7. Von 1949 bis 1990 war
8. Wahlen zum Bundestag gibt es
9. Wenn man 18 Jahre alt und Deutsche/r ist,
10. Von 1961 bis 1989

a) ____ 16 Bundesländer.
b) ____ war Berlin durch eine Mauer geteilt.
c) ____ eine Koalition aus zwei Parteien.
d) ____ darf man wählen.
e) ____ Deutschland in zwei Staaten geteilt.
f) _1_ ist der Bundespräsident.
g) ____ bilden die Opposition.
h) ____ gibt es wieder einen deutschen Staat.
i) ____ alle vier Jahre.
j) ____ bildet die Regierung.

1.3 Bei jedem zweiten Wort fehlt die Hälfte. Ergänzen Sie.

Deutschland ist ein Bundesstaat mit 16 Bundes*l ä n d e r n*.

Das deut_ _ _ _ Parlament he_ _ _ Bundestag. Al_ _ vier Ja_ _ _ _ wählen d_ _ Bürger u_ _ Bürgerinnen ih_ _ Abgeordneten. Je_ _ _ Bundesland h_ _ ein eig_ _ _ _ Parlament. We_ _ man 18 Ja_ _ _ _ alt i_ _ und ei_ _ _ deutschen Pa_ _ hat, da_ _ man wäh_ _ _. Meistens bil_ _ _ zwei Part_ _ _ _ zusammen d_ _

Schloss Bellevue in Berlin ist der Sitz des Bundespräsidenten.

Regierung, we_ _ eine all_ _ _ nicht d_ _ Mehrheit im Parl_ _ _ _ _ _ hat. D_ _ anderen Part_ _ _ _ _ bilden da_ _ die Oppos_ _ _ _ _ _.

Das Parl_ _ _ _ _ _ wählt d_ _ Bundeskanzler od_ _ die Bundesk_ _ _ _ _ _ _ _ _ und di_ _ _/r wählt da_ _ seine/ihre Mini_ _ _ _ und Minist_ _ _ _ _ _ _ _ aus.

Das Staatsoberhaupt ist der/die Bundespräsident/in. Er/Sie muss alle Gesetze unterschreiben, hat aber nur wenig politische Macht.

2 Politische Parteien

2.1 Lesen Sie den Cartoon.

Der älteste Beruf der Welt

Ein Chirurg, ein Architekt und ein Politiker diskutieren:
Was ist der älteste Beruf der Welt?

Der Chirurg sagt: „Gott hat Adam eine Rippe entnommen und daraus Eva gemacht. Das war die erste Operation. Also ist Chirurg der älteste Beruf."

Der Architekt sagt: „Bevor Gott Adam gemacht hat, hat er aus dem Chaos die Welt gemacht. Also ist der älteste Beruf der Welt der Architekt."

Da antwortet der Politiker: „Und wer, glaubt ihr, hat das Chaos geschaffen?!"

2.2 Wiederholung: Adjektivendungen – Ergänzen Sie die Endungen.

1. Politiker ist einer von den ältest_____ Berufen der Welt.

2. Politiker ist ein Beruf, der in vielen Ländern einen schlecht_____ Ruf hat.

3. Viele Leute glauben, dass Politiker das meist_____ Geld verdienen, aber das stimmt so nicht.

4. Die wenigst_____ Menschen wissen, was Politiker überhaupt machen.

5. Die Diskussionen im Bundestag sind nur ein klein_____ Teil von ihrer Arbeit.

6. Ein gut_____ Politiker oder eine gut_____ Politikerin verbringt viel Zeit in Gesprächen mit seinen/ihren Wählern und Wählerinnen.

7. Gut_____ Politiker kennen die Probleme von ihren Wählern und Wählerinnen.

8. Mit den deutsch_____ Bundestagsabgeordneten kann man per E-Mail in Kontakt kommen.

www Internetadresse: www.bundestag.de/bundestag/abgeordnete17/index.jsp

3 **Ich interessiere mich für …**

3.1 Ergänzen Sie die Präpositionen.

an • auf • auf • für • für • gegen •
mit • über • um

1. Ich achte ___*auf*___ mein

   Aussehen.

2. Ich ärgere mich _____

   meinen Chef.

3. Ich denke oft _____

   meine Eltern.

4. Ich kümmere mich _____ meine alte Nachbarin.

5. Ich freue mich _____ die Ferien.

6. Ich diskutiere nie _____ meinem Vater, weil er immer gleich wütend wird.

7. Ich interessiere mich _____ Kommunalpolitik.

8. Ich kämpfe _____ den Rassismus und die Intoleranz.

9. Ich engagiere mich _____ meine Gemeinde.

> **TIPP** Diese Verben immer mit Präpositionen und Kasus lernen.

3.2 Was passt zusammen? Ordnen Sie zu.

1. Mein Mann ärgert sich   ___ a) meistens mehr auf ihre Gesundheit als Männer.

2. Frauen achten   ___ b) für eine saubere Umwelt.

3. Viele Deutsche engagieren sich   ___ c) für die Probleme in ihrer Stadt.

4. Zu wenige Menschen interessieren sich   ___ d) um unsere Kinder.

5. Wir kümmern uns zu wenig   ___ e) fast nie über etwas.

4 **Aussprache: Freundlich oder entschieden sprechen**

⊙ 4.22   **4.1 Hören Sie und markieren Sie die Sprechmelodie.**

1. a) Das <u>glau</u>be ich nicht. (↘)   b) Wo hast du das ge<u>le</u>sen? (   )

2. a) <u>Stimmt</u> das? (   )   b) Wer hat das ge<u>sagt</u>? (   )

3. a) Wie findest du das <u>Schul</u>system? (   ) b) Das <u>weiß</u> ich nicht. (   )

4. a) Bitte <u>hilf</u> mir mal. (   )   b) Wie heißt das deutsche Parla<u>ment</u>? (   )

5. a) Seit wann ist die Berliner <u>Mau</u>er weg? (   )   b) <u>Weißt</u> du das? (   )

4.2 Sachlich/entschieden oder freundlich/entgegenkommend? Hören Sie noch einmal und ordnen Sie zu.

sachlich/entschieden: *1a,*_____

freundlich/entgegenkommend: _____

4.3 Hören Sie noch einmal und sprechen Sie nach.

5 Ich und die Politik – Stimmen zum Wahlrecht

5.1 Lesen Sie und schreiben Sie unten die passenden Namen zu den Aussagen.

Diese Meinungen haben wir im Internet gefunden. Die Namen haben wir geändert.

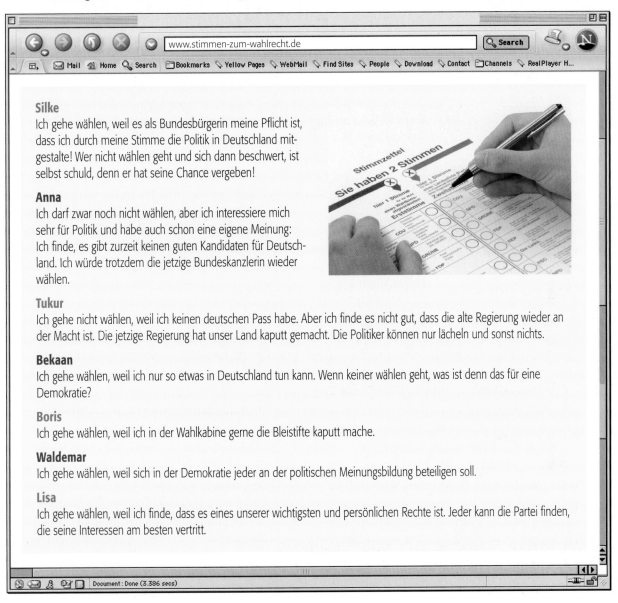

Silke

Ich gehe wählen, weil es als Bundesbürgerin meine Pflicht ist, dass ich durch meine Stimme die Politik in Deutschland mitgestalte! Wer nicht wählen geht und sich dann beschwert, ist selbst schuld, denn er hat seine Chance vergeben!

Anna

Ich darf zwar noch nicht wählen, aber ich interessiere mich sehr für Politik und habe auch schon eine eigene Meinung: Ich finde, es gibt zurzeit keinen guten Kandidaten für Deutschland. Ich würde trotzdem die jetzige Bundeskanzlerin wieder wählen.

Tukur

Ich gehe nicht wählen, weil ich keinen deutschen Pass habe. Aber ich finde es nicht gut, dass die alte Regierung wieder an der Macht ist. Die jetzige Regierung hat unser Land kaputt gemacht. Die Politiker können nur lächeln und sonst nichts.

Bekaan

Ich gehe wählen, weil ich nur so etwas in Deutschland tun kann. Wenn keiner wählen geht, was ist denn das für eine Demokratie?

Boris

Ich gehe wählen, weil ich in der Wahlkabine gerne die Bleistifte kaputt mache.

Waldemar

Ich gehe wählen, weil sich in der Demokratie jeder an der politischen Meinungsbildung beteiligen soll.

Lisa

Ich gehe wählen, weil ich finde, dass es eines unserer wichtigsten und persönlichen Rechte ist. Jeder kann die Partei finden, die seine Interessen am besten vertritt.

1. Er/Sie meint, dass eigentlich jeder wählen muss.   *Silke, Waldemar, Lisa*

2. Er/Sie glaubt, dass jede/r eine Partei für sich finden kann.   _____

3. Er/Sie ist noch zu jung.   _____

4. Er/Sie hat keinen deutschen Pass.   _____

5. Er/Sie betont, dass das Wahlrecht ein wichtiges Recht ist.   _____

6. Er/Sie findet die momentane Regierung nicht gut.   _____

7. Er/Sie sagt, dass es ohne Wähler keine richtige Demokratie gibt.   _____ .

5.2 Überlegen Sie: Welchen Argumenten stimmen Sie zu? Welche Argumente finden Sie interessant?

6 Wünsche und Meinungen

⊙ 4.23
P
Sie hören Aussagen zu einem Thema. Lesen Sie zunächst die Sätze a–f. Sie haben dafür eine Minute Zeit. Entscheiden Sie dann beim Hören, welcher Satz zu welcher Aussage passt.

> **TIPP** Zwei Aussagen passen nicht.

Beispiel	1	2	3
_b_	_____	_____	_____

a) Jeder sollte mitwählen dürfen. Alles andere ist Diskriminierung.
b) Erst der Pass und dann das Wahlrecht.
c) Man sollte schon einige Jahre in Deutschland leben und dann erst wählen dürfen.
d) Viele Ausländer kommen aus Diktaturen und wissen ja nicht, wie Wahlen funktionieren.
e) Der Pass sollte für das Wahlrecht nicht wichtig sein.
f) Bei Gemeinderatswahlen soll jeder mitwählen dürfen.

7 Ich wartete und wartete …

7.1 Lesen Sie die unregelmäßigen Verformen und notieren Sie die Infinitive.

wir kamen	er wartete	sie sagte	sie wussten	ich dachte	er ärgerte	sie rief an
kommen	_____	_____	_____	_____	_____	_____

> **TIPP** Schreiben Sie Lernkarten zu den unregelmäßigen Verbformen.

7.2 Eine Geschichte – Ergänzen Sie die Sätze mit den Präteritumformen der Verben.

anrufen	Seine Frau _____ ihn nicht _____.
ärgern	Er _____ sich, weil sie nicht nach Hause gekommen war.
bekommen	Um Mitternacht _____ er Angst. Was war los?
denken	Er _____ an einen Unfall.
gehen	Er _____ ins Bett, weil er müde war.
kommen	Um drei Uhr _____ sie nach Hause.
warten	Er _____ auf eine Erklärung.
sagen	Sie _____ nichts.
stellen	Sie _____ den Wecker auf sechs Uhr.
wissen	Jetzt _____ er Bescheid. Er packte seine Koffer.

Effektiv lernen

Lesestrategien – Das Wörterbuch zum Schluss

(1) **So können Sie arbeiten. Lesen Sie die Hinweise:**
1. Was ist das Thema? – Achten Sie auf die Überschrift, die Bilder und Grafiken.
2. Was weiß ich über das Thema? Was will ich wissen?
3. Den Text lesen: Was verstehe ich beim ersten Lesen?
4. Will ich mehr wissen?

5. Den Text noch einmal lesen und schwierige Wörter markieren:
   – Was könnten diese Wörter in diesem Text bedeuten?
   – Sind es Nomen, Verben, Konjunktionen oder Adjektive?
   – Kenne ich Wortteile oder ähnliche Wörter auf Deutsch / in meiner Sprache /
     in einer anderen Sprache?

6. Welche Wörter verstehe ich immer noch nicht? Welche sind vielleicht wichtig für das Textverstehen?
7. Benutzen Sie für diese Wörter das Wörterbuch.

(2) **Probieren Sie die Tipps an diesem Text aus.**

http://www.polyglott.de/

Internethandel boomt trotz Krise
Online-Umsätze steigen deutlich:

Die Deutschen geben dieses Jahr so viel Geld wie nie zuvor für Online-Shopping aus. Das sagt der Bundesverband für Versandhandel (bvh). Kleidung und Bücher sind die am meisten verkauften Produkte.

Nach Aussage des bvh wird der Online-Umsatz um 15 Prozent auf 15,4 Milliarden Euro steigen. Der Versandhandel wird erstmals mehr als 50 Prozent seiner Verkäufe im Internet machen. Insgesamt wird der Umsatz voraussichtlich um 1,7 Prozent auf 29,1 Milliarden Euro steigen. „Der Versandhandel bekommt starke Unterstützung aus dem Internet und kann deshalb im Gegensatz zum sonstigen Einzelhandel wachsen", sagte bvh-Präsidiumsmitglied Dieter Junghans.

Heute kaufen die Menschen in Deutschland so viel wie nie zuvor im Internet ein. Es gibt immer mehr Firmen in allen Bereichen, die eigene Online-Shops eröffnen und dadurch zusätzliche Umsätze machen. Insgesamt werden die Bundesbürger in diesem Jahr rund 21,8 Milliarden Euro für den Online-Kauf von Bekleidung, Büchern, Flugtickets oder Musikdateien ausgeben. [...]

TIPP Lesen heißt nicht übersetzen. Man muss nicht jedes Wort verstehen.

Bei uns und bei euch

1 Da stimmt etwas nicht.

1.1 Ergänzen Sie die Dialoge.

1

bin • tut • wird • gekommen • angefangen • dachten • gewusst

● Schön, dass Sie doch noch _____ sind.

Wir _____ schon, es ist etwas passiert.

○ Aber nein. _____ ich denn zu spät?

● Na ja, wir dachten acht Uhr.

Wir haben dann schon _____ , weil das Essen

sonst kalt _____ .

○ Oh ja, Entschuldigung, das _____

mir sehr leid. Das habe ich nicht _____ .

● Schon gut.

2

Einladung • Abend • Dank • mich • es

● Guten _____ . Schön, dass Sie gekommen sind.

○ Ja, ich freue _____ auch. Vielen _____

für die _____ . Ich habe Bo mitgebracht. Ich hoffe,

_____ macht Ihnen nichts aus. Er bellt auch nicht.

1.2 Hier sind zwei Dialoge vermischt. Ordnen und schreiben Sie sie.

● Hi, Max, ich sitze gerade im Kino. Der Film ist voll gut.
Was machst du noch heute Abend?

● Okinawa 3.

● Oh, ja, sorry, ist o. k.

● Ach, Manuel, schön, dass du anrufst. Ich habe ja
so lange nichts mehr von dir gehört.

● Ja, mir geht's gut. Ich bin hier gerade mit ein paar
Freundinnen aus der Arbeit beim Essen. Es ist sehr nett. …

● Nein, ist schon o. k. Du störst doch nie.

○ Was siehst du?

○ Ja, wie geht es dir denn?

○ Oh, da will ich aber nicht stören.

▲ Können Sie bitte still sein? Ich möchte den Film sehen!

Dialog 1: Hi, Max …

Dialog 2: Ach, Manuel …

2 Schlechtes Benehmen

2.1 Lesen Sie den Text. Zu welchen Zeilen passen die Zeichnungen? Ordnen Sie zu.

Zeilen _____   _____   _____   *7–9*   _____

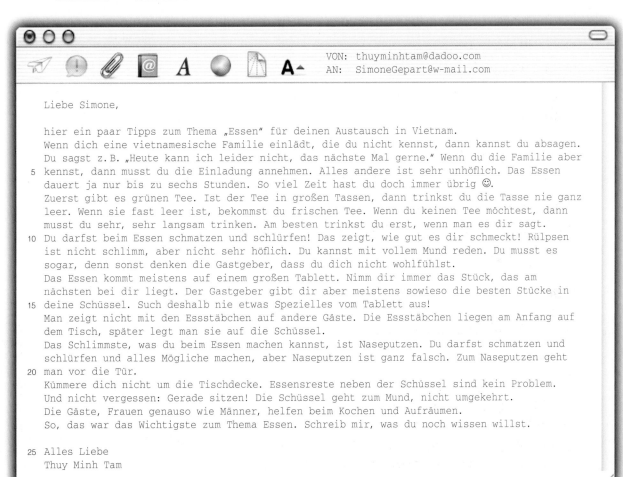

VON: thuyminhtam@dadoo.com
AN: SimoneGepart@w-mail.com

Liebe Simone,

hier ein paar Tipps zum Thema „Essen" für deinen Austausch in Vietnam.
Wenn dich eine vietnamesische Familie einlädt, die du nicht kennst, dann kannst du absagen.
Du sagst z.B. „Heute kann ich leider nicht, das nächste Mal gerne." Wenn du die Familie aber
5 kennst, dann musst du die Einladung annehmen. Alles andere ist sehr unhöflich. Das Essen
dauert ja nur bis zu sechs Stunden. So viel Zeit hast du doch immer übrig ☺.
Zuerst gibt es grünen Tee. Ist der Tee in großen Tassen, dann trinkst du die Tasse nie ganz
leer. Wenn sie fast leer ist, bekommst du frischen Tee. Wenn du keinen Tee möchtest, dann
musst du sehr, sehr langsam trinken. Am besten trinkst du erst, wenn man es dir sagt.
10 Du darfst beim Essen schmatzen und schlürfen! Das zeigt, wie gut es dir schmeckt! Rülpsen
ist nicht schlimm, aber nicht sehr höflich. Du kannst mit vollem Mund reden. Du musst es
sogar, denn sonst denken die Gastgeber, dass du dich nicht wohlfühlst.
Das Essen kommt meistens auf einem großen Tablett. Nimm dir immer das Stück, das am
nächsten bei dir liegt. Der Gastgeber gibt dir aber meistens sowieso die besten Stücke in
15 deine Schüssel. Such deshalb nie etwas Spezielles vom Tablett aus!
Man zeigt nicht mit den Essstäbchen auf andere Gäste. Die Essstäbchen liegen am Anfang auf
dem Tisch, später legt man sie auf die Schüssel.
Das Schlimmste, was du beim Essen machen kannst, ist Naseputzen. Du darfst schmatzen und
schlürfen und alles Mögliche machen, aber Naseputzen ist ganz falsch. Zum Naseputzen geht
20 man vor die Tür.
Kümmere dich nicht um die Tischdecke. Essensreste neben der Schüssel sind kein Problem.
Und nicht vergessen: Gerade sitzen! Die Schüssel geht zum Mund, nicht umgekehrt.
Die Gäste, Frauen genauso wie Männer, helfen beim Kochen und Aufräumen.
So, das war das Wichtigste zum Thema Essen. Schreib mir, was du noch wissen willst.

25 Alles Liebe
Thuy Minh Tam

2.2 Kreuzen Sie an: richtig oder falsch?

	R	F
1. Einladungen kann man nur schwer ablehnen.	☐	☐
2. Beim Essen spricht man nicht.	☐	☐
3. Der Gastgeber bekommt die besten Teile vom Essen.	☐	☐
4. Zum Naseputzen geht man aus dem Zimmer.	☐	☐
5. Man muss aufpassen, dass kein Reis auf den Tisch fällt.	☐	☐
6. Gäste und Gastgeber kochen oft zusammen.	☐	☐

3 Einladungen

3.1 Ordnen Sie 1–11 und schreiben Sie den Brief ins Heft.

1. ____ dass du einen neuen Job gefunden hast. Ich hoffe,

2. ____ dass er dir mehr Spaß macht als der alte. Ich arbeite nach wie vor bei „Friatec" und

3. ____ es ist schön, dass du dich mal wieder gemeldet hast. Es ist toll,

4. ____ ich würde dich gern einmal besuchen. Schreib mir doch bitte, wann

5. ____ finde meine Arbeit immer noch interessant.

6. ____ du mal Zeit hast und wie ich zu dir komme.

7. ____ kann ich nicht kommen, weil ich am Samstag nach Hamburg fahren muss. Aber

8. ____ Liebe Grüße auch an Rainer

9. _1_ Liebe Regina,

10. ____ Pjotr

11. ____ Vielen Dank für die Einladung zu eurem Fest. Leider

Liebe Regina,

es ist schön, dass ...

3.2 Einen Brief schreiben – Das Modell in 3.1 hilft Ihnen.

Wählen Sie eine Aufgabe aus: A oder B. Zeigen Sie, was Sie können: Schreiben Sie möglichst viel.

Aufgabe A	Aufgabe B
Ihre frühere Kollegin Sandra Poll hat eine Prüfung bestanden. Sie möchte das feiern und hat Sie eingeladen.	Sie spielen Fußball in einem Verein. Am Wochenende ist ein Spiel, aber Sie können nicht mitmachen.
Schreiben Sie etwas zu folgenden Punkten:	Schreiben Sie etwas zu folgenden Punkten:
• Grund für Ihr Schreiben • Was Sie im Moment tun • Sie kommen • Bitte um Wegbeschreibung	• Grund für Ihr Schreiben • Entschuldigung • Sie kommen zum Training nächste Woche. • Nächstes Spiel?

4 Präpositionen mit Dativ: Zusammenfassung

4.1 Ergänzen Sie die Präpositionen im Merkspruch.

Herr V ____ N_____ S_____ Z___

und Frau A_____ B____ M_____

bleiben mit dem Dativ fit.

4.2 Ergänzen Sie die Dativendungen und ordnen Sie zu.

1. Am Wochenende bin ich oft _____ a) zwei Flaschen Wein aus d____ Keller holen?

2. Kannst du bitte noch _____ b) einen Espresso nach d____ Essen.

3. Ich bekomme gern Besuch _____ c) mit dies____ alten Auto bis nach Portugal fahren?

4. Im Urlaub fahre ich meistens _____ d) mit ein____ großen Fest feiern.

5. Willst du wirklich _____ e) seit ein____ Stunde auf dich. Das Essen ist schon kalt.

6. Wir warten _____ f) von mein____ Freunden.

7. Wir trinken immer _____ g) zu mein____ Familie nach Bulgarien.

8. Ich will meine Prüfung __1__ h) bei mein_em_ Sohn zu Besuch.

4.3 Ergänzen Sie die Dativ-Präpositionen.

1. _____ dem Essen gehe ich oft eine halbe Stunde spazieren.

2. _____ dem Kochkurs koche ich immer mit meinem Mann zusammen.

3. Ich finde, _____ einer Einladung muss es nicht immer etwas Großes zum Essen geben.

4. Am Samstag gehen wir oft _____ unseren Freunden und spielen „Monopoly" oder Karten.

5. Mein Freund kommt _____ dem Sudan. Er kennt wunderbare sudanesische Rezepte.

6. _____ ein bisschen Fantasie kann man ohne viel Geld ein schönes Fest machen.

7. Rolf hat zum Geburtstag _____ seinen Freunden gute Küchenmesser geschenkt bekommen.

4.4 Präpositionen mit Dativ oder Akkusativ – Ergänzen Sie die Präpositionen und die Artikel.

vor • auf • neben • unter

1. Stell die Teller bitte _____ d_____ Tisch.

2. Die Gabel liegt links _____ d_____ Teller und

   das Messer links _____ d_____ Gabel.

3. Wenn es Suppe gibt, dann steht der Essteller _____ d_____ Suppenteller.

4. Den Teelöffel legst du oben _____ d_____ Teller.

5 Schön, dass Sie da sind – Eindrücke in Deutschland
4.24
Hören Sie zu. Wer sagt was? Notieren Sie die Namen.

1. Die Deutschen legen großen Wert auf Pünktlichkeit,

   sagen ___Monika___ und _____ .

2. _____ findet die Fragen der Vermieter

   unangenehm.

3. Für _____ war die Einladung nicht

   deutlich genug.

4. Die Deutschen mögen Hunde lieber als Kinder,

   glaubt _____ .

5. Die Freunde von _____ haben sich gut

   unterhalten.

Gasan

Monika   Eva

6 Zeitgefühl – Wiederholung: Sprache und Zeit

6.1 Uhrzeiten – Notieren Sie.

Sie fragen nach der Uhrzeit: *Entschuldigung, w*_____ ?

Sie antworten: *Es i*_____

① ② 13:35 ③ ④ 8:50 ⑤

_____ _____ _____ _____ _____

_____ _____ _____ _____ _____

6.2 Sortieren Sie die Wörter.

bald • ~~früher~~ • gestern • gleich • heute • ~~immer~~ • jetzt • manchmal • meistens • morgen • nachher • ~~nie~~ • oft • selten • sofort • später • ~~übermorgen~~ • vorher • vorgestern

Wann?   Wie oft?

früher

übermorgen

immer

nie

6.3 Was machen Sie *oft, nie, immer* oder *selten*? Notieren Sie.

6.4 Präsens, Präteritum, Perfekt – Schreiben Sie die Sätze in den angegebenen Zeitformen.

1. Frau Schmidt / pünktlich zur Arbeit / kommen (Perfekt/Präteritum)
2. ich / eine Stunde / spazieren gehen (Präsens/Perfekt)
3. ich / Husten haben / und nicht zum Arzt / gehen (Präsens/Perfekt)
4. Warum / du / nicht zu meinem Geburtstag / kommen? (Präsens/Perfekt)
5. Ich / am Computerkurs / nicht teilnehmen (Präsens/Perfekt)

1. Frau Schmidt ist pünktlich zur Arbeit gekommen. / Frau Schmidt ...

6.5 *Erst* oder *schon* – Lesen Sie die Beispiele und ergänzen Sie 1–6.

Sie telefoniert schon eine halbe Stunde!   Das ist lang. Sie wollte nur zehn Minuten sprechen.
Sie telefoniert erst fünf Minuten.   Das ist kurz. Sie möchte länger sprechen.

1. In Deutschland isst man _____ um 19 Uhr zu Abend, in Spanien _____ um 21 Uhr.

2. In manchen Ländern sind viele Mütter _____ 16 Jahre alt. In Deutschland sind viele

   Frauen _____ 30, wenn sie ihr erstes Kind bekommen.

3. Normalerweise gehe ich einmal im Monat ins Kino. In dieser Woche war ich _____

   zweimal.

4. Meine Freundin wollte um drei kommen und jetzt ist es _____ Viertel vor vier und sie ist

   noch nicht da.

5. Er lernt _____ seit sechs Wochen Deutsch und ich lerne _____ fast vier Monate,

   aber er spricht besser als ich.

6. Ich mache _____ eine Stunde Hausaufgaben und habe _____ eine Übung fertig.

7 Bertolt Brecht: Drei Geschichten vom Herrn Keuner

7.1 Lesen Sie. Zu welcher Geschichte passt die Illustration?

A

Herr K. wartete auf etwas einen Tag, dann eine Woche, dann noch einen Monat. Am Schlusse sagte er: „Einen Monat hätte ich ganz gut warten können, aber nicht diesen Tag und diese Woche."

B

„Was tun Sie", wurde Herr K. gefragt, „wenn Sie einen Menschen lieben?" „Ich mache mir einen Entwurf* von ihm", sagte Herr K., „und sorge**, dass er ihm ähnlich wird." „Wer? Der Entwurf?" „Nein", sagte Herr K., „der Mensch."

* Bild/Skizze/Modell   ** dafür sorgen / sich kümmern um / arbeiten an

C

Ein Mann, der Herrn K. lange nicht gesehen hatte, begrüßte ihn mit den Worten: „Sie haben sich gar nicht verändert." „Oh!" sagte Herr K. und erbleichte*.

* wurde ganz weiß im Gesicht

7.2 Ordnen Sie die Aussagen 1–3 den Texten zu.

1. ____ Wenn wir uns nicht mehr ändern, dann ist das schlecht.

2. ____ Wenn man lange warten muss, dann wird die Zeit immer unwichtiger.

3. ____ Wir können andere Menschen oft nicht so akzeptieren, wie sie sind.

8 Aussprache: Wortgruppenakzent – Rhythmus

4.25 **8.1 Klopfen/Klatschen Sie den Rhythmus. Hören und sprechen Sie dann.**

einen Spaziergang machen

• • • • ● • • •

im Park ein Picknick machen

• • • ● • • •

um die Welt reisen

• • • ● • •

den Sommer genießen

• • ● • • • •

8.2 Erweitern Sie die Wortgruppen. Sprechen Sie Sätze.

Ich <u>möch</u>te	<u>mor</u>gen	mit <u>dir</u> …
	im <u>Som</u>mer	mit meiner <u>Freun</u>din …
	in <u>die</u>sem Jahr	mit meinen <u>Kin</u>dern …
	<u>näch</u>stes Jahr	mit meiner Fa<u>mi</u>lie …

> Ich möchte mit meinen Kindern einen Spaziergang machen.

Schwierige Wörter

1 Hören Sie und sprechen Sie langsam nach. Wiederholen Sie die Übung.

4.26

<u>Jah</u>reszeiten↘   den Wechsel der <u>Jah</u>reszeiten↘   Ich mag den Wechsel der <u>Jah</u>reszeiten.↘

einen <u>Blu</u>menstrauß↘   den Gastgebern einen <u>Blu</u>menstrauß↘   Man gibt den Gastgebern einen <u>Blu</u>menstrauß.↘

2 Schreiben Sie drei Lernkarten und üben Sie mit einem Partner / einer Partnerin.

Hören Teil 1 – Telefonansagen

⊙ 4.27–32   Sie hören fünf Ansagen am Telefon. Zu jedem Text gibt es eine Aufgabe.
Ergänzen Sie die Telefonnotizen. Sie hören jeden Text **zweimal**.

Beispiel

⓪   ①   ②

⓪ Adresse vom Kindergarten neben der Kirche _Rathausstraße 12_	① Firma Infotherm Techniker kommt Datum: _____	② Kursfest Termin: am Samstag Beginn: _____
③ Bankangestellte anrufen Telefonnummer: _____	④ Drina bekommt Besuch. Von wem? _____	⑤ Fahrrad fast neu Preis: _____

Maximale Punktzahl: 5 / Meine Punktzahl: _____

Hören Teil 2 – Radioansagen

Sie hören fünf Informationen aus dem Radio. Zu jedem Text gibt es eine Aufgabe.
Kreuzen Sie an: a, b oder c. Sie hören jeden Text **einmal**.

Beispiel

⓪ Von wann bis wann läuft „Der dritte Mann"?

⊙ 4.33
- a Von Donnerstag bis Montag.
- b Von Montag bis Freitag.
- ☒ Von Donnerstag bis Dienstag.

⑥ Was kommt um 14 Uhr?

⊙ 4.34
- a Das Mittagsprogramm.
- b Die Nachrichten.
- c Eine Kindersendung.

⑦ Was ist das Problem mit dem Verkehr?

⊙ 4.35
- a Das Parkhaus ist geschlossen.
- b In der Stadt sind keine Parkplätze frei.
- c Es fahren keine Busse.

⑧ Wie wird das Wetter morgen?

⊙ 4.36
- a Es wird kälter.
- b Es wird sehr windig.
- c Es wird warm.

⑨ Wie kommt man vom Hauptbahnhof zum Westkreuz?

⊙ 4.37
- a Mit dem Zug.
- b Mit der S-Bahn.
- c Mit der Straßenbahn.

⑩ Welche Telefonnummer soll man anrufen?

⊙ 4.38
- a 08 00/8 87 66 52
- b 0 80 00/1 53 80
- c 01 90/8 87 66 42

Maximale Punktzahl: 5 / Meine Punktzahl: _____

Hören Teil 3 – Alltagsgespräch

39–40 Sie hören ein Gespräch. Zu diesem Gespräch gibt es fünf Aufgaben.
Ordnen Sie zu und notieren Sie den Buchstaben. Sie hören den Text **zweimal**.

Welche Informationen bekommen Sie über die Personen?

Beispiel

(0) **Anke**   Lösung: [g] *nach Australien fahren*

	(0)	(11)	(12)	(13)	(14)	(15)
Person	Anke	Klaus	Tanja	Ben	Hannes	Carolina
Lösung	g					

[a] mit alten Menschen arbeiten
[b] zu Verwandten in die USA gehen
[c] im Geschäft der Eltern arbeiten
[d] drei Monate Urlaub machen
[e] später entscheiden

[f] Medizin studieren
[g] nach Australien fahren
[h] den Großvater pflegen
[i] als Au-pair in die USA gehen

Maximale Punktzahl: 5 / Meine Punktzahl: _____

Lesen Teil 1 – Listen

Sie brauchen ein paar Dinge aus einem Medienmarkt und gehen dort einkaufen.
Lesen Sie die Aufgaben 1–5 und den Wegweiser von einem Medienmarkt.
In welches Stockwerk gehen Sie? Kreuzen Sie an: [a], [b] oder [c].

Orion Media – Alles unter Strom

4	Musik-CDs: Pop, Jazz, Folklore, Weltmusik, Klassik / Hörbücher / Orion-Konzertkartenshop
3	DVDs, CDs, Computerzubehör: USB-Sticks, Tastaturen, Bildschirme, Computerspiele, Computerbücher
2	Fernsehgeräte, DVD-Recorder, Heimkinoanlagen, Projektoren, CD-Spieler, Stereoanlagen
1	Computer, Bildschirme, Drucker, Scanner, digitale Fotoapparate, Videokameras
EG	Küchenherd, Kühlschränke, Klimaanlagen, Elektroheizungen, Bügeleisen, Wasserkocher, elektrische Zahnbürsten, Nähmaschinen

Beispiel

(0) Sie brauchen ein Gerät, das Wasser heiß machen kann.
[X] Erdgeschoss
[b] 3. Stock
[c] anderes Stockwerk

(2) Ihr Freund ist Filmfan. Sie suchen ein Geschenk für ihn.
[a] Erdgeschoss
[b] 4. Stock
[c] anderes Stockwerk

(4) Sie suchen Musik aus Ihrer Heimat.
[a] 3. Stock
[b] 4. Stock
[c] anderes Stockwerk

(1) Sie machen Kleider selbst und suchen eine Maschine.
[a] Erdgeschoss
[b] 2. Stock
[c] anderes Stockwerk

(3) Sie möchten Ihren Freund ins Konzert einladen.
[a] 1. Stock
[b] 3. Stock
[c] anderes Stockwerk

(5) Sie möchten Videofilme selbst machen.
[a] 1. Stock
[b] 3. Stock
[c] anderes Stockwerk

Maximale Punktzahl: 5 / Meine Punktzahl: _____

Lesen Teil 2 – Zeitungsmeldung

Lesen Sie den Text und die Aufgaben 6–10. Sind die Aussagen Richtig oder Falsch ? Kreuzen Sie an.

Janina Serke – Schauspielerin aus Zufall

Janina Serke fasziniert vom ersten Moment an. Die junge Schauspielerin hat nämlich eine Schönheit, die von innen kommt. Mit ihren sehr lebendigen, großen Augen und ihrer natürlichen Art hat sie das Publikum schon in ihrem ersten Film begeistert.

Schauspielerin wurde sie nur durch Zufall: Sie war mit Freundinnen im Café, als ein Filmemacher sie ansprach. Er suchte für seinen nächsten Film eine Schülerin. Janina erzählt: „Er hat mich gefragt, ob ich Lust hätte, in einem Film mitzuspielen – und da habe ich natürlich ja gesagt!" Dann ging alles ganz schnell. Sie spielte in ihrem ersten Film mit, viele weitere folgten – und jetzt ist sie hauptberuflich Schauspielerin.

Das Lustigste an ihrer Geschichte ist aber, dass ihre Mutter auch eine berühmte Schauspielerin ist. Janina wollte früher eigentlich Medizin studieren, aber beim Film gefällt es ihr so gut, dass sie bei diesem Beruf bleiben will – im nächsten Film in einer Rolle mit ihrer Mutter zusammen.

Beispiel

(0) Janina Serke war in ihrem ersten Film nicht erfolgreich. Richtig ~~Falsch~~

(6) Janina wollte schon als Kind Schauspielerin werden. Richtig Falsch

(7) Sie wollte bei ihrem ersten Film nicht gleich mitmachen. Richtig Falsch

(8) Sie hat schon in mehreren Filmen mitgespielt. Richtig Falsch

(9) Janina möchte keinen anderen Beruf. Richtig Falsch

(10) Janina spielt bald in einem Film mit ihrer Mutter. Richtig Falsch

Maximale Punktzahl: 5 / Meine Punktzahl: _____

Lesen Teil 3 – Kleinanzeigen

Lesen Sie die Anzeigen a–h und die Aufgaben 11–15. Welche Anzeige passt zu welcher Situation? Für **eine** Aufgabe gibt es keine Lösung. Schreiben Sie hier den Buchstaben X.

Beispiel

(0) Für das neue Kinderzimmer brauchen Sie Möbel.   **Lösung:** Anzeige b

Situation	(0)	(11)	(12)	(13)	(14)	(15)
Anzeige	b					

(11) Sie suchen ein billiges Auto zum Reparieren.

(12) Sie sind ein guter Handwerker und suchen ab 18 Uhr einen Nebenjob.

(13) Sie kennen sich sehr gut mit Computern aus und suchen Arbeit.

(14) Freunde kommen zu Besuch und brauchen ein preiswertes Hotel.

(15) Sie haben ein kleines Kind und suchen eine Arbeit, die Sie auch zu Hause machen können.

[a]
Hausmeister für kleine Wohnanlage gesucht! Handwerkliches Können erforderlich! 2–3-mal pro Woche, auch abends möglich. Hausverwaltung Bossert Tel. 05 61/7 78 82 49

[b]
Billig! Billig! Komplette Einrichtung für Kinderzimmer zu verkaufen. Schrank, Bett, Schreibtisch – gut erhalten! Tel. 05 61/23 45 87 (abends)

|c| **Nebenjob zu Hause!** Adressenschreiben für Werbeagentur. Gute Deutschkenntnisse und Computer Voraussetzung! Beste Bezahlung! Rufen Sie Herrn Matschinke an: 0 73 32/59 02

|d| **Für Bastler:** VW Golf, Baujahr 1998, leider kein TÜV, nur 250 Euro. 01 71/2 33 35 84

|e| Nebenjob 10 Euro/Std.! Wir suchen dringend eine **Bürohilfe** – Arbeitszeit nach Vereinbarung. Rufen Sie an! Immobilien Reich 05 61/35 46 72

|f| **Wiedereröffnung:** Hotel am Park sucht freundliche Damen und Herren mit guten Deutschkenntnissen für Empfang, Küche und Service. 05 61/24 24 33 (8–12 Uhr)

|g| **Computerprofi** dringend gesucht! Netter, kleiner Computerladen sucht ab sofort Verstärkung für Service, Beratung und Verkauf! Bewerbungen bitte per E-Mail an info@computerprofis.de

|h| Von privat: **Volvo 404, BJ 92,** 2 Jahre TÜV, guter Zustand, viele Extras. Preis Verhandlungs-sache! 01 72/8 83 95 62

Maximale Punktzahl: 5 / Meine Punktzahl: _____

Schreiben Teil 1 – Informationen zur Person geben

Ihre Bekannte Jelena Chodorowa aus Russland sucht eine Mitfahrgelegenheit.
Helfen Sie Jelena und schreiben Sie die fünf fehlenden Informationen in das **Formular** der Mitfahrzentrale im Internet oder kreuzen Sie an.

Name: *Chodorowa*

Vorname: *Jelena*

geb. am: *23.11.1984*

in: *St. Petersburg*

Adresse: *Hirschgartenallee 3 80639 München*

Nationalität: *Russisch*

Jelena Chodorwa

Fotografin

Hirschgartenallee 3 • 80639 München
Mobil: 01 60/58 85 02
E-Mail: info@jecho.de

Jelena Chodorowa lebt seit drei Jahren in München. Sie hat dort eine Ausbildung zur Fotografin gemacht. Sie muss für ein neues Projekt nach Hamburg und sucht eine Mitfahrgelegenheit.
Sie möchte am 3. Mai morgens um 9 Uhr fahren. Sie hat einen schweren Koffer dabei. Sie ist Raucherin. Die Mitfahrzentrale soll anrufen, wenn eine Mitfahrgelegenheit für sie da ist.

Münchner Mitfahrzentrale

Name:	*Chodorowa*	0
Vorname:	*Jelena*	
Straße:	_____	1
PLZ, Stadt:	*80639 München*	
Geburtsdatum:	_____	2
Ich suche eine Mitfahrgelegenheit. ☐		
Ich möchte jemanden mitnehmen. ☐		3
Datum der Fahrt:	*3. Mai*	
Uhrzeit der Fahrt:	_____	4
Fahrtziel:	*Hamburg*	
Raucher/in:	☒ ja ☐ nein	
Gepäck:	_____	5
Sonstiges:	*Bitte keine Haustiere!*	
Kontakt:	☒ Tel.: *01 60/58 85 02*	
	☐ E-Mail: *info@jecho.de*	

Maximale Punktzahl: 5 / Meine Punktzahl: _____

Schreiben Teil 2 – Kurze Mitteilung

Ihr deutscher Freund Justin schreibt Ihnen in einer E-Mail, dass er in Ihrem Heimatland Urlaub machen möchte und bittet Sie um Empfehlungen. Schreiben Sie ihm eine Antwort.

Hier finden Sie vier Punkte. Wählen Sie **drei** aus.
Schreiben Sie zu jedem Punkt ein bis zwei Sätze (circa 40 Wörter).
Vergessen Sie nicht den passenden Anfang und den Gruß am Schluss.

Unterkunft	schöne Orte
Verkehrsmittel	Wetter

Maximale Punktzahl: 10 / Meine Punktzahl: _____

> **TIPP** In der Prüfung schreiben Sie diesen Teil auf den Antwortbogen.

Sprechen Teil 1 – Sich vorstellen

Stellen Sie sich vor.

Maximale Punktzahl: 3 /

Meine Punktzahl: _____

Name
Alter
Land
Wohnort
Sprachen
Beruf
Hobby

Sprechen Teil 2 – Gespräch über ein Alltagsthema

Bei diesem Prüfungsteil arbeiten Sie mit einem Partner / einer Partnerin zusammen.
Sie möchten eine bestimmte Information von ihm/ihr.

> **TIPP** Bei der Karte mit dem Fragezeichen können Sie eine freie Frage stellen.

Sprechen Teil 2 – Wohnung	Sprechen Teil 2 – Wohnung
Wo ...?	**Was ...?**
Sprechen Teil 2 – Wohnung	Sprechen Teil 2 – Wohnung
Wie lange ...?	**Mit wem ...?**
Sprechen Teil 2 – Wohnung	Sprechen Teil 2 – Wohnung
...?	**...?**
Sprechen Teil 2 – Wohnung	Sprechen Teil 2 – Wohnung
Hast du / Haben Sie ...?	**Wie viel ...?**

Sprechen Teil 2 – Kleidung
Wann ...?

Sprechen Teil 2 – Kleidung
Hast du / Haben Sie ...?

Sprechen Teil 2 – Kleidung
...?

Sprechen Teil 2 – Kleidung
...?

Sprechen Teil 2 – Kleidung
Wo ...?

Sprechen Teil 2 – Kleidung
Wie viel ...?

Sprechen Teil 2 – Kleidung
Wie oft ...?

Sprechen Teil 2 – Kleidung
Was ...?

Maximale Punktzahl: 6 / Meine Punktzahl: _____

Sprechen Teil 3 – Ein Problem lösen

Eine Freundin soll Ihnen bei einer Bewerbung helfen.
Finden Sie einen gemeinsamen Termin. Machen Sie Vorschläge.

Mo	Tag	
	Abend	schwimmen
Di	Tag	arbeiten
	Abend	Vorbereitung Deutschkurs
Mi	Tag	arbeiten
	Abend	Deutschkurs
Do	Tag	
	Abend	Deutschkurs
Fr	Tag	arbeiten
	Abend	Tante Tina besuchen
Sa	Tag	Sommerfest im Kindergarten
	Abend	
So	Tag	Eltern besuchen
	Abend	

	Abend	Krimi im Fernsehen
So	Tag	
	Abend	Feier im Verein
Sa	Tag	Spiel (14.30 Uhr)
	Abend	Kino
Fr	Tag	arbeiten
	Abend	Fußballtraining
Do	Tag	
	Abend	Computerclub
Mi	Tag	arbeiten
	Abend	Fußballtraining
Di	Tag	arbeiten
	Abend	
Mo	Tag	arbeiten

Maximale Punktzahl: 6 / Meine Punktzahl: _____

Maximale Gesamtpunktzahl: 60 / Meine Punktzahl: _____

Allons voter! Wir wählen! Seçime katılın! Głosujemy!
¡Vota! χριζ φηφιζουμε! Let's vote!
Szavazzunk! Мы бираем! Szavazunk! ما رای میدهیم
Мы голосуем! Glasamjo! Vamos votar! Votiamo!

Głosujemy! ما رای میدهیم Let's vote! Allons voter!
Seçime katılın! Szavazzunk! εμειζ φηφιζουμε!
¡Vota! Мы бираем Votiamo! Glasamjo!
Let's vote! Votiamo! Мы голосуем! Wir wählen!

Ø Wir wählen!
Beiräte für Migration und
Integration

**GEMEINSAM
ZUKUNFT
GESTALTEN!**

www.beiratswahlen-rlp.de

Jobsuche nach Berufsfeld
Wählen Sie eine der aufgeführten Berufsfelder.

IT & Telekommunikation
Ingenieurwesen & Technische Berufe
Marketing & Werbung
Vertrieb, Handel & Einkauf
Banken/Sparkassen, Versicherungen & Finanzdienstleistungen
Finanz-/Rechnungswesen & Wirtschaftsprüfung
Personalwesen
Unternehmensführung/ Management

[Suchen]

Schnellsuche
Geben Sie einen oder mehrere Suchbegriffe ein.

Krankenschwester

[Job suchen]

Jobs per eMail
Unser JobAgent liefert Ihnen kostenlos passende Jobangebote direkt
in Ihr Postfach.

[JobAgent]

**Examinierte Krankenschwester/
-pfleger oder Arzthelfer/in
als Medizinische/r Assistent/in First level
(auch Teilzeit)**

mit dem Schwerpunkt Neurologie/Psychiatrie, Orthopädie/Chirurgie,
Gynäkolole und Innere/Allgemein.

Ihre Aufgaben:
- Telefonische Beantwortung von medizinischen Kundenanfragen
  einschließlich Dokumentation der Gesprächsinhalte
- Information von Patienten in allen Fragen zu dem jeweiligen
  Gesundheitsthema im Bereich der Neurologie/Psychiatrie
- Zusammenstellung von Informationsmaterialien

Ihr Profil:
- Abgeschlossene Ausbildung als Krankenschwester/-pfleger oder
  Arzthelfer/in
- Mehrjährige Berufserfahrung im medizinischen Bereich
- Sehr gute EDV-Kenntnisse
- Hohe Service- und Kundenorientierung, Kommunikationsfähigkeit,
  Flexibilität, Teamfähigkeit

Im Alltag EXTRA

Im Alltag EXTRA

Das steht dir gut!

Etwas umtauschen

Üben Sie jeden Dialog mit einem Partner / einer Partnerin.

1

● Guten Morgen. Ich möchte diese Schuhe umtauschen.
  Sie sind ein bisschen zu groß. Ich brauche Größe 43.
○ Diese Schuhe sind nur noch in Größe 40 da.
● Dann möchte ich gerne mein Geld zurück.
○ Das geht leider nicht, aber ich kann Ihnen einen
  Gutschein geben. Haben Sie Ihren Kassenzettel?
● Hier, bitte.

2

● Guten Tag, ich möchte diesen Pullover umtauschen.
  Er gefällt meiner Tochter nicht.
○ Haben Sie den Kassenbon noch?
● Äh, nein. Den habe ich verloren.
○ Dann können wir Ihnen leider nicht helfen.
● Aber ...

Überlegen Sie: Warum tauschen Sie Waren wieder um? Sammeln Sie Gründe.
Spielen Sie eigene Dialoge nach dem Muster oben.

Ich möchte die Schuhe umtauschen.	Welche Größe brauchen Sie?
Ich brauche Größe 42.	Es ist nur noch Größe 36 da.
Ich möchte bitte mein Geld zurück.	Haben Sie den Kassenzettel/Kassenbon noch?
	Sie bekommen einen Gutschein.

> **WICHTIG** Umtausch- und Rückgaberecht
> **Ist die Ware nicht in Ordnung?** Dann können Sie sie zurückgeben. Wichtig ist der Kassenzettel.
> **Gefällt Ihnen die Ware nicht?** Dann **kann** der Händler die Ware umtauschen.
> **Haben Sie die Ware per Katalog, Telefon, E-Mail oder an der Haustür gekauft?** Sie können die Ware
> innerhalb von 14 Tagen zurückgeben.

Wann ist man in Deutschland „richtig" angezogen?

Ordnen Sie zu und finden Sie weitere Beispiele: Was haben Sie bei Deutschen
beobachtet? Was ist für Sie richtig?

in Shorts
in Jeans und T-Shirt
im Anzug
im Jogginganzug
im frisch gebügelten Hemd
im Kostüm
im Schlafanzug
...

auf einer Party
beim Vorstellungsgespräch
beim Elternabend
im Deutschkurs
im Konzert
am Frühstückstisch
beim Sport im Park
...

Vielen Deutschen ist es egal,
wie sie aussehen. Hauptsache, bequem.

Das ist bei uns ganz anders ...

Diskutieren Sie: Wie ist es in Deutschland, wie in anderen Ländern?

Papiere, Papiere ...

Rücksendegründe

Sie haben ein Kleidungsstück bestellt, wollen es aber zurückschicken. Sie können den Rücksendegrund angeben.

Größe passt nicht: zu klein	Größe passt nicht: zu groß	Ware gefällt mir nicht:	Ware fehlerhaft/defekt:
01 Oberweite zu eng	11 Oberweite zu weit	21 Kleidungsstück passt nicht	31 Materialfehler
02 Taille zu eng	12 Taille zu weit	22 Farbe/Muster gefällt nicht	32 verschmutzt/zerknittert
03 Hüfte zu eng	13 Hüfte zu weit	23 Artikel steht mir nicht	33 defekt/beschädigt
04 Ärmel zu kurz	14 Ärmel zu lang	24 Ich habe für diesen Preis etwas Besseres erwartet.	
05 Hosenbeine zu kurz	15 Hosenbeine zu lang		
06 Schuh zu klein	16 Schuh zu groß		
07 zu kurz	17 zu lang		

Schicken Sie diese Kleidungsstücke zurück. Geben Sie je zwei Rücksendegründe an.

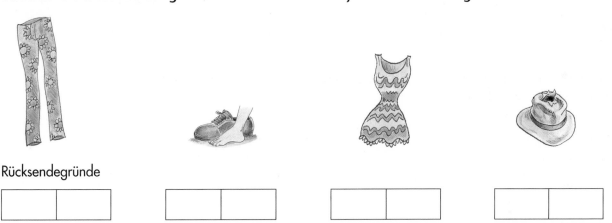

Rücksendegründe

Kleidergrößen – international

Umrechnung von Konfektionsgrößen

Recherchieren Sie Größen im Internet und machen Sie Tabellen.

1. Kinder-Bekleidung   2. Damen-Bekleidung   3. Herren-Bekleidung

	Europa	USA	UK	Land	Brust-umfang	Taillen-umfang	Hüft-umfang
Herren	50	40	M		98–101	86–89	102–105
	52	42	L		102–105	90–94	106–109
	...						

TIPP Umrechnungstabellen finden Sie im Internet unter www.jumk.de/konfektionsgroessen.

Sprechen, sprechen ...

Auf dem Standesamt
Lesen Sie die Dialoge mit verteilten Rollen.

1
- ● Guten Tag. Wir möchten heiraten.
- ○ Wann soll denn die Trauung sein?
- ● Die Hochzeit ist im nächsten Jahr, am 23. September.
- ○ Da kann ich Ihre Anmeldung noch nicht annehmen.
- ● Ach? Das geht noch nicht?
- ○ Nein ...

2
- ● Guten Tag. Wir möchten eine Heirat anmelden.
- ○ Sind Sie beide Deutsche?
- ● Nein, ich bin aus Finnland.
- ○ Dann brauchen wir noch ein Ehefähigkeitszeugnis.
- ● Das habe ich noch nie gehört. Was ist denn das?
- ○ Das ist ...

3
- ● Guten Tag. Wir möchten heiraten. Wir haben unsere Unterlagen schon mitgebracht.
- ○ Lassen Sie mal sehen. Also, hier haben wir Ihren Reisepass, die Aufenthaltsbescheinigung ... Was ist das für ein Formular?
- ● Meine Geburtsurkunde aus der Türkei. Brauchen Sie die nicht?
- ○ Doch, doch. Aber nicht auf Türkisch. Für die Eheschließung brauchen wir ...

Lesen Sie den Infokasten. Erklären Sie den Personen in 1–3 das Problem.

INFO Heiraten

Gehen Sie zum **Standesamt** in der Stadt oder dem Bezirk, wo Sie oder Ihr Freund / Ihre Freundin gemeldet sind. Sie können sich **sechs Monate** vor der Heirat anmelden. Sie brauchen als Immigrant/in ein **Ehefähigkeitszeugnis** aus Ihrem Heimatland. In dieser Bescheinigung steht z. B., dass Sie nicht schon verheiratet sind. Wo haben Sie in Ihrem Heimatland zuletzt gelebt? Dort bekommen Sie das Ehefähigkeitszeugnis. Ihre Dokumente müssen Sie **mit einer deutschen Übersetzung** vorlegen. Bringen Sie die Dokumente in ein offizielles Übersetzungsbüro.
Gleichgeschlechtliche Paare können in Deutschland eine **Lebenspartnerschaft** eintragen lassen. Immigranten brauchen dazu eine **Ledigkeitsbescheinigung** aus dem Heimatland.

Schreiben Sie den Dialog und spielen Sie ihn mit einem Partner / einer Partnerin. Wechseln Sie die Rollen.

Partner 1	Partner 2
Guten Tag, spreche ich mit dem Standesamt?	
	Ja. Was kann ...?
Wir möchten ...	
	Wann ...?
In ... Monaten.	
	Sind Sie beide ...?
Nein. Mein Freund kommt aus ...	
	Dann brauchen wir ein ...
Woher ...?	
	Sie bekommen ...

14

Papiere, Papiere …

Antrag auf Eheschließung

Überlegen Sie sich eine Person. Beantworten Sie dazu folgende Fragen:

- Wie heißt die Person?
- Welche Staatsangehörigkeit hat sie?
- Ist sie ledig, geschieden oder verwitwet?
- Hat sie Kinder?
- Haben die Eltern in Deutschland geheiratet? Wann und wo?
- Ist die Person volljährig?
- Spricht sie Deutsch? Wie gut?

Unsere Person heißt Nino.
Er kommt aus Georgien.
Er war schon einmal verheiratet …

Füllen Sie das Formular für die Person aus. Überlegen Sie sich auch einen deutschen Ehepartner.

Verlobter (Mann)	Verlobte (Frau)
Familienname _____	Familienname _____
Vorname _____	Vorname _____
Staatsangehörigkeit ☐ deutsch ☐ _____	Staatsangehörigkeit ☐ deutsch ☐ _____
Familienstand ☐ ledig ☐ geschieden ☐ verwitwet	Familienstand ☐ ledig ☐ geschieden ☐ verwitwet
Anzahl der Vorehen: _____ Anzahl der Kinder: _____	Anzahl der Vorehen: _____ Anzahl der Kinder: _____
Heirat der Eltern in Deutschland? ☐ ja ☐ nein Tag und Ort der Eheschließung der Eltern: _____	Heirat der Eltern in Deutschland? ☐ ja ☐ nein Tag und Ort der Eheschließung der Eltern: _____
Volljährig? ☐ ja ☐ nein	Volljährig? ☐ ja ☐ nein
Sprechen Sie Deutsch? ☐ ja ☐ etwas ☐ nein	Sprechen Sie Deutsch? ☐ ja ☐ etwas ☐ nein

☐ Wir sind **nicht** miteinander verwandt.
☐ Wir sind **keine** Geschwister oder Halbgeschwister.
☐ Wir sind darüber unterrichtet, dass falsche oder unvollständige Angaben als Ordnungswidrigkeit oder Straftat verfolgt werden und zur Aufhebung der Ehe führen können.

Heiraten – international

Erzählen Sie.

Wie lange dauert eine Hochzeit in …?
Gibt es einen besonderen Brauch?
Gibt es eine Mitgift?
Wo heiratet man (Standesamt, Kirche, Moschee, Synagoge, Tempel …)?
Behalten die Ehepartner ihre Namen?

Sprechen, sprechen …

Eine Niederlassungserlaubnis beantragen

Üben Sie jeden Dialog mit einem Partner / einer Partnerin.

1
- ● Ich möchte eine Niederlassungserlaubnis beantragen. Wo bekomme ich den Antrag?
- ○ Hier bei mir. Haben Sie Ihren Ausweis dabei?
- ● Ja, hier bitte.
- ○ Ah, Sie haben seit fünf Jahren eine Aufenthaltserlaubnis. Arbeiten Sie?
- ● Ja, hier bei der Firma Schott.
- ○ Sie sprechen gut Deutsch. Haben Sie einen Kurs besucht?
- ● Ja, einen Integrationskurs.

2
- ● Ich brauche von Ihnen noch zwei aktuelle Passfotos.
- ○ Ja, die bringe ich mit.
- ● Ich brauche Ihren Arbeitsvertrag und die letzte Lohnbescheinigung.
- ○ O. k.
- ● Dann noch den …

Spielen Sie den Dialog weiter. Der Kasten unten hilft.

Haben Sie … dabei?	Ihren Arbeitsvertrag
Ich brauche von Ihnen noch …	die letzte Lohnabrechnung
Wir benötigen noch …	Ihren Mietvertrag
Bringen Sie bitte noch … mit.	Ihre Versichertenkarte
Geben Sie bitte noch … ab.	das B1-Zeugnis
	ein polizeiliches Führungszeugnis
	eine Schulbescheinigung

Bitte bringen Sie alle Nachweise im Original und in Kopie mit.

Schreiben Sie Kärtchen. Ziehen Sie ein Kärtchen und spielen Sie Dialoge auf der Ausländerbehörde.

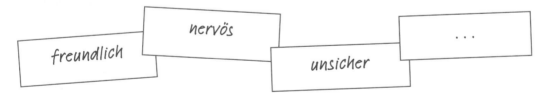

> **INFO** Für eine Niederlassungserlaubnis müssen Sie **ausreichenden Wohnraum** nachweisen. Für jedes Familienmitglied über sechs Jahren muss die Wohnung zwölf Quadratmeter haben, für jedes Familienmitglied unter sechs Jahren muss sie zehn Quadratmeter haben.

Rechnen Sie aus: Wie groß muss die Wohnung für diese Familien sein?

Familie 1: ein Erwachsener und zwei Kinder unter sechs Jahren _____ m²

Familie 2: zwei Erwachsene mit zwei Kindern über sechs Jahren _____ m²

Familie 3: fünf Erwachsene, drei Kinder unter sechs und ein Kind über sechs Jahren _____ m²

15

Papiere, Papiere ...

Antrag auf Erteilung einer Niederlassungserlaubnis

Meral Efe ist am 2. Oktober 26 Jahre alt geworden. Sie ist verheiratet. Ihr Ehemann Mustafa ist genau zwei Monate älter als sie. Er wohnt noch in der Türkei, kommt aber nach, wenn Meral die Niederlassungserlaubnis hat. Meral wohnt in einer 2-Zimmer-Wohnung mit 46 m². Sie arbeitet in der Altenpflege und verdient monatlich 1200 Euro. Sie hat bei der AWO den Integrationskurs besucht und auch den Orientierungskurs abgeschlossen.

Füllen Sie das Formular für Meral Efe aus.

Sollen Familienangehörige nachkommen? ☐ nein ☐ ja, die folgende(n) Person(en)			Wie wohnen Sie?	
Familienname (ggf. Geburtsname)	Vorname	Geburtsdatum	Anzahl der Zimmer	
Efe			Gesamtgröße in m²	

Ist Ihr Lebensunterhalt gesichert?	☐ nein ☐ ja
Höhe der Einkünfte in € Art der Erwerbstätigkeit	

Beziehen Sie oder eine unterhaltsberechtigte Person Sozialleistungen?	☐ nein ☐ ja
Familien- und Vorname der betreffenden Person Art der Sozialleistung	

Verfügen Sie über deutsche Sprachkenntnisse? Sind Sie in der Lage, deutsche Texte zu lesen, zu verstehen und mündlich zu wiederholen – auch diesen Antrag?	☐ nein ☐ ja, erworben durch
	Bezeichnung des Kurses und der Bildungseinrichtung
☐ Basissprachkurs	
☐ Aufbausprachkurs	

Haben Sie Grundkenntnisse der Rechts- und Gesellschaftsordnung und der Lebensverhältnisse in der Bundesrepublik Deutschland?	☐ nein ☐ ja, erworben durch die Teilnahme an einem Orientierungskurs
Bezeichnung des Kurses und der Bildungseinrichtung	

Behördensprache		Alltagssprache
Ist Ihr Lebensunterhalt gesichert?	=	Verdienen Sie genug Geld?
Beziehen Sie Sozialleistungen?	=	Bekommen Sie Geld vom Staat?
Verfügen Sie über deutsche Sprachkenntnisse?	=	Sprechen Sie Deutsch?
Sind Sie in der Lage, deutsche Texte zu lesen?	=	Können Sie deutsche Texte lesen?

Projekt: Mein Kontakt mit Deutschen

Haben Sie Kontakt mit Deutschen? Kreuzen Sie an und sprechen Sie im Kurs. Überlegen Sie: Wie kann man den Kontakt verbessern?

Ich fahre Taxi. Ich habe viel Kontakt mit Deutschen.

☐ viel   ☐ mittel   ☐ wenig   ☐ gar keinen

Sprechen, sprechen …

Gespräche mit der Lehrerin

Lesen Sie die Dialoge und spielen Sie sie.

1
Lehrerin: Schön, dass Sie gekommen sind!
Mutter: Kommt Anatol in der Klasse gut mit?
Lehrerin: Ich sehe keine Probleme.
Mutter: Ist er …?

Sammeln Sie weitere Fragen.

2
Eltern: Wir möchten, dass Ying aufs Gymnasium geht.
Lehrerin: Ich weiß nicht. Sie macht noch einige Fehler
           im Deutschen. Und im Gymnasium muss sie
           viel schreiben.
Eltern: Aber Ying ist sehr gut in Mathematik.
Lehrerin: Ying ist …

Die Lehrerin sagt: • Ying ist sehr still.   • Sie sagt nicht deutlich ihre Meinung.
                    • Sie stellt keine Fragen.   • Sie muss noch besser Deutsch lernen.

Was antworten Yings Eltern?

3
Lehrer: Frau Gilani, ich möchte mit Ihnen über Denis sprechen.
Mutter: Was ist denn mit ihm?
Lehrer: Ich bin nicht so ganz zufrieden mit ihm und habe ein paar Fragen an Sie. Erst einmal: Wann
          geht Denis ins Bett?
Mutter: …

Der Lehrer fragt: • Wann geht Denis morgens aus dem Haus? • Wo macht er seine Hausaufgaben?
                   • Was geben Sie ihm für die Pause mit?   • Wann packt er seine Schultasche?

Was antwortet die Mutter von Denis?

Was meinen Sie: Was soll Denis tun? Welche Tipps gibt der Lehrer der Mutter von Denis?

> **WICHTIG** Eltern haben **Rechte** und **Pflichten**.
> Die Schule muss die Eltern über alle wichtigen Dinge informieren. Dafür gibt es Elternabende und Eltern-
> sprechtage. Die Lehrer müssen die Eltern beraten. Die Eltern müssen sich um die Erziehung ihrer Kinder
> kümmern. Sie müssen ihre Kinder in die Schule schicken und die Schule unterstützen. Eltern und Schule
> sollen Partner sein.

In Deutschland helfen viele Eltern in der Schule ihrer Kinder.
Was möchten Sie gerne tun? Sammeln Sie Ideen und sprechen Sie im Kurs.

Ich möchte … / Ich kann …
… einen Kuchen für das Schulfest backen.
… einen neuen Spielplatz bauen.
… auf eine Klassenfahrt mitkommen.
… nach einem Fest aufräumen.
… ins Schwimmbad mitkommen.
…

16

Papiere, Papiere ...

Anmeldung in der Schule

Was bedeuten diese Wörter?

Staatsangehörigkeit • Religionszugehörigkeit • Verkehrssprache • Erziehungsberechtigte • Migrationshintergrund • Geburtsland

Erfinden Sie ein Kind. Beantworten Sie dazu folgende Fragen:

- Wie heißt das Kind?
- Welche Religion hat es?
- Soll das Kind am Religionsunterricht teilnehmen?
- Welche Staatsangehörigkeit hat es?
- Wo ist das Kind geboren?
- Welche Sprache(n) spricht das Kind in seiner Familie?
- Wie heißen die Eltern?
- Wo sind die Eltern geboren?
- Wer erzieht das Kind?

Das Kind ist ein Mädchen und heißt Larissa. Sie kommt in die dritte Klasse. ...

Füllen Sie das Formular für das Kind aus.

Hiermit melde ich meinen Sohn / meine Tochter zum _____ 20__ für die Klasse _____ an.		
Name des Kindes:	**Vorname(n):**	
Anschrift: Postleitzahl, Ort, Straße		**Telefon:**
E-Mail-Adresse:		**Mobiltelefon:**
Geburtsdatum:	**Geburtsort:**	**Staatsangehörigkeit:**
Religionszugehörigkeit: ev. □ rk. □	Wenn ohne Religionszugehörigkeit oder anderer Konfession als evangelisch oder römisch-katholisch, soll das Kind am Religionsunterricht teilnehmen? Wenn ja, an welchem? ev. □ rk. □	
Migrationshintergrund: Ja □ Nein □	Wenn ja, Geburtsland:	Zuzugsjahr:
Geburtsland der Mutter:	Geburtsland des Vaters:	Verkehrssprache in der Familie:
Daten Erziehungsberechtigte:	Art der Erziehungsberechtigung: Eltern gemeinsam □ Vater □ Mutter □ Sonstige □	
Name:	**Vorname(n):**	

Schule – international

Überlegen Sie: Was wissen Sie über die Schulen in Deutschland? Sammeln Sie und ergänzen Sie die Liste.

– In Deutschland tragen die Kinder keine Schuluniformen.
– Man darf Kinder nicht schlagen.
– Die Noten sind 1 bis 6. Eine 1 bedeutet „sehr gut".
– ...

Bei uns ist das anders. Die Lehrer ...

Sprechen, sprechen …

Gespräch mit Nachbarn

**Spielen Sie die Dialoge mit einem Partner / einer Partnerin.
Wie gehen die Dialoge weiter?**

1

● Hallo, Frau Soltani.
○ Guten Tag, Frau Eberhard. Wie geht's?
● Danke, gut. Ich habe eine Bitte: Am Montag kommt
der Heizungsableser. Ich bin leider nicht zu Hause.
Könnten Sie ihn hereinlassen?
○ Ja, sicher, ich habe ja Ihren Schlüssel.
● …

2

● Guten Morgen, Frau Sommer. Mein Name ist
Kulitsch. Ich wohne unter Ihnen.
○ Hallo. Was möchten Sie denn?
● Ich habe ein Problem. Ich habe einen
Wasserfleck an der Decke.
○ Einen Wasserfleck?
● An der Decke im Badezimmer. Ist bei Ihnen
ein Abfluss undicht?
○ …

3

● Guten Abend, Herr Kojak.
○ Hallo, Frau Möller. Was gibt's?
● Sie haben am Wochenende schon
wieder nicht die Treppe geputzt.
○ Ach, das habe ich glatt vergessen.
● Und Ihr Hund hat wieder …
○ Frau Möller, bitte regen Sie sich
doch nicht so auf. Ich …
● …

Überlegen Sie gemeinsam: Wie kann man die Probleme lösen?

1. Frau Soltani hat am Montag doch keine Zeit. Was kann Frau Eberhard tun?
2. Frau Sommer schlägt die Tür wieder zu. Was kann Herr Kulitsch tun?
3. Herr Kojak putzt wieder nicht die Treppe. Wie kann man den Konflikt lösen?

Das Problem ist: …	Die Lösung ist: Er/Sie kann/muss …
	… eine andere Nachbarin fragen.
	… den Nachbarn / die Nachbarin zum Kaffee einladen.
	… mit dem Hausmeister/Vermieter sprechen.
	…

INFO Haustiere
Hunde, Katzen, Hamster, Vögel … sind nicht in allen Wohnungen erlaubt. Lesen Sie Ihren Mietvertrag.

Wohnen in Deutschland: Was gefällt Ihnen? Was gefällt Ihnen nicht? Diskutieren Sie.

Ich finde die Gärten schön.
Ich mag die alten Häuser.
Mein Haus hat einen Keller. Das finde
ich gut.
…

Ich finde … schön.	Ich auch. / Ich nicht.
Ich mag …	
Das gefällt mir.	Mir auch. / Mir nicht.

17

Papiere, Papiere …

Mieterselbstauskunft

Hussein Masri ist 45 Jahre alt. Er möchte mit seiner Freundin zusammenziehen und interessiert sich für die Wohnung in der Gartenstraße. Herr Masri arbeitet als Informatiker bei Lufthansa. Er hat eine feste Stelle und verdient monatlich 2300 Euro netto. Er muss im Monat 900 Euro Unterhalt für seine geschiedene Frau zahlen. Der Vermieter möchte viel über Hussein Masri wissen.

Füllen Sie die Selbstauskunft für Hussein Masri aus. Überlegen Sie: Hat Herr Masri Kinder? Raucht er? Hat seine Freundin einen Hund? … Ergänzen Sie die Informationen.

Für die Wohnung *Gartenstraße 75, 12345 Düsseldorf, EG links* erteilt/erteilen der/die Mietinteressent(en) dem Vermieter folgende freiwillige und wahrheitsgemäße Selbstauskunft:

	Mietinteressent/in	Mitmieter/in
Name	....	....
Vorname(n)	....	....
Geburtsdatum	....	....
Familienstand	....	....
derzeit ausgeübter Beruf		
Beschäftigungsverhältnis	☐ angestellt ☐ selbstständig	☐ angestellt ☐ selbstständig
derzeitiger Arbeitgeber		
monatl. Nettoeinkommen	€	€
monatl. Zahlungsverpflichtungen (z. B. Unterhalt)	☐ nein ☐ ja, €	☐ nein ☐ ja, €

Anzahl der Personen, die die Wohnung nutzen: …. Erwachsene, …. Kinder, Alter: …./…./….

☐ Ich habe / Wir haben folgende Haustiere: ....

☐ Ich spiele / Wir spielen folgende Musikinstrumente: ....

☐ Ich bin / Wir sind Raucher.

☐ Ich will / Wir wollen keine weiteren Personen in die Wohnung aufnehmen oder eine Wohngemeinschaft gründen.

☐ Ich kann / Wir können eine Kaution von 3 Monatsmieten und die monatliche Miete bezahlen.

Projekt: Unsere Nachbarn

Malen Sie Ihre Nachbarin / Ihren Nachbarn und schreiben Sie Gedanken auf. Was finden Sie gut? Was stört Sie? Sprechen Sie über Probleme mit Nachbarn. Wie können Sie das Verhältnis verbessern?

Ich finde … gut. Ich finde gut, dass …	Ich finde … nicht so gut. Ich habe ein Problem mit … Das stört mich.
Vielleicht kann ich …	Ich möchte …

Meine Nachbarin heißt Rosa Buhl. Sie …

INFO Finden Sie es schwierig zu sagen, was Sie stört? Deutsche sind oft sehr direkt. Sie reagieren aber nicht immer freundlich, wenn andere direkt sind.

Sprechen, sprechen ...

Bußgeld: Pech gehabt

Lesen Sie die Dialoge. Spielen Sie sie mit unterschiedlichen Stimmen (streng, wütend, schüchtern, sachlich ...).

1
- Sie stehen im Parkverbot. Das macht 15 Euro.
- Aber ich habe doch nur fünf Minuten geparkt!
- Tut mir leid. Hier brauchen Sie einen Parkschein.
- Das kann doch nicht wahr sein!

2
- Bitte halten Sie an.
- Ja, worum geht es denn?
- Sie dürfen hier nicht fahren. Dies ist ein Fußgängerweg.
- Aber ich bin nur kurz ...
- Hier müssen Sie Ihr Fahrrad schieben. Das kostet leider 10 Euro.
- Oh nein!

3
- Die Fahrausweise, bitte. ... Ihre Monatskarte ist abgelaufen. Das macht dann 40 Euro.
- Aber ich habe eine Karte! Ich bin doch kein Schwarzfahrer!
- Ihre Karte ist seit gestern ungültig. Sie können morgen die neue Monatskarte vorzeigen und müssen dann nur 10 Euro Gebühr zahlen.

Bei Schwarzfahrern sehen wir rot.
Und Sie zahlen 40 EURO!

> **WICHTIG** Wenn Sie zu Unrecht einen Bußgeldbescheid oder eine Verwarnung bekommen haben, können Sie erst mal Einspruch einlegen. Weitere Beratung bekommen Sie bei einem Rechtsanwalt. Ein Anwalt ist aber nicht kostenlos und es kann sehr teuer werden.

Bußgeld für Autofahrer – Was stimmt? Kreuzen Sie an.

Verstoß	1	2
A Ein Kind fährt im Auto mit und ist nicht angeschnallt.	☐ 10 Euro	☐ 40 Euro
B In einem Ort 21 bis 25 Stundenkilometer zu schnell fahren	☐ 50 Euro	☐ 80 Euro
C Eine Sekunde nach dem Umspringen der Ampel über Rot fahren	☐ 30 Euro	☐ 90 Euro
D Unberechtigt auf einem Schwerbehinderten-Parkplatz parken	☐ 35 Euro	☐ 50 Euro
E Im Winter mit Sommerreifen fahren	☐ 30 Euro	☐ 100 Euro
F Alkoholgehalt im Blut (ab 0,5 Promille)	☐ 500 Euro	☐ bis 3000 Euro

Lösung: A2, B2, C2, D1, E1, F1

> **TIPP** Im Internet finden Sie den aktuellen Bußgeldkatalog unter www.bussgeldkatalog.kfz-auskunft.de

18

Papiere, Papiere ...

Tarifzonen und Preisstufen

Im Braunschweiger Verkehrsverbund gibt es
Tarifzonen (z. B. Tarifzone 17, Tarifzone 40 ...)

Es gibt vier **Preisstufen**:
Preisstufe 1: Sie fahren in einer Tarifzone.
Preisstufe 2: Sie fahren in zwei Tarifzonen.
Preisstufe 3: Sie fahren in drei Tarifzonen.
Preisstufe 4: Sie fahren im Gesamtnetz.

Welche Preisstufe gilt?

1. Sie fahren von Braunschweig nach Salzgitter.
2. Sie fahren in Braunschweig.
3. Sie fahren von Braunschweig nach Goslar.
4. Sie fahren von Braunschweig nach Wolfsburg.

**Wählen Sie zwei Orte im Tarifplan – einen Wohnort und einen
Arbeitsort. Bestellen Sie eine Monatskarte. Füllen Sie dazu das
Formular aus.**

Bestellschein für eine Monatskarte

Bitte kreuzen Sie die richtige Preisstufe an. Tragen Sie die Nummer und den Namen der Tarifzone/n ein.

Preisstufe		Tarifzone		Stadt/Ort	Preis
◯ ❶				....	55,00
◯ ❷	von			....	65,00
	nach			....	
◯ ❸	von			....	88,00
	über			....	
	nach			....	
◯ ❹	von			....	120,00
	nach			....	

Projekt

**Wie ist es in Ihrer Stadt? Holen Sie den Tarifplan und das Bestellformular für eine
Monatskarte. Bestellen Sie eine Fahrkarte.**

Mobilität – international

Erzählen Sie: Wie ist das in anderen Ländern?

Bei uns ist die Hupe sehr wichtig.

Kenia war vor langer Zeit englische Kolonie. Deshalb gibt es dort Linksverkehr.

In Bangkok gibt es Wassertaxis.

Sprechen, sprechen …

Klamotten und Computer: Probleme mit den Kindern

Lesen Sie die Texte. Was sind die Probleme?

1

Ich bin alleinerziehend und habe zwei Kinder im Alter von 17 und 18. Sie wollen dazugehören und immer die richtigen Sachen haben: schicke Klamotten, das neueste Handy … Aber das kann ich mir nicht leisten. Wie machen das andere Eltern?

2

Unsere Tochter macht uns in letzter Zeit Sorgen. Wir geben ihr genügend Geld für schöne, neue Sachen, aber sie trägt immer nur ihre alten Jeans und ihr hässliches Totenkopf-T-Shirt. Sie sitzt dauernd vor dem Computer, schläft zu wenig und macht keinen Sport. Der Computer ist ihr einziger Freund. Wo bekommen wir Hilfe?

Was meinen Sie: Was können die Eltern tun?

> *Die Eltern sollen mit den Kindern sprechen.*

> *Ich habe ja keine Kinder, aber ich würde …*

Gespräch in der Beratungsstelle

Lesen Sie den Dialog.

Berater/in	Ratsuchende/r
Guten Morgen. Bitte nehmen Sie doch Platz.	
	Guten Tag, mein Name ist …
Um was geht es?	
	Meine Tochter ist 13. Sie sitzt nur vor dem Computer und macht sonst gar nichts.
Können Sie mir noch etwas mehr darüber sagen?	
	Wir sind vor einem Jahr hierher gezogen. Sie hat in der neuen Schule keine Freunde gefunden.
Haben Sie schon eine Idee, welche Unterstützung wir geben können?	
	Ja, können Sie vielleicht einmal mit meiner Tochter reden? Ich glaube, sie braucht Hilfe.
Wir machen am besten einen Termin aus. Wann passt es Ihnen gut?	
	Nachmittags kann auch meine Tochter mitkommen. Geht es am nächsten Mittwoch?
…	

Überlegen Sie sich eine andere Beratungssituation. Decken Sie dann die rechte Seite ab. Was sagt der/die Ratsuchende? Üben Sie Dialoge.

INFO   Familienberatungsstellen

Beratungsstellen arbeiten oft mit der ganzen Familie. Sie helfen bei der Lösung von Problemen. Beratungsstellen haben **Schweigepflicht**. Das heißt, sie dürfen nicht mit anderen über Ihre Probleme sprechen. Die Beratung ist **kostenlos**. Manchmal sollte man zu mehreren Beratungsstellen gehen.
Sie können auch die **Telefonseelsorge** anrufen. Unter 0800/1110111 oder 0800/1110222 bekommen Sie Tag und Nacht Hilfe. Das Gespräch ist kostenlos, anonym und vertraulich.

19

Planen und organisieren

Wir helfen uns selbst

Sie haben ein Problem und wollen mit anderen zusammen etwas dagegen tun. Gründen Sie eine Selbsthilfegruppe und stellen Sie sie im Kurs vor.

1. Überlegen Sie: Was ist Ihr gemeinsames Problem oder Ziel? – Lernprobleme • Leben als Migrant/Migrantin • gesundheitliche Probleme …
2. Wo, wann und wie oft soll sich die Gruppe treffen?
3. Welche Aktivitäten planen Sie? – Erfahrungsaustausch • Informationsstände …
4. Wofür brauchen Sie Geld? – Raummiete • Telefon • Fahrtkosten …

GEMEINSAM SIND WIR STARK!

Selbsthilfegruppe für _____

Möchten Sie in unserer Selbsthilfegruppe mitmachen?

1. Wir wollen: _____

2. Wir treffen uns: _____

3. Diese Aktivitäten planen wir: _____

4. Wir freuen uns über eine Spende von _____ Euro pro Treffen.

INFO Selbsthilfegruppen
In Selbsthilfegruppen sind Menschen mit dem gleichen Problem oder Ziel. Sie wollen sich gegenseitig unterstützen und gemeinsam etwas tun. Wollen Sie eine Selbsthilfegruppe finden oder selbst gründen? Adressen und Hilfe gibt es unter www.nakos.de

Beratung – international

Wer hilft in anderen Ländern bei Problemen in der Familie? Sprechen Sie im Kurs.

Lehrer/in   Großeltern   Sozialarbeiter/in   Beratungsstelle   Schulpsychologe/-in
Pfarrer/in   Selbsthilfeeinrichtung   Imam   …

Projekt:

Welche Beratungsstellen gibt es in Ihrer Stadt?

Sprechen, sprechen …

Was kann man in der Freizeit machen?

Lesen Sie die Aussagen. Welche Freizeitbeschäftigung empfehlen Sie den Personen?

1

Ich wohne erst seit ein paar Monaten hier. Ich möchte Leute kennenlernen. Früher habe ich viel gesungen, ich war sogar in einem Chor. Ach, ich mag eigentlich alles, was mit Musik zu tun hat.

2

Ich habe einen stressigen Job und nicht viel Freizeit. Aber ich muss mich dringend bewegen. Eigentlich ist mir egal, was ich mache. Hauptsache, ich komme mal raus aus dem Büro.

Die erste Person liebt Musik.
Sie kann in einen Gospelchor gehen oder …

3

Ich möchte mich gern in meiner Freizeit für andere engagieren. Das gibt mir ein gutes Gefühl. Es gibt so viele Bereiche, für die man etwas tun sollte.

Haben Sie noch andere Ideen?

Schwimmverein

Tanzkurs

Musikschule

Tierschutzverein

Kindertreff

Karateclub

deutsch-ausländischer Freundschaftsverein

…

Informationen über ein Freizeitangebot einholen

Schreiben Sie einen Dialog. Üben sie den Dialog und spielen Sie ihn im Kurs vor.

Partner 1	Partner 2
Guten Tag, ich möchte mich informieren …	…
Haben Sie …?	…
Wann …?	
	… Haben Sie noch Fragen?
Nein, vielen Dank. Jetzt weiß ich Bescheid.	

Kann man bei Ihnen mitmachen?	Sie können jederzeit mitmachen. / Der Kurs beginnt am …
Muss ich mich anmelden?	Bitte füllen Sie das Anmeldeformular aus.
Muss ich in den Verein eintreten?	Das Angebot ist nur für Vereinsmitglieder.
Ist noch ein Platz frei?	Sie können gleich anfangen. Leider nicht. Wir nehmen Sie auf die Warteliste auf.
Kostet es etwas? / Was kostet es?	Nein, die Teilnahme ist kostenlos. / Die monatliche Gebühr ist …
Wann sind die Treffen?	Die Gruppe trifft sich …
Muss ich Vorkenntnisse haben?	Nein, müssen Sie nicht. Sie sollten Kenntnisse in … mitbringen.
Muss ich etwas mitbringen?	Bitte bringen Sie … mit.

20

Planen und organisieren

Mach doch mit!

Sie wollen am Sommerfest des Beirats für Migration und Integration teilnehmen. Planen Sie gemeinsam einen Stand und füllen Sie das Formular aus. Stellen Sie Ihren Stand im Kurs vor.

Internationales SOMMERFEST

Bewerbung um einen Standplatz

Wir möchten gerne teilnehmen mit einem:

☐ Infostand (ohne Verkauf)

Wir informieren über: _____

_____

☐ Verkaufsstand/Kunsthandwerk u. Ä.

Unser Angebot: _____

_____

☐ Stand mit Speisen und Getränken

Wir bieten Speisen und Getränke aus diesen Ländern:_____

_____

Wir schenken Alkohol aus: ☐ Ja   ☐ Nein

Wir benötigen:

☐ Haushaltsstrom   ☐ Starkstrom   ☐ Wasseranschluss

☐ Sonstiges: _____

Freizeit – international

Sport, Kultur, Kunsthandwerk …

Welche Freizeitbeschäftigungen sind in Ihrem Land beliebt?

Die Menschen in Thailand lieben Sepak Takraw. Das ist ein Ballspiel.

In Brasilien …

Sprechen, sprechen ...

Ein Vorstellungsgespräch – Schritt für Schritt

So kann ein Vorstellungsgespräch ablaufen. Lesen Sie.

	Arbeitgeberin	Bewerber
1. Begrüßung und Vorstellung: Das Gespräch beginnt.	Guten Tag, Herr Okten. Nehmen Sie bitte Platz. Haben Sie uns gut gefunden?	Guten Tag, Frau Schöller. Ja, danke, das war kein Problem.
2. Der Arbeitgeber stellt Fragen zum Lebenslauf. Erzählen Sie ausführlich von Ihren Tätigkeiten.	Bitte schildern Sie uns die wichtigsten Stationen Ihrer Ausbildung und Berufstätigkeit.	Ich habe 1998 die Schule abgeschlossen. Dann habe ich ...
3. Jetzt sprechen Sie über die Arbeit. Sie haben sich schon vorher gut informiert.	Warum haben Sie sich in unserer Firma beworben?	Ich habe mich im Internet über Ihre Firma informiert. Mir gefällt besonders ...
4. Der Arbeitgeber stellt Fragen zu Ihren Stärken und Schwächen.	Wo sehen Sie Ihre Stärken? Wo sehen Sie Ihre Schwächen?	Ich denke, ich kann gut ... Und ich möchte mich in ... weiterbilden.
5. Ist das die richtige Stelle für Sie? Stellen Sie Fragen.	Haben Sie noch Fragen an uns?	Ich möchte gerne noch wissen, wann ...
6. Gesprächsabschluss: Sie erfahren, wie es weitergeht.	Herr Okten, zunächst einmal vielen Dank für das Gespräch. Sie werden spätestens bis Ende ... eine Entscheidung von uns hören.	Ich bedanke mich ebenfalls. Ich freue mich, von Ihnen zu hören.

WICHTIG   Gute Vorbereitung

Bereiten Sie ein Vorstellungsgespräch immer genau vor. Überlegen Sie sich Antworten auf mögliche Fragen und eigene Fragen an den Arbeitgeber. Informieren Sie sich gut über die Firma.
Üben Sie Vorstellungsgespräche mit einem Partner / einer Partnerin. Sie sind sicherer, wenn Sie viel üben.
Im Internet finden Sie viele Hilfen unter dem Suchwort „Vorstellungsgespräch".

Überlegen Sie sich eine interessante Arbeitsstelle und üben Sie zu zweit.

Jobsuche im Internet

Suchen Sie eine Stellenanzeige im Internet und stellen Sie Ihr Suchergebnis im Kurs vor.

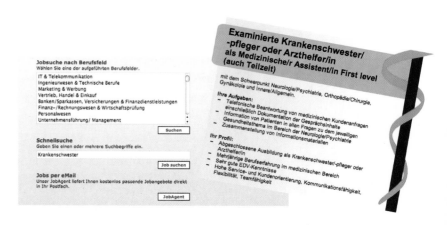

Üben Sie mit diesen Anzeigen Vorstellungsgespräche.

21

Papiere, Papiere ...

Erfahrungen und Stärken darstellen

Lesen Sie 1–10. Welche Sätze passen zur Bewerbung von A und welche zu der von B?

A
„Ich bewerbe mich um eine Stelle als Lagerist in einem Versandhaus."

_1, ..._

B
„Ich bewerbe mich als Krankenschwester in einem Krankenhaus."

_1, ..._

1. Zu meinen persönlichen Stärken zählen Zuverlässigkeit und Ausdauer.
2. Durch meine freundliche und natürliche Art passe ich in jedes Team.
3. Ich kann gut mit Stress umgehen.
4. Ich arbeite sorgfältig und zuverlässig.
5. Im Juni 2007 habe ich meine Ausbildung im Waldkrankenhaus Erlangen erfolgreich abgeschlossen.
6. Ich habe eine Lehre als Handelsfachpacker bei der Firma Törtchen GmbH gemacht.
7. Sie suchen jemanden mit Berufserfahrung und Belastbarkeit. Diese Fähigkeiten bringe ich mit.
8. Ich habe Sinn für Ordnung und Genauigkeit.
9. Ich habe sehr viel Geduld mit meinen Patienten.
10. Im Umgang mit Menschen bin ich höflich und zuvorkommend.

Sammeln Sie die Fähigkeiten und Stärken der Personen.

Zuverlässigkeit.   _Sie ist höflich._   _Sie hat viel Geduld._

Schreiben Sie in das Online-Formular ein paar Sätze über Ihre Erfahrungen und Stärken.

> 🗔 ✉ Mail 🏠 Home 🔍 Search 📁 Bookmarks 🔖 Yellow Pages 🔖 WebMail 🔖 Find Sites 🔖 People 🔖 Download 🔖 Contact 📁 Channels 🔖 RealPlayer H...
>
> Sehr geehrte Bewerberin, sehr geehrter Bewerber,
> Ihr Anschreiben ist uns sehr wichtig. Bitte schreiben Sie sachlich und kurz. Beschreiben Sie Ihre Fähigkeiten und Stärken in Bezug auf das Anforderungsprofil der Stellenbeschreibung.
>
> Ich habe _____
> _____
>
> Ich arbeite _____
> _____
>
> Ich bin_____
> _____
>
> Ich kann _____
> _____
>
> Sie haben die Möglichkeit, zusätzliche Unterlagen als Anhang mitzusenden, z. B. Lebenslauf und Zeugnisse.

TIPP Im Internet kann man kostenlos Muster für Anschreiben und Bewerbungen für viele Berufe finden, z. B. unter www.bewerbungsratgeber24.de

Sprechen, sprechen …

Eine Störung melden

> Mein Telefon funktioniert nicht.
> Was mache ich jetzt? …
> Eine Störungsmeldung über das Internet …
> Das funktioniert auch nicht.
> Ich nehme das Handy …
> Das kann teuer werden.

Automatische Störungsannahme

∅ Guten Tag und herzlich willkommen beim Kundenservice. Nennen Sie bitte kurz den Grund Ihres Anrufs.

∅ Bitte nennen Sie ein Thema, wie z. B. Beratung, Rechnung, Umzug, Störung oder sagen Sie „anderes Anliegen".

∅ Wir benötigen die Nummer des Anschlusses, um den es geht. Ist es die Nummer des Anschlusses, von dem Sie anrufen?

∅ Dann nennen Sie bitte jetzt die Rufnummer, um die es geht, mit Vorwahl.

∅ Folgende Rufnummer wurde verstanden: 0 61 31-2 35 71. Ist das richtig?

∅ Was genau ist denn gestört? Festnetztelefonie, Mobilfunk-Verbindung oder DSL-Anschluss?

∅ Können Sie gar nicht telefonieren, nur zeitweise telefonieren oder gibt es Störgeräusche?

∅ Ich habe Sie leider nicht verstanden. Einen Augenblick, bitte. Ich verbinde Sie mit dem nächsten freien Berater.

▲ Guten Tag, mein Name ist André Siegel. Was kann ich für Sie tun?

Anrufer/in

○ Äh, hm, ich rufe an, weil …

○ Störung.

○ Nein.

○ 06131-2 35 71.

○ Ja. Das ist richtig.

○ Das Telefon.

○ Wie sage ich das? … Ich glaube, das Telefon ist kaputt.

○ …

Üben Sie zu zweit. A liest vor, was die Störungsannahme sagt, und B meldet eine Störung (Telefon, Handy oder Internet).

WICHTIG Das Gespräch mit der Störungsstelle vorbereiten
Notieren Sie vor dem Gespräch Ihre Kundennummer, Ihr Passwort und Ihre Telefonnummer. Schreiben Sie den Namen des Beraters, das Datum, die Uhrzeit und die Telefonnummer auf. Notieren Sie dann die Ergebnisse des Gesprächs.
Kosten – Alle 0800-Nummern sind kostenlos. Bei den 0180-Nummern sind die Kosten zwischen Kunde und Unternehmen geteilt. Achten Sie auf solche Hinweise: „14 Cent/Min. aus dem deutschen Festnetz". Das bedeutet, dass das Gespräch viel teurer ist, wenn Sie mit dem Handy telefonieren.

22

Papiere, Papiere ...

GEZ – die Gebühreneinzugszentrale

> *Ich zahle meine Rundfunkgebühren,*
> *weil ich den ganzen Tag Radio höre, weil meine*
> *Kinder im Fernsehen ein gutes Programm sehen sollen ...*
> *und weil ich nicht so viel Werbung mag.*

Wählen Sie ein Beispiel von A–C und füllen Sie das GEZ-Formular aus.

(A) Maja M. arbeitet von Montag bis Freitag in Hamburg. Sie hat in ihrer kleinen Zweitwohnung (Eppendorfer Str. 32, 20249 Hamburg) seit Januar 2008 ein Fernsehgerät.

(B) Sergio D. hat in seinem Laden in der Lynarstr. 85 in 13585 Berlin kein Fernsehgerät und auch kein Radio. Aber er hat seit November 2009 ein Autoradio in seinem Lieferwagen.

(C) Familie S. hat in ihrem Haus (65929 Frankfurt a. M., Luciusstr. 102) seit Juli 2007 zwei Fernsehgeräte und drei Radios. Die Kinder haben im Mai 2010 einen neuen PC bekommen und sehen im Internet fern.

Wo werden die Geräte bereitgehalten?

Wenn herkömmliche Rundfunkgeräte vorhanden sind, ist die Angabe von neuartigen Rundfunkgeräten freiwillig.

Im Privathaushalt (Anschrift s. o.):

☐ Radio   Monat Jahr   seit ☐☐☐

☐ Fernsehgerät   seit ☐☐☐

☐ Neuartiges Rundfunkgerät   seit ☐☐☐

In der Zweit- oder Ferienwohnung:

☐ Radio   Monat Jahr   seit ☐☐☐

☐ Fernsehgerät   seit ☐☐☐

☐ Neuartiges Rundfunkgerät   seit ☐☐☐

Am Arbeitsplatz:

☐ Radio   Monat Jahr   seit ☐☐☐

☐ Fernsehgerät   seit ☐☐☐

☐ Neuartiges Rundfunkgerät   seit ☐☐☐

Anschrift der Zweit- oder Ferienwohnung / des Arbeitsplatzes (Straße, PLZ, Ort)

INFO In Deutschland muss man Gebühren für Radio und Fernsehen zahlen. Das ist Gesetz. Die Gebühren finanzieren ARD, ZDF, die dritten Programme (WDR, NDR, BR usw.) und die öffentlichen Radiosender. Die Formulare gibt es bei der Post und bei Banken. Menschen mit niedrigem Einkommen können sich befreien lassen. Informieren Sie sich unter www.gez.de

Medien – international

Wie wichtig sind E-Mail und Internet in Ihrem Land?

für Kinder
für junge Leute
für Berufstätige
für ältere Menschen

> *Fast alle meine Freunde zu Hause*
> *telefonieren mit dem Internet ins Ausland.*
> *Das ist viel günstiger.*

Sprechen, sprechen ...

Politisch aktiv sein

Ergänzen Sie den Fragebogen mit eigenen Aussagen. Machen Sie eine Umfrage im Kurs.

	Ja. Ich stimme voll und ganz zu.	Ja und nein. Ich bin unentschieden.	Nein. Das finde ich überhaupt nicht.
Demonstrationsfreiheit ist ein Grundrecht in Deutschland. Das ist eine gute Sache.			
Nur Deutsche dürfen in Deutschland wählen. Migranten können in Vereinen politisch tätig sein. Das reicht doch.			
Von Deutschland aus kann man die Menschen im Heimatland politisch unterstützen.			
Ich war politisch aktiv, aber jetzt will ich nur noch meine Ruhe haben.			
Ich finde, der Beirat für Migration und Integration ist eine sinnvolle Sache.			
...			

> **INFO** Das Demonstrationsrecht ist ein **Grundrecht**. Demonstrationen müssen angemeldet werden. Eine Demonstration kann nur verboten werden, wenn sie die öffentliche Sicherheit gefährdet oder sich gegen die freiheitlich demokratische Grundordnung richtet.

Was bedeuten die beiden Redensarten? Kreuzen Sie an.

1. Er steckt den Kopf in den Sand.
☐ Er will ein Problem nicht sehen.
☐ Er spielt im Sandkasten.

2. Sie knirscht mit den Zähnen.
☐ Sie muss zum Zahnarzt.
☐ Sie ärgert sich.

Was bedeutet für Sie der Aufdruck auf dem schwarzen Sweatshirt? Diskutieren Sie im Kurs.

Projekt:

Entwerfen Sie einen Aufdruck für Ihr eigenes T-Shirt.

23

Papiere, Papiere ...

Den Beirat für Migration und Integration wählen

Diese Personen stehen zur Wahl für den Beirat.
Erfinden Sie gemeinsam noch vier Personen
und tragen Sie sie in die Liste ein.

Wählen Sie dann den Beirat im Kurs. Begründen Sie die Wahl.

Darja Ahmatova,
geb. 25.08.1955,
russisch,
Klavierlehrerin

Russische Liste

Veysi Cakici,
geb. 03.11.1948,
türkisch,
Informatiker

Türkische Liste

Luigi Nonno,
geb. 24.10.1967,
italienisch,
Lackierer

Freunde Italiens

Jola Jaworek,
geb. 03.03.1985,
polnisch,
Studentin

Einzelbewerberin

Stimmzettel
für die Mehrheitswahl zum
Beirat für Migration und Integration (Ausländerbeirat)

Sie dürfen höchstens 6 Personen wählen!
Pro Person dürfen Sie maximal eine Stimme vergeben!
Sie vergeben Ihre Stimmen durch Ankreuzen ⊗ der Bewerberinnen/Bewerber.

1	Frau	Ahmatova, Darja	Russische Liste	○
2	Herr	Cakici, Veysi	Türkische Liste	○
3	Herr	Nonno, Luigi	Freunde Italiens	○
4	Frau	Jaworek, Jola	Einzelbewerberin	○
5				○
6				○
7				○
8				○

INFO   Wahl des Beirats für Migration und Integration
Der **Beirat für Migration und Integration** (Ausländerbeirat) ist die offizielle Vertretung der ausländischen
Bevölkerung in ihrer Stadt. Die Beiräte engagieren sich gegen Diskriminierung und für Integration in Kin-
dergarten, Schule und Arbeitsplatz. Sie organisieren auch kulturelle und politische Veranstaltungen usw.
Alle Einwohner/innen mit ausländischer Staatsbürgerschaft bekommen eine Einladung zur Wahl. Eingebür-
gerte Deutsche, Personen mit doppelter Staatsbürgerschaft und Spätaussiedler/innen können sich ins
Wählerverzeichnis für die Wahl eintragen lassen.

Projekt:

Holen Sie sich Informationen vom Ausländerbeirat in Ihrer Stadt/Gemeinde. Aus welchen
Ländern kommen die Mitglieder? Wann ist die nächste Wahl?

Sprechen, sprechen ...

Gefühle äußern

Was denken, fühlen oder sagen diese Menschen?

> Die Person in Bild A ist unglücklich, weil ...

Zu welchem Bild passt welches Gespräch?

1
● Ich bin oft unsicher. Ich frage mich: Wird mein Kind dazugehören?
○ Ja, das verstehe ich gut. Ich hoffe, dass meine Kinder sich hier zu Hause fühlen.
▲ ...

2
● Ich fühle mich hier wohl. Ich lebe in zwei Welten, das gefällt mir.
○ Ja, mir auch. Und ich fühle mich hier sicher.
▲ ...

3
● Ich mache mir Sorgen um die Zukunft. Werde ich eine gute Arbeit finden?
○ Dafür kannst du doch etwas tun. Ist denn dein Berufsabschluss hier anerkannt?
▲ ...

4
● Der Deutschkurs macht mir Spaß. Aber ich möchte auch mit Deutschen sprechen.
○ Wir können ja mal zusammen überlegen: Wo kannst du Deutsche kennenlernen?
▲ ...

5
● Ich habe Heimweh. Ich vermisse meine Familie und meine Freunde.
○ Ich telefoniere regelmäßig mit meiner Familie. Kannst du denn günstig telefonieren?
▲ ...

Leben in Deutschland – Ergänzen Sie die ▲ in den Gesprächen 1–5.

Ich bin unsicher.	Das verstehe ich gut.
Ich fühle mich (nicht) ... wohl/sicher / zu Hause.	Das geht mir auch so.
Ich mache mir Sorgen um ...	Dafür/Dagegen kannst du doch etwas tun.
Ich frage mich: ...	Wir können ja mal zusammen überlegen.
Ich vermisse ...	Kannst du denn ...?
Ich finde gut, dass ... / Es gefällt mir, dass ...	Ja, ich auch. / Ja, mir auch.

Papiere, Papiere …

E-Mail-Beratung

Man kann sich auch per E-Mail beraten lassen. Das hat Vorteile:
– Man kann zu jeder Tages- und Nachtzeit schreiben.
– Man kann sich viel Zeit nehmen.
– Man kann das Geschriebene noch einmal lesen, bevor man es abschickt.
Meistens bekommt man innerhalb von 48 Stunden eine Antwort.

Wählen Sie eine Beratungsstelle. Bestimmen Sie ein Problem und schreiben Sie eine Anfrage.

Verband binationaler Familien und Partnerschaften	Jugend-beratungsstelle	Frauen helfen Frauen *Beratungsstelle*	Beratungsstelle für ältere Migrantinnen und Migranten
Beratung für deutsch-ausländische Paare, z. B. bei der Eheschließung www.verband-binationaler.de	Hilfe zur beruflichen Orientierung, besonders im Übergang von Schule zu Beruf www.bke-beratung.de	Unterstützung für Frauen und Mädchen in Konfliktsituationen www.frauenhelfen frauen-gl.de	Informationen und Beratung zum Thema „In der Fremde alt werden" www.drkfrankfurt.de/cms/index.php?id=185

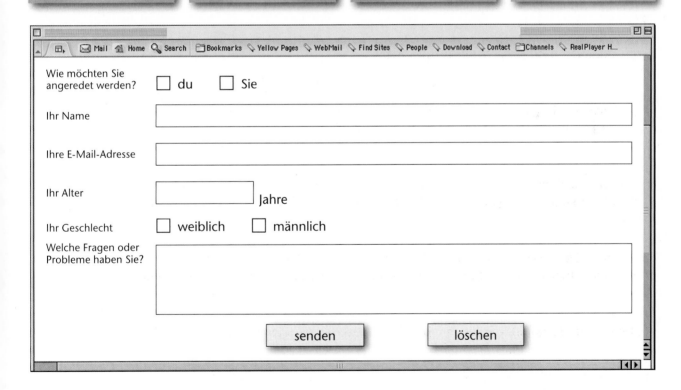

Migration – global

Erzählen Sie: Welche Migrantengruppen gibt es in Ihrem Heimatland?

In die Türkei kommen Migranten aus Afghanistan, dem Irak, dem Iran und …

In den Niederlanden leben viele Menschen aus Indonesien. Sie …

Buchstaben	Aussprache	Beispiele
Sie lesen/schreiben	Sie hören/sprechen	

Vokale

Buchstaben	Aussprache	Beispiele
Vokal + Vokal	l a n g	Staat, Tee, liegen
Vokal + h	l a n g	zehn, wohnen, Sahne, fühlen
Vokal + 1 Konsonant	l a n g	Tag, Name, lesen, Brot
Vokal + mehrere Konsonanten	kurz	Heft, Ordner, kosten, billig

Konsonanten

Buchstaben	Aussprache	Beispiele
-b /-d /-g /-s /-v	„p" / „t" / „k" / „s" / „f" am Wort-/Silbenende	Verb, und, Tag, Haus, Dativ ab|fahren, aus|steigen,
ch	„(a)ch" nach a, o, u, au „(i)ch" nach e, i, ä, ö, ü, ei, eu nach l, r, n	lachen, doch, Buch, auch sechzehn, dich, möchten, leicht, euch welche, durch, manchmal
-ig	„ich" am Wortende	fertig
-chs	ks	sechs
h	„h" am Wort-/Silbenanfang ⚠ kein „h" nach Vokal	haben, wo|her wohnen, Uhr, Sahne
r	„r" am Wort-/Silbenanfang	Rücken, hö|ren
-er er-, vor-, ver- Vokal + r	„a" -er am Wortende bei Präfix er-, vor-, ver- nach langem Vokal	Finger, Lehrer erklären, vorbereiten, verstehen vier, Uhr, wir
s	„s" Wort-/Silbenende „s" ♪ Wort-/Silbenanfang	Haus, Aus|bildung sehr, zu|sammen
ss ß	„s" Doppel-s nach langem Vokal	Wasser Straße
sch	„sch"	schön
st, sp	„scht", „schp" Wort-/Silbenanfang	Stadt, auf|stehen, sprechen, Aus|sprache
qu	„kw"	bequem
-t(ion)	„ts"	Information
z	„ts"	bezahlen, zu

Ausspracheregeln – Akzentuierung

Im Wort:

	Wortakzent	Beispiele
1. einfache „deutsche" Wörter	Stammsilbe	h<u>ö</u>ren, <u>N</u>ame
2. nicht trennbare Verben	Stammsilbe	ent<u>schul</u>digen, ver<u>kau</u>fen
3. trennbare Verben (+ Nomen)	Vorsilbe	<u>auf</u>geben, <u>nach</u>sprechen, <u>Auf</u>gabe
4. Nachsilbe -*ei*	letzte Silbe	Bäcker<u>ei</u>, Poliz<u>ei</u>, Türk<u>ei</u>
5. Buchstabenwörter		BR<u>D</u>
6. Endung -*ion*		Inform<u>a</u>tion, N<u>a</u>tion
7. Endung -*ieren*	vorletzte Silbe	funktion<u>ie</u>ren
8. die meisten Fremdwörter	(vor)letzte Silbe	Id<u>ee</u>, Stu<u>dent</u>, Dia<u>log</u>, Cousine
9. Komposita	Bestimmungswort	<u>Stadt</u>|zentrum, <u>Wein</u>|glas

In der Wortgruppe:

ein‿<u>Schü</u>ler   einen‿Com<u>pu</u>ter haben   mit‿<u>Internet</u>anschluss   in‿seinem‿<u>Zim</u>mer

> ⚠ Wortgruppen spricht man ohne Pausen.

Im Satz:

Man betont das Wort,

– das die wichtigste Information enthält.
– das einen Gegensatz ausdrückt.
– auf das man besonders hinweisen möchte.

Tom geht <u>heu</u>te ins Kino. (nicht morgen)
Das ist nicht meine M<u>u</u>tter, das ist meine <u>Schwes</u>ter.
<u>Die</u> Frau ist aber interessant!

Akzente und Pausen

Sie sprechen langsam und sehr genau: **mehr** Akzente und Pausen

Jeder‿Schüler | hätte‿gern‿einen‿Com‿pu‿ter | mit‿Internetanschluss.

Sie sprechen schnell: **weniger** Akzente und Pausen

Jeder‿Schüler hätte‿gern‿einen‿Computer mit‿Internetanschluss.

Unregelmäßige Verben

abbiegen, biegt ab, bog ab, ist abgebogen 18/1

anbieten, bietet an, bot an, angeboten 15

annehmen, nimmt an, nahm an, angenommen 14/3

ansprechen, spricht an, sprach an, angesprochen 24/10

anziehen, zieht an, zog an, angezogen 13/10

aufgeben, gibt auf, gab auf, aufgegeben 21/2

aufhaben, hat auf, hatte auf, aufgehabt 18/2

aufhalten, hält auf, hielt auf, aufgehalten 24/10

aufnehmen, nimmt auf, nahm auf, aufgenommen 16/9

aufwachsen, wächst auf, wuchs auf, ist aufgewachsen 15

austragen, trägt aus, trug aus, hat ausgetragen 21/1

begreifen, begreift, begriff, begriffen 24/7

behalten, behält, behielt, behalten 15

besitzen, besitzt, besaß, besessen 24/10

besprechen, bespricht, besprach, besprochen 15

bestehen, besteht, bestand, bestanden 14/9

betreiben, betreibt, betrieb, betrieben 18/9

betreten, betritt, betrat, betreten 18/9

bewerben, bewirbt sich, bewarb sich, hat sich
   beworben 21/5

bitten, bittet, bat, gebeten 23/5

bringen, bringt, brachte, gebracht 14

durchfahren, fährt durch, fuhr durch, ist
   durchgefahren 18/9

einfallen, fällt ein, fiel ein, ist eingefallen 13/1

eintreten, tritt ein, trat ein, ist eingetreten 23/2

eintrocknen, trocknet ein, trocknete ein,
   ist eingetrocknet 17/9

empfangen, empfängt, empfing, empfangen 22/1

entscheiden, entscheidet, entschied, entschieden 23/9

erhalten, erhält, erhielt, erhalten 19/8

erraten, errät, erriet, erraten 18

fliehen, flieht, floh, ist geflohen 24/8

frei haben, hat frei, hatte frei, freigehabt 15/4

genießen, genießt, genoss, genossen 24/9

gewinnen, gewinnt, gewann, gewonnen 17/7

hängen, hängt, hing, gehangen 17/4

herkommen, kommt her, kam her, ist hergekommen 15/1

herunterladen, lädt herunter, lud herunter,
   heruntergeladen 22/1

hierlassen, lässt hier, ließ hier, hiergelassen 13/10

hineinfallen, fällt hinein, fiel hinein, ist hineingefallen 17/9

lassen, lässt, ließ, gelassen 18/8

nachdenken, denkt nach, dachte nach, nachgedacht 21/9

offenstehen, steht offen, stand offen,
   offengestanden 20/10

rausgehen, geht raus, ging raus, ist rausgegangen 24/10

reduzieren, reduziert, reduzierte, ist/hat reduziert 13/9

riechen, riecht, roch, gerochen 15

runtertragen, trägt runter, trug runter,
   runtergetragen 24/12

scheitern, scheitert, scheiterte, ist gescheitert 16/9

sinken, sinkt, sank, ist gesunken 14/9

spinnen, spinnt, spann, gesponnen 15/4

springen, springt, sprang, ist gesprungen 17/4

stehen, steht, stand, ist gestanden 13

streichen, streicht, strich, gestrichen 17/9

streiten, streitet sich, stritt sich, hat sich gestritten 20/7

übergeben, übergibt, übergab, übergeben 23/8

übernehmen, übernimmt, übernahm, übernommen 16/4

umgehen, geht um, ging um, ist umgegangen 22/8

unterhalten, unterhält sich, unterhielt sich, hat sich
   unterhalten 20

verbieten, verbietet, verbat, verboten 22/8

vergeben, vergibt, vergab, vergeben 23/8

vergessen, vergisst, vergaß, vergessen 15/8

verhalten (sich), verhält, verhielt, verhalten 18/9

verlassen, verlässt, verließ, verlassen 15

verleihen, verleiht, verlieh, verliehen 23/8

vertreten, vertritt, vertrat, vertreten 22/8

verweisen, verweist, verwies, verwiesen 16/7

vorbei sein, ist vorbei, war vorbei, ist vorbei gewesen 15/5

vorbeifahren, fährt vorbei, fuhr vorbei,
   ist vorbeigefahren 18/9

vorbeilassen, lässt vorbei, ließ vorbei, vorbeigelassen 18/9

vorschlagen, schlägt vor, schlug vor, vorgeschlagen 15/4

wegbleiben, bleibt weg, blieb weg, ist weggeblieben 14/8

wegfahren, fährt weg, fuhr weg, ist weggefahren 15/7

weggehen, geht weg, ging weg, ist weggegangen 14/7

wegmüssen, muss weg, musste weg, weggemusst/
   wegmüssen 14/3

wegwerfen, wirft weg, warf weg, weggeworfen 24/10

werfen, wirft, warf, geworfen 14

widersprechen, widerspricht, widersprach,
   widersprochen 24/11

wiederfinden, findet wieder, fand wieder,
   wiedergefunden 24/7

zurückbekommen, bekommt zurück, bekam zurück,
   zurückbekommen 15/7

zurückrufen, ruft zurück, rief zurück, zurückgerufen 22/1

zurückziehen, zieht sich zurück, zog sich zurück, hat sich
   zurückgezogen 20/10

zusammenbringen, bringt zusammen, brachte zusammen,
   zusammengebracht 20/11

zusammenhalten, hält zusammen, hielt zusammen,
   zusammengehalten 23/8

Verben mit Präpositionen

Mit Akkusativ

ạchten	auf	Ich achte sehr auf gute Kleidung.
ạ̈rgern	über	Er ärgert sich über seinen Kollegen.
bestẹhen	auf	Bei Eltern besteht ein Anspruch auf Kindergeld.
bewẹrben	um	Anna bewirbt sich um eine neue Stelle.
ẹinsetzen	für	Werner setzt sich für den Tierschutz ein.
ẹinstellen	auf	Ich stelle mich auf gutes Wetter ein.
ẹintreten	für	Lisa tritt für den Umweltschutz ein.
engagịeren	für	Immer weniger Leute engagieren sich für soziale Projekte.
erịnnern	an	Erinnerst du dich gut an deine Kindheit?
hinẹinfallen	in	Der Schmutz fällt genau in die Tüte hinein.
họffen	auf	Er hofft auf eine gute Note.
interessịeren	für	Ich interessiere mich sehr für Mode.
kụ̈mmern	um	Die Politik muss sich um jeden Bürger kümmern.
lịefern	an	Der Lkw liefert Waren an die Supermärkte.
nạchdenken	über	Ich denke oft über das Leben nach.
vọrbereiten	auf	Birgit hat sich gut auf die Arbeit vorbereitet.

Mit Dativ

ạuffordern	zu	Er fordert sie zum Tanzen auf.
bedạnken	bei	Olga bedankt sich bei Frau Wohlfahrt.
beschwẹren	bei	Frau Müller beschwert sich bei der Nachbarin.
bestẹhen	aus	Die meisten Haushalte heute bestehen aus einer Person.
chạtten	mit	Gestern habe ich mit meiner Freundin gechattet.
diskutịeren	mit	Ich diskutiere gerne mit anderen Menschen.
experimentịeren	mit	Der Maler experimentiert mit Farben.
flịehen	vor	Brecht musste vor den Nazis ins Ausland fliehen.
mịtarbeiten	bei	Ich arbeite bei einem Projekt mit.
orientịeren	an	Der Kindergarten orientiert sich an den Wünschen von den Eltern.
rịchten	nach	Ich richte mich ganz nach dir.
rịechen	nach	Es riecht nach Olivenöl.
schẹitern	an	Er scheitert an der schwierigsten Aufgabe.
schụ̈tzen	vor	Handschuhe schützen vor der Kälte im Winter.
strẹiten	mit	Maria streitet sich oft mit ihren Geschwistern.
unterhạlten	mit	Sibylle unterhält sich mit Manuel.
vorbẹifahren	an	Das Auto fährt an der Schule vorbei.
zusạmmenwohnen	mit	Sie wohnt mit ihrem Freund zusammen.

Alphabetische Wortliste

Diese Informationen finden Sie im Wörterverzeichnis:

In der Liste finden Sie die Wörter aus den Kapiteln 13–24 von *Berliner Platz 2 NEU*.

Wo Sie das Wort finden: Kapitel, Nummer der Aufgabe, Seite:
Abit<u>u</u>r, das, -e 16/1, 44

Den Wortakzent: kurzer Vokal • oder langer Vokal –.
Br<u>ie</u>f, der, -e 14/4, 21
b<u>u</u>nt 13/8, 13

Bei unregelmäßigen Verben finden Sie den Infinitiv, die 3. Person Singular Präsens, das Präteritum und das Partizip Perfekt:
best<u>e</u>hen, best<u>e</u>ht, best<u>a</u>nd, best<u>a</u>nden 14/9, 24

Bei Verben, die das Perfekt mit *sein* bilden: Infinitiv, 3. Person Singular Präsens, das Präteritum und Perfekt
<u>a</u>bbiegen, biegt <u>a</u>b, bog <u>a</u>b, ist <u>a</u>bgebogen 18/1, 64

Bei Nomen: das Wort, den Artikel, die Pluralform.
<u>A</u>bschluss, der, "-e 16/1, 44

Bei Adjektiven: das Wort und die unregelmäßigen Steigerungsformen.
n<u>a</u>h(e), n<u>ä</u>her, am n<u>ä</u>chsten 17/7, 59

Bei verschiedenen Bedeutungen eines Wortes: das Wort und Beispiele.
w<u>e</u>nig (1) (*Lukas hat wenig Zeit.*) 14/10, 25
w<u>e</u>nig- (2) (*Nur wenige Familien haben viele Kinder.*) 14/9, 24

Fett gedruckte Wörter gehören zum *Start Deutsch-*, Deutsch-Test für Zuwanderer- bzw. Zertifikats-Wortschatz. Diese Wörter müssen Sie auf jeden Fall lernen.

Eine Liste mit unregelmäßigen Verben von *Berliner Platz 2 NEU* finden Sie auf Seite 270.
Eine Liste der Verben mit Präpositionen finden Sie auf Seite 271.

Abkürzungen und Symbole

"	Umlaut im Plural (bei Nomen)
*, *	keine Steigerung (bei Adjektiven)
(*Sg.*)	nur Singular (bei Nomen)
(*Pl.*)	nur Plural (bei Nomen)
(+ *A.*)	Präposition mit Akkusativ
(+ *D.*)	Präposition mit Dativ
(+ *A./D.*)	Präposition mit Akkusativ oder Dativ

<u>A</u>bbau, der (*Sg.*) 23/2, 128
<u>a</u>bbiegen, biegt <u>a</u>b, bog <u>a</u>b, ist <u>a</u>bgebogen 18/1, 64
<u>A</u>bbildung, die, -en 20/1, 90
Abendgymnasium, das, -gymnasien 16/4, 47
<u>A</u>bendkurs, der 16/4, 47
<u>A</u>bendschule, die, -n 16/1, 44
<u>A</u>bgeordnete, der/die, -n 23, 126
<u>a</u>bhängig (von + *D.*) 16/9, 50
Abit<u>u</u>r, das, -e 16/1, 44
<u>a</u>bkratzen 17/8, 60
<u>a</u>bmachen 17/8, 60
abschicken 22/1, 116
<u>A</u>bschluss, der, "-e 16/1, 44
<u>A</u>bschnitt, der, -e 17/8, 60
<u>a</u>bspielen 21/9, 107
Abt<u>ei</u>lung, die, -en 20/9, 96
Access<u>oi</u>re, das, -s 13/3, 10
<u>a</u>chten (auf + *A.*) 15/6, 33
<u>A</u>chtung, die (*Sg.*) 15/9, 34
<u>A</u>chtzigerjahre, die (*Pl.*) 22/9, 123
<u>A</u>djektiv, das, -e 13, 17
<u>A</u>djektivendung, die, -en 19/2, 82
Agent<u>u</u>r, die, -en (*Agentur für Arbeit*) 21/1, 100
Aggressi<u>o</u>n, die, -en 23/8, 133
aktu<u>e</u>ll 19/9, 87
akzept<u>a</u>bel 24/10, 141
akzept<u>ie</u>ren 15, 28
all<u>ei</u>nerziehend *, * 14/9, 24
all<u>e</u>rgisch 24/3, 138
<u>A</u>lltagsbeschreibung, die, -en 22/1, 117
<u>a</u>ls (*Als ich Deutsch konnte, …*) 20, 91
Altenpflegeheim, das, -e 21/5, 104
<u>A</u>lter, das (*Sg.*) 16, 44
altern<u>a</u>tiv 23/2, 128

<u>A</u>ltersgruppe, die, -n 16/9, 50
<u>A</u>ltersstufe, die, -n 16/9, 50
altm<u>o</u>disch 17/5, 58
<u>A</u>ltpapier, das (*Sg.*) 24/10, 142
Aluf<u>o</u>lie, die, -n 17/9, 61
am<u>ü</u>sieren (sich) 20/7, 94
<u>a</u>nbieten, bietet <u>a</u>n, bot <u>a</u>n, angeboten 15, 28
Anbieter, der, - 22/4, 119
<u>ä</u>ndern 13/6, 12
Anerkennung, die (*Sg.*) 24/10, 142
<u>A</u>ngabe, die, -n 22/2, 118
<u>A</u>ngst, die, "-e 15/2, 30
<u>ä</u>ngstlich 23, 135
<u>A</u>nhang, der, "-e 22/1, 116
anhören (sich) 20, 99
<u>a</u>nnehmen, nimmt <u>a</u>n, nahm <u>a</u>n, angenommen 14/3, 20
Anprobe, die, -n 13/6, 12
anprobieren 13/4, 11
<u>A</u>nrede, die, -n 24/10, 142
<u>a</u>nreden 24/10, 142
anschalten 22/1, 116
<u>A</u>nschreiben, das, - 21, 108
<u>a</u>nsprechen, spricht <u>a</u>n, sprach <u>a</u>n, angesprochen 24/10, 142
<u>A</u>nspruch, der, "-e 16/9, 50
<u>A</u>nteil, der, -e 14/9, 24
<u>A</u>ntrag, der, "-e 23/7, 131
<u>a</u>nziehen, zieht <u>a</u>n, zog <u>a</u>n, angezogen 13/10, 15
<u>A</u>nzug, der, "-e 13, 8
<u>A</u>rbeiterbewegung, die, -en 23/2, 128
<u>A</u>rbeiterpartei, die, -en 23/2, 128
<u>A</u>rbeitgeber, der, - 21/3, 102
<u>A</u>rbeitnehmer, der, - 21/3, 102

<u>A</u>rbeitsagentur, die, -en 21/2, 101
<u>A</u>rbeitsklima, das (*Sg.*) 21/4, 103
<u>A</u>rbeitskollege, der, -n 24/10, 142
<u>A</u>rbeitslose, der/die, -n 23/5, 110
<u>A</u>rbeitslosengeld, das (*Sg.*) 23/2, 128
<u>A</u>rbeitssuche, die (*Sg.*) 21, 100
<u>A</u>rbeitszeugnis, das, -se 21, 108
<u>Ä</u>rger, der (*Sg.*) 15/4, 31
<u>ä</u>rgern (sich) (über + *A.*) 20/7, 94
<u>ä</u>rgerlich 13/7, 13
Argument, das, -e 22/8, 121
Armbanduhr, die, -en 14/4, 21
Arztbesuch, der, -e 18/2, 66
Assimilati<u>o</u>n, die, -en 20, 99
At<u>o</u>menergie, die (*Sg.*) 23/2, 128
<u>a</u>ufbewahren 17/9, 61
<u>a</u>uffordern (zu + *D.*) 15/7, 33
<u>A</u>ufforderung, die, -en 24/12, 143
<u>a</u>uffüllen 18/6, 68
<u>a</u>ufgeben, gibt <u>a</u>uf, gab <u>a</u>uf, <u>a</u>ufgegeben 21/2, 101
<u>a</u>ufgehoben *, * 16/9, 50
<u>a</u>ufgeregt 20/7, 94
<u>a</u>ufhaben, hat <u>a</u>uf, hatte <u>a</u>uf, <u>a</u>ufgehabt 18/2, 66
<u>a</u>ufhalten, hält <u>a</u>uf, hielt <u>a</u>uf, <u>a</u>ufgehalten (*Er hält seiner Frau die Tür auf.*) 24/10, 143
<u>A</u>ufkleber, der, - 15/9, 35
<u>A</u>ufnahmeprüfung, die, -en 16/2, 46
<u>a</u>ufnehmen, nimmt <u>a</u>uf, nahm <u>a</u>uf, <u>a</u>ufgenommen 16/9, 50
<u>A</u>ufstieg, der, -e 21/7, 105
<u>A</u>ufstiegsmöglichkeit, die, -en 21/7, 105
<u>a</u>ufwachsen, wächst <u>a</u>uf, wuchs <u>a</u>uf, ist <u>a</u>ufgewachsen 15, 28
<u>a</u>usbilden 16/4, 47

Deutschunterricht, der (Sg.) 23/3, 129
Dialektik, die, -en 24/7, 140
Dialoganfang, der, "-e 24/1, 137
Dienst, der, -e 21/8, 107
dieselbe 16/3, 46
digital 20, 91
Ding, das, -e 21/9, 107
Diskriminierung, die, -en 23/5, 130
Diskussion, die, -en 23/8, 132
diskutieren (mit + D.) 21/9, 107
Display, das, -s 22/4, 119
distanziert 24/10, 142
doch (Komm doch mal vorbei!) 13/6, 12
Doppelbett, das, -en 13/9, 14
Dorf, das, "-er 23, 131
downloaden 22, 124
Dreck, der (Sg.) 17/9, 61
dreißigjährig *,* 21/8, 107
dreistündig *,* 22/9, 122
dulden 15/9, 35
Duft, der, "-e 24/9, 141
Duldung, die (Sg.) 15/9, 35
dunkel, dunkler, am dunkelsten 17/5, 58
dunkelblau *,* 15/9, 35
durchfahren, fährt durch, fuhr durch, ist
    durchgefahren 18/9, 70
Durchschnitt, der (Sg.) 14/9, 24
eben 21/9, 107
Ebene, die, -n 24/10, 142
eckig 19/3, 83
Ehe, die, -n 14/9, 24
ehelich *,* 14/9, 24
ehemalig 22/9, 123
eher 13/4, 11
ehren 23/8, 132
Ehrenamt, das, "-er 23/8, 132
ehrenamtlich 23/8, 132
Eimer, der, - 17/8, 60
einfallen, fällt ein, fiel ein, ist eingefal-
    len 13/1, 9
Einfluss, der, "-e 23/2, 128
eingeschaltet *,* 24/2, 137
Einheit, die, -en ("Tag der deutschen Einheit")
    23, 127
Einkaufstyp, der, -en 13/8, 13
Einkommen, das, - 16/9, 50
einrichten 17/3, 56
Einrichtung (1), die, -en (Kindergärten und Schu-
    len sind Einrichtungen.) 16/9, 50
Einrichtung (2), die, -en (Welche Einrichtung hat
    deine Wohnung?) 17/2, 55
Einsatz, der, "-e 23/8, 132
einschalten 17/9, 61
einsetzen (sich) (für + A.) 23/8, 132
einsilbig *,* 13, 17
einstellen (sich) (auf + A.) (Er stellt sich auf Regen
    ein.) 18/9, 70
Einstellungstest, der, -s 21/8, 106
eintreten (für + A.), tritt ein, trat ein, ist
    eingetreten (Lisa tritt für Umweltschutz
    ein.) 23/2, 128
eintrocknen, trocknet ein, trocknete ein, ist
    eingetrocknet 17/9, 61
Einwanderer, der - 15, 28
Einzelmensch, der, -en 23/8, 133
einzeln 13/4, 10
Eisglätte, die (Sg.) 18/9, 70
elegant 13/10, 15
Elektronik, die (Sg.) 13/8, 13

Elterninitiative, die, -n 16/9, 50
Emotion, die, -en 24/8, 140
emotional 23, 135
empfangen, empfängt, empfing,
    empfangen 22/1, 116
enden 16/1, 44
Endspiel, das, -e 22/9, 122
Energie, die, -n 23/2, 128
eng 13/5, 11
Engagement, das, -s 16/9, 50
engagieren (sich) (für + A.) 20/11, 97
Englischkenntnisse, die (Pl.) 16/7, 49
Enkel, der, - 19/1, 81
Enkelkind, das, -er 19/1, 81
entdecken 20/10, 97
entfernt 18/2, 66
Entfernung, die, -en 16/10, 51
entgegenkommend 23/4, 129
entscheiden, entscheidet, entschied,
    entschieden 23/9, 133
enttäuscht 15/2, 30
entwickeln 20/10, 97
erarbeiten 23/8, 132
Erdgeschoss, das, "-e 13/3, 10
Ereignis, das, -se 22/9, 123
erfolgreich 19/10, 87
Ergänzung, die, -en 14, 27
erhalten, erhält, erhielt, erhalten 19/8, 86
Erhöhung, die, -en 21/7, 105
erinnern (sich) (an + A.) 15/8, 34
Erinnerung, die, -en 14/1, 18
erkämpfen 24/10, 142
Erklärung, die, -en 14/10, 25
erledigen 21/9, 107
ernähren 21/4, 103
Ernst, der (Sg.) 13/6, 12
ernst 19/9, 87
erraten, errät, erriet, erraten 18, 69
erschweren 18/9, 70
erwünscht *,* 15/9, 35
Espressomaschine, die, -n 14/4, 21
essbar *,* 22, 125
Esstisch, der, -e 17/2, 55
etwas 13/5, 11
Examen, das, - 16/4, 47
experimentieren (mit + D.) 13/7, 13
Europacup-Sieger, der, - 20/9, 96
Europapokal, der, -e 20/9, 96
Fabrik, die, -en 21/1, 101
Fabrikverkauf, der, "-e 13, 13
Fachhochschulreife, die, -n 16/1, 44
Fahrbahn, die, -en 18/9, 70
Fahrradanhänger, der, - 18/1, 64
Fahrradfahren, das (Sg.) 18/1, 64
Fahrradfahrer, der, - 18/9, 70
Fahrradwerkstatt, die, "-en 21/5, 104
Fahrzeug, das, -e 18/9, 70
Familienbetrieb, der, -e 16/4, 47
Familienfest, das, -e 14/5, 22
Fan-Meile, die, -n 22/9, 123
Farbberatung, die, -en 19/2, 82
Farbfernseher, der, - 22/9, 122
farbig 22/9, 122
Feier, die, -n 14/1, 19
feierlich 23, 135
Feiertag, der, -e 23, 127
Ferien, die (Pl.) 14/8, 23
Fernsehanbieter, der, - 22/9, 123
Fernsehempfang, der (Sg.) 22/9, 122

Fernsehen, das (Sg.) (Im Fernsehen läuft heute
    „Tatort".) 13/3, 10
Fernsehgerät, das, -e 22/9, 122
Fernsehgewohnheit, die, -en 22/6, 120
Fernsehkonsum, der (Sg.) 22/9, 122
fernsehlos *,* 22/8, 121
Fernsehsender, der - 22/6, 120
Fernsehstube, die, -n 22/9, 122
Fernsehzeitschrift, die, -en 22/5, 119
fest (Ich suche eine feste Arbeitsstelle.) 21/1, 100
festlich 13/4, 11
Festplatte, die, -n 22/1, 116
Feuer, das, - 21/8, 106
Feuerwehrauto, das, -s 21/8, 106
Feuerwehrmann, der, "-er 21/8, 106
Feuerwehr-Olympiade, die, -n 21/8, 106
Feuerwerk, das, -e 14, 19
Figur, die, -en 15/1, 29
finanziell *,* 20/10, 97
finanzieren 22/9, 123
Flatrate, die, -s 22/4, 119
Fleck, der, -e 13/10, 15
flexibel, flexibler, am flexibelsten 16/9, 50
fliehen (vor + D.), flieht, floh,
    ist geflohen 24/8, 140
Flimmerkiste, die, -n 22/9, 122
Flitterwochen, die (Pl.) 14, 19
Flüchtlingsamt, das, "-er 15/9, 35
fordern 16/9, 50
fördern 16/9, 50
Förderprogramm, das, -e 16/10, 51
Form, die, -en (Die Form ist rund.) 17/5, 58
formulieren 20/3, 92
fortbilden 16/1, 44
Fortbildung, die, -en 21/9, 107
Forum, das, Foren 23/8, 132
Fotografie, die (Sg.) 20, 91
Fotografiekurs, der, -e 20, 91
fotografieren 22/4, 119
fragend 13/7, 13
Frauenfußball, der (Sg.) 20/9, 96
Frauennationalmannschaft, die, -en 20/10, 97
freihaben, hat frei, hatte frei, freigehabt 15/4, 31
Freiheit, die, -en 23/2, 128
freiwillig *,* 23/8, 132
Freizeitaktivität, die, -en 20/1, 91
Freizeitmöglichkeit, die, -en 20, 95
Freizeitverein, der, -e 20, 98
Freizeitzentrum, das, -zentren 21/5, 104
Fremdsprache, die, -n 15/8, 34
freudig 23, 135
Freundeskreis, der, -e 20, 90
Freundlichkeit, die, -en 24, 144
Frieden, der (Sg.) 24/9, 141
friedlich 23, 127
Friseur, der, -e 19/5, 84
Frisur, die, -en 19/1, 80
froh 15/3, 30
Frohe Ostern 14, 19
Frohe Weihnachten 14, 19
Frohes neues Jahr 14, 19
Frostschutzmittel, das, - 18/6, 68
Führerscheinprüfung, die, -en 18/9, 70
furchtbar 19/2, 82
Fußballclub, der, -s 20/9, 96
Fußballer, der, - 20/9, 96
Fußballnationalmannschaft, die, -en 20/9, 96
Fußballspieler, der, - 20/11, 97
Fußballverein, der, -e 20/9, 96

Fußballweltmeister, der, - 20/9, 96
Fußballweltmeisterschaft, die, -en 22/9, 122
Fußball-WM, die, -s 22/9, 123
Fußgänger, der, - 18/9, 70
Gabel, die, -n 17/2, 55
gähnen 24/2, 137
Ganztagsschule, die, -n 16, 49
gar 13/5, 11
Garderobe, die, -n 24/5, 139
Gastarbeiter, der, - 15, 29
Gastgeber, der, - 24/2, 137
Gastgeschenk, das, -e 24/3, 138
Gaststätte, die, -n 22/9, 122
Gebrauch, der (Sg.) 21, 109
Gebrauchtwagen, der, - 18, 69
Geburt, die, -en 14/9, 24
Gedicht, das, -e 24/7, 140
gefährlich 18/1, 64
Gefühl, das, -e 15, 28
Gegenteil, das, -e 15/9, 35
Gehaltserhöhung, die, -en 21/7, 105
Gehweg, der, -e 18/9, 70
gelangweilt 23, 135
Gemeinde, die, -n 16/9, 50
Gemeinderat, der, "-e 23, 126
Gemeinderatswahl, die, -en 23, 126
Gemeindesaal, der, "-e 22/9, 122
gemütlich 17/5, 58
genehmigen 23/7, 131
Generation, die, -en 16/4, 47
genießen, genießt, genoss, genossen
    24/9, 141
Genus, das, Genera 21, 109
gepflegt 19/5, 84
gepunktet *,* 19/5, 84
Gerät, das, -e 17/2, 55
Gerechtigkeit, die, (Sg.) 23/2, 128
Gesamtpunktzahl, die, -en 24/6, 139
Gesamtschule, die, -n 16/1, 44
Gesangverein, der, -e 20/8, 95
Geschäftsführung, die, -en 16/4, 47
Geschenkgutschein, der, -e 14/4, 21
Geschenkliste, die, -n 14/3, 20
Geschirr, das, -e 17/2, 55
Geschirrspülmittel, das, - 17/8, 60
Geschmack, der, "-er 17/5, 58
Gesellschaft, die, -en 23/8, 132
gesellschaftlich *,* 22, 124
Gesetz, das, -e 23, 127
gespannt 15/8, 34
Gesprächspartner, der, - 24/2, 137
Gestik, die (Sg.) 13/7, 13
Gesundwerden, das (Sg.) 23/9, 133
gewaltfrei *,* 23/8, 132
Gewerkschaft, die, -en 23/2, 128
gewinnen, gewinnt, gewann,
    gewonnen 17/7, 59
Gewinner, der, - 23/8, 128
gewöhnen 15, 28
glatt 19/3, 83
Gleichberechtigung, die (Sg.) 23/2, 128
glücklich 15/9, 34
Glücksbringer, der, - 14, 19
Goldarmband, das, "-er 14/4, 21
googeln 22/1, 116
Grafik, die, -en 14, 18
Grenze, die, -n 23, 127
Grill, der, -s 24/3, 138
Grillparty, die, -s 15/5, 32

Größe, die, -n 13/4, 10
Großbildschirm, der, -e 22/9, 123
Großfamilie, die, -n 14/9, 24
Grund, der, "-e 15/7, 33
gründen 16/8, 49
gründlich 18/6, 68
Grundschüler, der, - 23/8, 132
Gruppengröße, die, -n 16/9, 50
Gürtel, der, - 13, 8
Guten Rutsch 14, 26
Guthaben, das, - 22/4, 119
Gutschein, der, -e 14/4, 21
Gymnasium, das, Gymnasien 16/1, 44
Halbtagskindergarten, der, "- 16/9, 50
Halbtagskindergartenplatz, der, "-e 16/9, 50
Hälfte, die, -n 13/6, 12
Halskette, die, -n 13, 9
Handball, das (Sg.) 20/9, 96
Handschuh, der, -e 13, 9
Handtuch, das, "-er 20/6, 93
Handwerker, der, - 21/8, 106
Handy-Anbieter, der, - 22/4, 119
Handygespräch, das, -e 24/10, 142
Handy-Karte, die, -n 22/4, 119
hängen (1), hängt, hing, ist/hat gehangen
    (Das Bild hat an der Wand gehangen.) 17/4, 57
hängen (2) (Peter hat das Bild an die Wand
    gehängt.) 17/4, 57
hässlich 17/5, 58
häufig 18/9, 70
Hauptsache, die, -n 18/2, 66
Hauptsatz, der, "-e 15/3, 30
Hauptschulabschluss, der, "-e 16/1, 44
Hauptschule, die, -n 16/1, 44
Hauptschüler, der, - 23/8, 132
Haushalt, der, -e 14/9, 24
Hautfarbe, die, -n 23/8, 132
Heiligabend, der, -e 14, 19
Heimat, die, -en 15, 28
Heimatland, das, "-er 18/1, 65
Heimwerker, der, - 17, 54
Heimwerker-Problem, das, -e 17/9, 61
hellblau *,* 19/2, 82
hellgrün *,* 19/5, 84
Helm, der, -e 18/1, 64
Hemd, das, -en 13, 8
Herbstlaub, das (Sg.) 24/9, 141
herkommen, kommt her, kam her, ist herge-
    kommen 15/1, 29
Herrenmantel, der, "- 13/3, 10
Herrenmode, die, -n 13/3, 10
herrschen 18/9, 70
herunterladen, lädt herunter, lud herunter,
    heruntergeladen 22/1, 116
Herzliches Beileid 14, 26
heutig- *,* 23, 127
hierlassen, lässt hier, ließ hier, hiergelas-
    sen 13/10, 15
Himmel, der, - 24/9, 141
hineinfallen, fällt hinein, fiel hinein, ist hin-
    eingefallen (in + A.) 17/9, 61
hinstellen 19/2, 82
Hobby, das, -s 19/1, 80
hoffen (auf + A.) 15, 28
höflich 24/12, 143
Höflichkeit, die, -en 15/5, 32
Hose, die, -n 13, 8
Hosenanzug, der, "-e 19/5, 84
Hotelkaufmann, der, "-er 16/7, 49

Humor, der (Sg.) 19/9, 87
Hund, der, -e 14/6, 22
husten 24/2, 137
Hut, der, "-e 19/2, 82
Ich-Form, die, -en 15/5, 32
imitieren 23/4, 129
Immobilienbüro, das, -s 17/7, 59
Indefinitum, das, Indefinita 20, 99
individuell 16/9, 50
Informatikkurs, der, -e 16/8, 49
Informationsbroschüre, die, -n 20, 95
Informationstext, der, -e 16, 44
Infotext, der, -e 16/1, 45
Initiative, die, -n 16/9, 50
innen 15/9, 35
insgesamt 20/9, 96
Inspektion, die, -en 18/7, 69
Institution, die, -en 23/1, 127
Integration, die (Sg.) 15, 28
intelligent 19/1, 80
Intelligenztest, der, -s 21/8, 106
Interesse, das, -n 19/3, 83
interessieren (sich) (für + A.) 19/6, 85
interkulturell *,* 23/8, 132
Internet-Tipp, der, -s 17/9, 61
Interviewfrage, die, -n 20/11, 97
Intoleranz, die (Sg.) 23/5, 130
irgendetwas 24/3, 138
jährlich *,* 23/8, 132
je (je früher, desto besser) 16/9, 50
Jeans, die, - 13, 8
Jeansrock, der, "-e 13/6, 12
jeweils 23/8, 132
jobben 16/4, 47
Jogginghose, die, -n 13, 8
Journalist, der, -en 14/10, 25
Junge, der, -n 16/2, 46
Jury, die, -s 23/8, 132
Kabel, das, - 22/9, 123
Kaffeefiltertüte, die, -n 17/9, 61
Kaiser, der, - 20/9, 96
Kamm, der, "-e 20/6, 93
kämpfen 23/2, 128
Karriere, die, -n 21/5, 104
Karrieremöglichkeit, die, -en 21/5, 104
Kassierer, der, - 21/1, 101
Kasus, der, - 17/4, 57
Kategorie, die, -n 23/1, 127
Kegeln, das (Sg.) 20/9, 96
Kinderbetreuung, die, -en 16/10, 51
Kindergartenjahr, das, -e 16/9, 50
Kindergartenplatz, der, "-e 16/9, 50
Kindergeld, das (Sg.) 23/7, 131
Kindergeldantrag, der, "-e 23/7, 131
Kindergröße, die, -n 13/4, 11
Kindermärchen, das, - 24/9, 141
Kindermode, die, -n 13/3, 10
Kindersitz, der, -e 18/5, 68
Kindergartenbeitrag, der, "-e 16/9, 50
kirchlich *,* 14/3, 20
klasse *,* 13/6, 12
klassisch 24/9, 141
kleben 17/9, 61
Kleid, das, -er 13, 8
Kleider, die (Pl.) 13/8, 13
Kleiderordnung, die, -en 24/10, 142
Kleiderschrank, der, "-e 19/2, 82
Kleidung, die, -en 13, 8
Kleidungsstück, das, -e 13/2, 9

Niveau, das, -s 20/10, 97
Normalbürger, der, - 22/9, 122
Note, die, -n 16/3, 46
offen 15/1, 29
offenstehen, steht offen, stand offen,
     offengestanden 20/10, 97
öffentlich (öffentliche Verkehrsmittel) 18/2, 66
Öffentlichkeit, die (Sg.) 22/9, 123
offiziell 20/9, 96
öffnen 15/5, 32
Ohrring, der, -e 13, 8
Ölwechsel, der, - 18/6, 68
olympisch *,* (die Olympischen Spiele) 22/9, 122
online 22/1, 116
Online-Shopping, das (Sg.) 22/8, 121
Opposition, die, -en 23, 126
ordentlich 17/5, 58
Organisation, die, -en 15/4, 31
orientieren (sich) (an + D.) 16/9, 50
Orientierung, die (Sg.) 13/3, 10
ostdeutsch *,* 14/9, 24
Osten, der (Sg.) 14/9, 24
Osterei, das, -er 14, 19
Ostermontag, der, -e 14, 19
Ostern, das, - 14/4, 21
Osternest, das, -er 14, 19
Ostersonntag, der, -e 14, 19
Ostfernsehen, das (Sg.) 22/9, 123
östlich 23, 127
out (Wegwerfen ist out.) 24/10, 142
Outfit, das, -s 19/6, 85
pädagogisch *,* 16/9, 50
Papier, das, -e 22/3, 118
Parfüm, das, -e/s 13/3, 10
Parfümerie, die, -n 14/4, 21
Parkhaus, das, "-er 18/1, 64
Parkplatzproblem, das, -e 18/5, 68
Parkscheibe, die, -n 18/10, 71
Parkschein, der, -e 18/1, 64
Parlament, das, -e 23, 126
Partei, die, -en 23, 126
Parteifarbe, die, -n 23/2, 128
Parterre, das, -s 13, 16
Passfoto, das, -s 21/1, 100
Passiv, das, -e 18/7, 69
Patchwork-Familie, die, -n 14/10, 25
peinlich 24/2, 137
perfekt 19/7, 85
Personenzahl, die, -en 14/9, 24
Persönlichkeit, die, -en 19/5, 84
Pflanze, die, -n 24/7, 140
Pinsel, der, - 17/9, 61
Pkw, der, -s 18/10, 71
Plan, der, "-e 16/1, 44
Planung, die, -en 24/3, 138
Plastik, das (Sg.) 24/10, 142
Plastikabfall, der, "-e 24/10, 142
Platte, die, -n 18/1, 64
Pleite, die, -n 21/5, 104
Pokal, der, -e 20/9, 96
Pokalsieg, der, -e 20/9, 96
Pokalsieger, der, - 20/9, 96
Pokalwettbewerb, der, -e 20/9, 96
Politik, die (Sg.) 20/11, 97
Politikquiz, das (Sg.) 23/1, 127
Politikwort, das, "-er 23, 126
politisch 23, 127
populär 22/9, 122
Poster, das, - 17/4, 57

Präfix, das, -e 16, 53
Praktikant, der, -en 15/8, 34
Praline, die, -n 14/4, 21
Präsident, der, -en 20/9, 96
Präteritumform, die, -en 23/7, 131
Preisträger, der, - 23/8, 132
Preisunterschied, der, -e 16/9, 51
Preisverleihung, die, -en 23/8, 132
prepaid *,* 22/4, 119
prinzipiell 24/10, 142
Privatfernsehen, das (Sg.) 22/9, 123
Privatsache, die, -n 22/8, 121
Privatschule, die, -n 16/1, 44
Privatsphäre, die (Sg.) 22/8, 121
probieren 13/6, 12
Profifußballer, der, - 20/9, 96
Programmhöhepunkt, der, -e 22/9, 122
Prost Neujahr 14, 19
Prozent, das, -e 13/10, 15
prüfen 18/6, 68
Prüfung, die, -en 16/6, 48
Public Viewing, das (Sg.) 22/9, 123
Publikum, das (Sg.) 24/8, 140
Pullover, der, - 13, 8
Putzhilfe, die 21/1, 101
Quelle, die, -n 14/9, 24
Radiowecker, der, - 22/1, 117
Radtour, die, -en 18/2, 66
Radweg, der, -e 18/1, 64
Rasen, der, - 14/4, 21
rasieren (sich) 20/7, 94
Rat, der (Sg.) 15, 28
Ratschlag, der, "-e 15, 28
Raum, der, "-e 17/5, 58
rausgehen, geht raus, ging raus, ist
     rausgegangen 24/10, 142
Reaktion, die, -en 23/7, 131
Realschulabschluss, der, "-e 16/1, 44
Realschule, die, -n 16/1, 44
Rechnung, die, -en 18/7, 69
Recht, das, -e 16/9, 50
recht haben 18/3, 67
Rechtsanspruch, der, "-e 16/9, 50
recyceln 24/10, 142
Recycling, das (Sg.) 24/10, 143
reduzieren, reduziert, reduzierte, ist/hat
     reduziert 13/9, 14
Reflexivpronomen, das, - 20/7, 94
Regal, das, -e 17/3, 56
regeln 22/8, 121
regieren 23/2, 128
Regierung, die, -en 22/9, 123
Regierungspartei, die, -en 23, 126
regional *,* 16/9, 51
reich 19/10, 87
Reichtagsgebäude, das, - 23, 127
Reifen, der, - 18/6, 68
Reißverschluss, der, "-e 13/10, 15
relativ (Ivan bekommt ein relativ schlechtes
     Gehalt.) 21/5, 104
Relativpronomen, das, - 21/6, 105
Relativsatz, der, "-e 21/6, 105
Rente, die, -n 23/2, 128
Rentner, der, - 14/10, 25
Reparatur, die, -en 21/9, 107
Republik, die, -en 23, 127
Respekt, der (Sg.) 24/10, 142
respektvoll 23/8, 132
Rest, der, -e 17, 61

Restmüll, der (Sg.) 24/10, 142
retten 18/2, 66
Rettungskurs, der, -e 21/8, 106
Revolution, die, -en 23, 127
richten (sich) (nach + D.) 20/7, 95
riechen, riecht, roch, gerochen (nach + D.) 15, 29
Ring, der, -e 14/4, 21
Rock, der, "-e 13, 8
romantisch 19/10, 87
Rose, die, -n 14/4, 21
Rücksicht, die (Sg.) 23/5, 130
rülpsen 24/2, 137
Runde, die, -n 19/2, 83
Rundfunk, der (Sg.) 22/9, 122
Rundfunkgebühr, die, -en 22/9, 122
runtertragen, trägt runter, trug runter,
     runtergetragen 24/12, 143
sachlich 24/8, 140
Sanitäter, der, - 21/8, 106
Satellit, der, -en 22/9, 123
Satzakzent, der, -e 13/7, 13
Satzanfang, der, "-e 23/3, 129
saugen (Das Auto wird gesaugt.) 18/7, 69
Schach, das (Sg.) 20/9, 96
Schachbrett, das, -er 20, 90
Schachclub, der, -s 20, 90
schaffen (Inga hat den Test geschafft.) 16/4, 47
Schal, der, -s 13, 8
Scheibe, die, -n (die Scheibe am Auto) 18/7, 69
Scheibenwischer, der, - 18/7, 69
Scheidung, die, -en 14/9, 24
scheitern, scheitert, scheiterte, ist
     gescheitert (an + D.) 16/9, 50
schenken 14, 19
schick 19/1, 80
Schild, das, -er 13/10, 15
Schlosser, der, - 16/4, 47
schmatzen 24/2, 137
schmecken 24/5, 139
schminken 19/5, 84
Schmuck, der (Sg.) 13/3, 10
schmücken 14, 19
Schmutz, der (Sg.) 17/9, 61
schmutzig 24/10, 142
Schnäppchenführer, der, - 13, 13
Schokolade, die, -n 14/1, 19
Schokoladenhase, der, -n 14, 19
Schönheit, die, -en 19/5, 84
Schornsteinfeger, der, - 14, 19
schrecklich 13/6, 12
schriftlich *,* 21/8, 106
Schriftsteller, der, - 24/8, 140
Schritt, der, -e 17/3, 56
Schuh, der, -e 13, 8
Schulabschluss, der, "-e 16, 44
Schulanmeldung, die, -en 15/9, 35
Schulart, die, -en 16/1, 45
Schulfach, das, "-er 16/3, 46
Schuljahr, das, -e 16/3, 46
Schulkind, das, -er 16/9, 50
Schulpflicht, die (Sg.) 16/1, 44
Schuluniform, die, -en 16/3, 46
Schulzeit, die, -en 16/3, 46
Schutz, der (Sg.) 23/2, 128
schützen (vor + D.) 17/9, 61
Schutzhelm, der, -e 13, 8
Schwabe, der, -n 15, 29
Schwein, das, -e 14, 19
secondhand *,* 13/9, 14

Unsinn, der (Sg.) 22/8, 121
Untergang, der, "-e 24/9, 141
Untergeschoss, das, -e 13/3, 10
unterhalten (sich) (mit + D.), unterhält sich,
    unterhielt sich, hat sich unterhalten 20, 91
Unterhaltung, die, -en 22/9, 122
Unterhemd, das, -en 13, 8
Unterhose, die, -n 13, 8
Unternehmer, der, - 19/10, 87
Unterschied, der, -e 16/9, 50
unterschiedlich 16/9, 50
unterstützen 21/5, 104
Unterstützung, die, -en 21/3, 102
unterwegs 21/9, 107
unverheiratet *,* 14/9, 24
unzufrieden 21/5, 104
up to date 19/5, 84
Urgroßmutter, die, "- 14/7, 23
USB-Stick, der, -s 22/1, 116
Valentinstag, der, -e 14/2, 19
Variante, die, -n 22/9, 123
Variation, die, -en 13/7, 13
verändern (sich) 15, 29
Veranstaltung, die, -en 24/2, 137
verbessern 16/8, 49
verbieten, verbietet, verbat, verboten
    22/8, 121
Vereinsmitglied, das, -er 20/11, 97
verfolgt *,* 23/3, 129
vergeben, vergibt, vergab, vergeben
    23/8, 133
vergessen, vergisst, vergaß, vergessen 15/8, 34
Vergnügung, die, -en 24/7, 140
verhalten (sich), verhält, verhielt,
    verhalten 18/9, 70
Verhalten, das (Sg.) 18/9, 70
Verhaltensweise, die, -n 24/2, 137
verhindern 22/9, 123
Verkauf, der, "-e 13/10, 15
Verkaufspreis, der, -e 13/10, 15
Verkehrsmeldung, die, -en 22/7, 120
Verkehrsmittel, das, - 18, 64
Verkehrsregel, die, -n 18, 64
Verkehrszeichen, das, - 18/9, 70
verlangen 24/10, 142
verlassen, verlässt, verließ, verlassen 15, 28
verleihen, verleiht, verlieh, verliehen
    23/8, 132
vermitteln 21/5, 104
vermögend 19/10, 87
Verpackungsabteilung, die, -en 21, 108
verschieden *,* 16/1, 44
versenden 24/2, 137
versorgen 21/8, 106
Verständnishilfe, die, -n 15, 28
Vertrag, der, "-e 22/4, 119
vertreten, vertritt, vertrat, vertreten 22/8, 121
verweisen, verweist, verwies, verwiesen
    16/7, 49
vielfältig 16/9, 50
Vogel, der, "- 24/9, 141
voll 17/9, 61
volltanken 18/6, 68
voneinander 16/9, 50
vorbei sein, ist vorbei, war vorbei, ist vorbei
    gewesen (Der Sommer ist bald vorbei.)
    15/5, 32
vorbeifahren, fährt vorbei, fuhr vorbei, ist
    vorbeigefahren (an + D.) 18/9, 70

vorbeilassen, lässt vorbei, ließ vorbei, vorbei-
    gelassen 18/9, 70
vorbereiten (sich) (auf + A.) 15, 28
vordrängen (sich) 15/7, 33
Vorhang, der, "-e 17/2, 55
Vorliebe, die, -n 19/1, 80
Vorschlag, der, "-e 13/3, 10
vorschlagen, schlägt vor, schlug vor,
    vorgeschlagen 15/4, 31
Vorschrift, die, -en 24/10, 142
vorsichtig 18/2, 66
Vorstellungsgespräch, das, -e 21, 108
Vortrag, der, "-e 23/8, 132
Vorurteil, das, -e 15, 29
Wahl, die, -en 23/1, 127
Wahlplakat, das, -e 23/2, 128
wahrscheinlich 23/2, 128
Waldarbeiter, der, - 16/4, 47
Walze, die, -n 17/9, 61
Wand, die, "-e 14/10, 25
Wappen, das, - 15/9, 35
Wappentier, das, -e 23, 126
Ware, die, -n 18/9, 70
was für ein/e/er 13/6, 12
Waschbecken, das, - 17/2, 55
Website, die, -s 21/2, 101
Wechsel, der, - 24/7, 140
weiblich 19/9, 87
wegbleiben, bleibt weg, blieb weg, ist
    weggeblieben 14/8, 23
wegfahren, fährt weg, fuhr weg, ist
    weggefahren 15/7, 33
weggehen, geht weg, ging weg, ist
    weggegangen 14/7, 23
wegmüssen, muss weg, musste weg,
    weggemusst/wegmüssen 14/3, 20
wegschicken 21/6, 105
wegwerfen, wirft weg, warf weg,
    weggeworfen 24/10, 142
Weihnachten, das, - 14/4, 21
Weihnachtsbaum, der, "-e 14, 19
weil 15, 28
weiterbilden (sich) 16/4, 47
Weiterbildung, die, -en 16/1, 44
Weiterbildungsmöglichkeit, die, -en 16/1, 44
weiterlernen 16/1, 44
weltbekannt 20/9, 96
Weltkrieg, der, -e 23, 127
Weltmeister, der, - 20/9, 96
Weltmeisterschaft, die, -en 20/9, 96
Weltpokal, der, -e 20/9, 96
wem 14/4, 21
wen 14/5, 22
wenig (1) (Lukas hat wenig Zeit.) 14/10, 25
wenig- (2) (Nur wenige Familien haben viele
    Kinder.) 14/9, 24
wenn 15, 28
Werbefachmann, der, "-er 19/5, 84
Werbung, die, -en 19/10, 87
werfen, wirft, warf, geworfen 14, 19
Werkstatt, die, "-en 18/6, 68
westdeutsch *,* 14/9, 24
Westfernsehen, das (Sg.) 22/9, 123
Westen, der (Sg.) 14/9, 24
Wetterbericht, der, -e 22/7, 120
wickeln 17/9, 61
widersprechen, widerspricht, widersprach,
    widersprochen 24/11, 143
Widerspruch, der, "-e 24/10, 143

wiederfinden, findet wieder, fand wieder,
    wiedergefunden 24/7, 140
Wiederholung, die, -en 24, 145
wie lange 14/2, 19
wie oft 14/5, 22
wieso 13/6, 12
Wintercheck, der, -s 18/6, 68
Winterjacke, die, -n 13, 8
Winterkleidung, die, -en 13/9, 14
Wintersport, der (Sg.) 18/9, 70
Wirtschaft, die, -en 23/2, 128
Wirtschaftspolitik, die (Sg.) 23/2, 128
WM-Finale, das, WM-Finals 22/9, 123
Wochenschau, die, -en 22/9, 122
Wodka, der, -s 24/2, 137
Wohngeld, das, -er 23/7, 131
Wohnungseinrichtung, die, -en 17, 54
Wohnzimmertisch, der, -e 17/2, 55
worauf 16/9, 51
Wortbildung, die, -en 22, 125
worum 16/10, 51
wunderbar 24/5, 139
wunderschön 19/2, 82
wundervoll 19/7, 85
Wunschauto, das, -s 18, 69
würde-Form, die, -en 17/7, 59
wütend 23/7, 131
W-Wort, das, "-er 22, 125
zappen 22/1, 116
Zeitgefühl, das, -e 24/6, 139
Zeitschrift, die, -en 13/3, 10
zensieren 22/9, 123
Zentrale, die, -n 15/4, 31
Zeugniskopie, die, -n 21/1, 100
ziemlich 18/2, 66
zufrieden 15/2, 30
Zuhörer, der, - 24, 145
Zukunft, die (Sg.) 14, 19
Zukunftspläne, die (Pl.) 16/7, 49
Zukunftswörter, die (Sg.) 16/7, 49
zurückbekommen, bekommt zurück, bekam
    zurück, zurückbekommen 15/7, 33
zurückrufen, ruft zurück, rief zurück,
    zurückgerufen 22/1, 116
zurückziehen (sich), zieht sich zurück,
    zog sich zurück, hat sich
    zurückgezogen 20/10, 97
zusammenbringen, bringt zusammen,
    brachte zusammen,
    zusammengebracht 20/11, 97
zusammengehören 14/10, 25
zusammenhalten, hält zusammen, hielt
    zusammen, zusammengehalten 23/8, 132
zusammenleben 14/9, 24
Zusammensein, das (Sg.) 16/9, 50
zusammenwohnen (mit + D.) 14/10, 25
zusätzlich *,* 16/4, 47
zuschauen 20, 91
Zuschauer, der, - 22/9, 122
Zuschuss, der, "-e 16/9, 50
Zustand, der, "-e 13/10, 15
zustimmen 16/3, 46
Zustimmung, die, -en 24/10, 143
Zuwanderer, der, - 23/2, 54
Zwang, der, "-e 24/10, 69
zwar (Ich habe zwar einen Führerschein, aber ich
    fahre nie Auto.) 18/2, 66

Quellenverzeichnis

Fotos, die im Folgenden nicht aufgeführt sind: Vanessa Daly
Karte auf der vorderen Umschlagsinnenseite: Polyglott-Verlag München

A. Buck: S. 95 Tanzschule · Andrea Bienert © Bundesdienststelle Berlin: S. 126 · Andreas Weise, factum Stuttgart foto-journalismus: S. 35/C · Anwaltskanzlei Weh, Frankfurt: S. 248 Niederlassungserlaubnis – mit freundlicher Genehmigung · Arbeitsgemeinschaft der Beiräte für Migration und Integration Rheinland-Pfalz, www.agarp.de: S. 265 – mit freund-licher Genehmigung · Archiv Bild und Ton: S. 50 Foto Collage, S. 106 Fotos Feuerwehr, S. 112 · Artur: S. 133/A · Auer-bachs Keller: S. 110/B – mit freundlicher Genehmigung · Batrla, Anna: S. 130 · Bergmann, Annerose: S. 87, S. 124 Mitte, S. 137/G, S. 142/2 und 4, S. 244 · Bergmann, Franz: S. 45/D · Bergmann, Hedi: S. 9/E Hintergrund, S. 19/8 · DVD Ber-liner Platz 1 NEU: S. 42, S. 78, S. 233 · DVD Berliner Platz 2 NEU: S. 114, S. 150, S. 196 oben, S. 219 Mitte · Eisenmann, Georg: S. 246 Abdruck Stempel – mit freundlicher Genehmigung · Finkbeiner, Bernhard: S. 60 Logos – mit freundlicher Genehmigung · FORUM EINE WELT e.V., www.forum1welt.de: S. 132/3 · Fotolia.com: S. 46, S. 47 unten rechts, S. 50 spielende Kinder (Yvonne Bogdanski), S. 80/B, S. 80/D (Patrizia Tilly), S. 84/A (EvaRodi ISO K-photography), S. 92 unten (Pavel Losevsky), S. 103 links (Trevor Goodwin), S. 104/A (iPhoto), S. 104/C (Inger Anne Hulbækdal), S. 104/D (Liane M.), S. 111/D (cHesse), S. 113 (moodboard), S. 120/A (Benicce), S. 120/B, S. 120/D (Gordon Grand), S. 133/B (bilderbox), S. 143 Irina Lewy (Doreen Salcher), S. 148, S. 152/A (bsilvia), S. 152/B (Michael Kempf), S. 152/C (Foto-frank), S. 152/D (Uwe Bumann), S. 158/A, S. 158/C (Hallgerd), S. 174 unten (Andres Rodriguez), S. 178/F, S. 180 (Leah-Anne Thompson), S. 183 (Sven Knie), S. 186 oben (Kati Molin), S. 186 2. von oben (Surrender), S. 186 2. von unten (Franz Pfluegl), S. 186 unten (Irina Fischer), S. 192 (James Steidl), S. 196 unten links, S. 196 unten rechts (Anja Greiner Adam), S. 208 (Christian Nitz), S. 210 unten (Jean-Christoph Meleton), S. 223/1, S. 224 (Linda Meyer), S. 225, S. 227, S. 233 unten links (Uschi Hering), S. 233 unten rechts (Irina Fischer), S. 248 Foto Amt, S. 250 unten, S. 256, S. 259 (Mike Thomas), S. 261/B · Freitag, Guido: S. 120/C · Freitag, Sibylle: S. 33/A und D, S. 47 unten links, S. 81/3, S. 124 rechts, S. 129, S. 137/E, S. 194, S. 219 unten · Getty Images: S. 96, S. 123 oben · Grießl, Veronika: S. 84 Fotos unten, S. 138/C, S. 262 · Hilsenitz Ulrich: S. 47 oben rechts · imagetrust: S. 136/A · iStockphoto: S. 29, S. 30 links, S. 91/4 (Andrea Leone); S. 97 unten; S. 102 (Zsolt Nyulaszi), S. 164 unten, S. 261/A (Catherine Yeulet) · Kaufmann, Susan: S. 21/5, S. 28/A, S. 30 rechts, S. 32, S. 36, S. 44/A, S. 65/E und G, S. 68/C, S. 164 oben, S. 254 oben, S. 264 · Kilimann, Angela: S. 132/2 · laif: S. 94 · Lainović, Sofia: S. 158/B · Langenscheidt Bildarchiv: S. 30 2. und 3. Foto von links, S. 103 Mitte, S. 142/1, S. 149, S. 211, S. 223/2 und 3, S. 263 · Leipziger Messe GmbH: S. 111 Buchmesse innen, S. 111 Logo – mit freundlicher Genehmigung · Lemcke, Christiane: S. 44 Schulkind, S. 81/2 · Look: S. 95 Volleyball · Lorenz, Reinhard: S. 68/B und D · Mann-heimer Abendakademie und Volkshochschule GmbH: S. 91/3 · Mauritius Images: S. 136/D · picture alliance / dpa: S. 97 oben · picture-alliance / Globus Infografik: S. 24, S. 98 · pixelio.de: S. 21/4 (Thommy Weiss), S. 59 (Bernd Sterzl), S. 124 links (Viktor Mildenberger), S. 146/G · Polyglott-Verlag, München: S. 110 Kartenausschnitt · Rasenberger, Rupert: S. 106 unten · Regionalbus Braunschweig GmbH: S. 255 – mit freundlicher Genehmigung · Reisner, Ludwig, Gundelfingen: S. 35 Moschee Lauingen · Reiter, Sabine: S. 84/C · Ringer, Albert: S. 14 links, S. 34/A, S. 35 alle Fotos Collage außer Moschee und Tickets für Schiffe, S. 174 oben, S. 186 Mitte, S. 247, S. 254 unten · Rohrmann, Lutz: S. 16 oben, S. 18/4, S. 21/1, 3, 6, S. 33/B, S. 58/B und C, S. 64, S. 65/B und D, S. 68/E und F, S. 72 Straßenbahn, S. 79, S. 90 Foto Park, S. 91/2, S. 92 oben und Mitte, S. 117/8, S. 118, S. 128, S. 131, S. 138/B, S. 144, S. 146/H, S. 161, S. 178/D, S. 185, S. 205, S. 219 oben, S. 226 · Rottmair, Sabrina: S. 20, S. 159 · Scarpa-Diewald, Annalisa: S. 28/B, S. 30 2. Foto von rechts, S. 51, S. 81/4, S. 136/B, S. 142/5, S. 157, S. 169, S. 170, S. 173, S. 181, S. 199, S. 218, S. 240 · Scarpa-Diewald, Marco: S. 21/11, S. 50 Kinderzeichnungen · Scherling, Theo: S. 35 Tickets für Schiffe · Schmitz, Helen: S. 139 · Schüttler, Anke: S. 47 oben links, S. 68/A · shutterstock.com: S. 9/E (Rene Jansa), S. 19/6 (Marco Sc), S. 19/9 (Jo Chambers), S. 19/B, S. 21/2, 8, 9, S. 21/7 (George Bailey), S. 28/C (Frank Herzog), S. 49, S. 95 Mann, S. 103 rechts, S. 104/B, S. 121 (Morgan Lane Pho-tography), S. 138/A, S. 146/A (Patrik Dietrich), S. 249, S. 258 (Olga Mirenska) · Sovarzo, Regina: S. 246 · Staatskanzlei Rheinland-Pfalz, Leitstelle Bürgergesellschaft und Ehrenamt, www.wir-tun-was. de: S. 132/1 · stadtphoto.de: S. 110/A rechts (Gewandhausorchester unter Leitung von Herbert Blomstedt im Großen Saal des GWH Leipzig, © D. Fischer) · Süddeutsche Zeitung Photo: S. 111/C, S. 122, S. 127 · Suhrkamp Verlag: S. 140 (Bertolt Brecht, Gedicht Vergnügungen aus: Bertolt Brecht, Gedichte 7: © Suhrkamp Verlag, Frankfurt am Main 1964), S. 235 (Auszug aus: Bertolt Brecht, Ge-schichten vom Herrn Keuner: © Suhrkamp Verlag, Frankfurt am Main 1971) · Szablewski, Petra: S. 147/D, E, F · Tourismus+Congress GmbH Frankfurt am Main: S. 126/B · Touristinfo Verden: S. 207 Mitte · Transit: S. 110/A links · Ullstein Bild: S. 101 · Unternehmensgruppe Melitta: S. 110/B – mit freundlicher Genehmigung · Verlags Heinrich Vogel, München: S. 70 – mit freundlicher Genehmigung · VG Bild-Kunst: S. 140 oben (Oskar Kokoschka Der Marktplatz zu Bremen, 1961 © VG Bild-Kunst, Bonn 2009), S. 140 unten (Gabriele Münter Staffelsee, 1932, © VG Bild-Kunst, Bonn 2009) · Wawerzinek, Peter: „Grußbotschaften für Dieter Kerschek" aus: Der neue Zwiebelmarkt. Gedichte. hrsg. v. W. Sellin/M. Walter. Berlin 1988: S. 41 – mit freundlicher Genehmigung des Autors · wikimedia creative commons: S. 133/C (Alien), S. 207 oben (Corradox) · wikimedia public domain: S. 133/D, S. 146/C, S. 207 unten